权威·前沿·原创

皮书系列为
"十二五""十三五""十四五"时期国家重点出版物出版专项规划项目

BLUE BOOK

智 库 成 果 出 版 与 传 播 平 台

北京交通蓝皮书

BLUE BOOK OF BEIJING TRANSPORTATION

北京交通发展报告（2023）

ANNUAL REPORT ON DEVELOPMENT OF BEIJING TRANSPORTATION (2023)

"四网融合"背景下的城市交通运营管理

组织编写／北京交通大学北京综合交通发展研究院

社会科学文献出版社
SOCIAL SCIENCES ACADEMIC PRESS（CHINA）

图书在版编目（CIP）数据

北京交通发展报告 . 2023："四网融合"背景下的城市交通运营管理 / 北京交通大学北京综合交通发展研究院组织编写 . --北京：社会科学文献出版社，2023.12
（北京交通蓝皮书）
ISBN 978-7-5228-2882-4

Ⅰ.①北… Ⅱ.①北… Ⅲ.①交通运输发展-研究报告-北京-2023 Ⅳ.①F512.71

中国国家版本馆 CIP 数据核字（2023）第 225370 号

北京交通蓝皮书
北京交通发展报告（2023）
——"四网融合"背景下的城市交通运营管理

组织编写 / 北京交通大学北京综合交通发展研究院

出 版 人 / 冀祥德
组稿编辑 / 恽　薇
责任编辑 / 冯咏梅
文稿编辑 / 王雅琪　孙玉铖　张　爽
责任印制 / 王京美

出　　版 / 社会科学文献出版社·经济与管理分社（010）59367226
　　　　　 地址：北京市北三环中路甲 29 号院华龙大厦　邮编：100029
　　　　　 网址：www.ssap.com.cn

发　　行 / 社会科学文献出版社（010）59367028
印　　装 / 三河市东方印刷有限公司

规　　格 / 开本：787mm×1092mm　1/16
　　　　　 印张：18.25　字数：272千字
版　　次 / 2023 年 12 月第 1 版　2023 年 12 月第 1 次印刷
书　　号 / ISBN 978-7-5228-2882-4
定　　价 / 168.00 元

读者服务电话：4008918866

版权所有　翻印必究

《北京交通发展报告（2023）》
编 委 会

主　编　王稼琼

副主编　赵　鹏

编　委　（按姓氏笔画排序）

马　路　王　超　毛保华　叶　龙　毕　颖
杨小宝　肖　翔　吴　静　吴亦政　何怡佳
宋　瑞　张文松　张秋生　欧国立　郑　翔
施先亮　姚恩建　聂　磊　郭　名　郭雪萌

主要编撰者简介

（按姓氏笔画排序）

马　路　博士，北京交通大学交通运输学院教授、博士生导师。主要研究方向包括智能交通、交通规划、交通流理论和交通安全等。主持多项国家自然科学基金、北京社会科学基金等国家级和省部级项目。发表学术论文40余篇。入选交通运输行业重点领域创新团队核心成员，获高等学校科学研究优秀成果奖、中国仿真学会科技奖等荣誉。

王　超　博士，北京交通大学经济管理学院副教授、硕士生导师。主要研究方向包括运输经济理论与政策、城市交通经济学、交通产业及企业治理等。主持国家级、省部级项目20余项。发表学术论文50余篇，参编出版专著及教材10余部。获中国铁道学会科学技术奖一等奖、中国铁道学会优秀论文奖二等奖、北京市哲学社会科学优秀成果奖二等奖等荣誉。

杨小宝　博士，北京交通大学系统科学学院教授、博士生导师。主要研究方向包括综合交通复杂系统的建模与管控、交通数据挖掘与建模、交通行为与安全等。主持国家自然科学基金重大研究计划项目课题、青年基金项目、教育部博士点基金项目等，发表学术论文100余篇，获国家发明专利授权6项，入选北京高等学校青年英才计划、北京交通大学青英计划等。

肖 翔 博士，北京交通大学经济管理学院教授、博士生导师，北京市教学名师，北京市资产评估协会人才工作委员会委员。主要研究方向包括财务管理、企业投融资分析、资产评估、公司治理等。主持参与国家级、省部级项目80余项。发表SSCI、CSSCI等论文90余篇，出版专著8部。获省部级和中国铁道学会等10余项科研奖励。

吴亦政 博士，北京交通大学交通运输学院副教授、博士生导师。主要研究方向包括可持续交通、交通管理与控制和交通规划等。主持及参与国家自然科学基金（面上/青年）、国家重点研发计划、北京社会科学基金、北京市科委科技计划等多项国家级和省部级课题。发表学术论文30余篇，授权发明专利9项。入选北京交通大学"双青"培育计划。

宋 瑞 博士，北京交通大学交通运输学院二级教授、博士生导师。主要研究方向包括交通运输规划与管理、城市公共交通、城市轨道交通、现代物流管理等。主持科研项目50余项，发表学术论文200余篇，出版专著、译著、教材10余部。获中国铁道学会科学技术奖一等奖、国家高等教育教学成果奖二等奖、北京市高等教育教学成果奖一等奖等荣誉。

张文松 博士，北京交通大学经济管理学院教授、博士生导师。主要研究方向包括战略能力、平台治理等。主持国家攻关重大项目、国家社会科学基金重点项目、北京社会科学基金重点项目、省市部委委托项目、企业委托项目等110余项。在《管理世界》等发表论文180余篇，出版《企业战略能力研究》等著作15部，有9项成果获得省部级奖励。

郑 翔 博士，北京交通大学法学院教授、博士生导师，兼任中国商业法研究会理事、中国行为法学会理事、北京市交通运输法研究会副会长等职务。主要研究方向包括经济法、交通法、老龄法律等。主持教育部、北京社会科学基金、国家铁路局、北京市法学会等十多项省部级课题。发表学术论文80余篇。获中国铁道学会科学技术奖二等奖、三等奖。

姚恩建 博士，北京交通大学交通运输学院教授、博士生导师，担任教育部交通运输类教学指导委员会委员等职务。主要研究方向包括综合交通、智能交通、低碳交通等。主持国家重点研发计划等项目 40 余项。发表学术论文 220 余篇，授权发明专利 20 项，出版专著、教材 5 部。获北京市科学技术进步奖二等奖、宝钢优秀教师奖等荣誉。

郭雪萌 博士，北京交通大学经济管理学院教授、博士生导师。主要研究方向包括会计理论与方法、基础设施投融资、资本运作、内部控制等。主持国家自然科学基金、国家科技支撑、国家发改委、首都高端智库等多项国家级和省部级课题。发表学术论文 70 余篇，出版 10 余部主编教材与专著译著。获国家级教学成果奖一等奖、宝钢优秀教师奖等荣誉。

摘　要

2022年，北京在智慧交通建设、绿色出行、"四网融合"、数字化运营管理、交通综合治理等方面取得了丰硕成果。交通的高质量发展为城市的现代化、智能化和绿色化发展提供了强有力的支撑。随着城市不断建设，首都圈结构逐渐完整，城市和区域的大量出行对北京交通发展提出了一定挑战，如轨道交通和道路等基础设施网络发展较快，但不同网络之间的综合衔接能力不足，带来了接续运能不同、匹配失衡以及多交通方式时刻表协同共享不足等问题。应以智能化和网络化为核心，通过智能交通系统和信息技术的应用，将人、车、路三者有机结合，打造"四网融合"背景下的城市交通数字化运营管理体系。

本报告分为三个部分，第一部分为总报告，第二部分为分报告，第三部分为专题篇。总报告首先对北京2022年的交通发展情况进行了分析，分别围绕对外交通、绿色交通、平安交通、科技交通、人文交通、旅游交通等角度进行了总结和展望。分报告围绕市郊铁路运营管理、通勤交通发展、交通智慧化转型等细分领域展开研究。市郊铁路运营管理方面，通过分析国内外案例，总结提出"四网融合"背景下北京市郊铁路多层次轨道交通一体化运营的发展目标和市郊铁路运营管理体系现代化、运营服务一体化的发展路径。通勤交通方面，根据北京通勤出行特征和通勤问题现状，研究了提高北京45分钟以内通勤比重的可行性及必然性，提出了从需求端破解职住分离难题和从供给端优化交通服务的策略。交通智慧化转型方面，以国内外典型智慧交通案例为参考，研究了智慧交通赋能北京交通转型的思路、方式和途

径。专题篇在总报告和分报告所提出思路的基础上进行了更加具体、针对性更强的案例分析与研究。一是通过对北京交通领域平台经济的现状及监管制度框架进行分析，有针对性地提出了完善交通领域平台经济监管对策的建议。二是研究北京市郊铁路与城市轨道交通现状及既有轨道线网下的市郊铁路线路融合布设技术，针对数字化运营提出了合理的战略发展建议。三是针对北京市减少小汽车依赖进行对策研究，以"堵"和"疏"两个方向为着力点提出有针对性的发展建议。四是探讨了北京市电动三、四轮车分类治理现状，并针对不同类型车辆和不同用户群体提出了不同治理措施。

本报告总结了近年来北京交通发展的重要成果，从相关细分领域梳理了交通建设情况，分析了现阶段的挑战，展望了未来的发展趋势，并提出了有针对性的对策建议和具体的落实方案，以期为北京交通发展的理论与实践提供借鉴，为我国其他城市的交通发展提供参考。

关键词： "四网融合" 城市通勤 绿色交通 智慧交通 高质量发展

前 言

北京作为我国首都和超大城市的代表，在交通规划、建设、管理与政策等方面取得了丰硕的成果。北京在交通发展中所形成的经验具有很高的参考价值，能够对我国现代化城市交通发展起到先锋引导作用。北京交通发展立足北京交通出行需求，同时服务国家战略和重大活动保障，如京津冀协同发展战略、交通强国战略、冬奥会交通保障等。2017年9月，中共中央、国务院批复《北京城市总体规划（2016年—2035年）》，对北京交通发展、管理与治理提出了高质量、高标准的要求。

北京交通大学北京综合交通发展研究院作为北京市委、市政府首批批复建设的首都高端智库14家试点单位之一，围绕北京交通发展中的重要领域开展研究，并对年度热点问题进行追踪。相关成果形成了一系列研究报告，按年度收录于本报告，选题重点关注北京交通发展中的管理与政策问题，并为其他城市交通发展提供参考。

北京交通发展具有"方式齐全、情境复杂、经验丰富"等特点，针对北京交通发展的研究涵盖了交通领域的众多方面，国内外大量研究也均以北京为实例分析的对象，涉及的研究方向较多，近期所关注的研究方向主要包括交通多网融合、交通智慧化转型、城市交通运营管理等。

北京交通发展逐渐从以"量"为导向的基础设施建设模式向以"质"为目标的设施、规划、管理、政策高质量融合发展模式转变。推动多网融合背景下的交通高质量发展、打通不同交通方式网络间的瓶颈、推进交通快速智慧化转型是现阶段的重要发力点。在干线铁路网、城际铁路网、市郊铁路网、城市轨道交通网"四网融合"的引领下,北京市郊铁路的路网整体性进一步提高,市郊铁路运营服务一体化、运营数据智慧化发展提速,"打造轨道上的城市群、都市圈"已逐步成为现实。由此,本报告将"'四网融合'背景下的城市交通运营管理"作为年度主题。

目 录

Ⅰ 总报告

B.1 2022年北京交通发展报告 …………………………… 马　路 / 001

Ⅱ 分报告

B.2 2022年北京市郊铁路运营管理发展报告
………………………… 姚恩建　郭雪萌　王　超 / 021
B.3 2022年北京通勤交通发展报告 …………………… 宋　瑞 / 052
B.4 2022年北京交通智慧化转型发展报告 ………… 张文松 / 109

Ⅲ 专题篇

B.5 北京交通领域平台经济监管对策研究 …………… 郑　翔 / 137
B.6 北京市郊铁路与城市轨道交通数字化运营研究 ………… 吴亦政 / 168
B.7 北京减少小汽车依赖的对策研究 ………………… 肖　翔 / 196

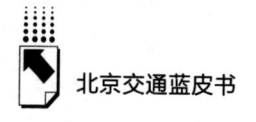

B.8 北京电动三、四轮车治理对策研究 …………………………… 杨小宝 / 238

Abstract ……………………………………………………………… / 264
Contents ……………………………………………………………… / 266

总报告

General Report

B.1
2022年北京交通发展报告

马 路*

摘 要： 北京交通行业积极响应党中央、国务院发布的《交通强国建设纲要》，并认真落实《北京城市总体规划（2016年—2035年）》，分析研究2022年北京交通发展情况，对未来的工作具有参考意义。本报告围绕对外交通、绿色交通、平安交通、科技交通、人文交通、旅游交通等角度对2022年北京交通发展情况进行了总结分析，相关数据表明，2022年北京交通运行平稳有序，高质量完成各项任务，有力推动了北京非首都功能疏解，支撑了京津冀协同发展；北京交通迎来"十四五"规划实施的关键之年，圆满完成党的二十大、冬奥会和冬残奥会、服贸会交通服务保障任务，较好地实现了全年各项工作目标。

---

* 马路，博士，北京交通大学交通运输学院教授、博士生导师，主要研究方向为智能交通、交通规划、交通流理论和交通安全等。

关键词： 城市交通　交通发展　交通政策

一　北京对外交通发展情况

2022年，北京交通运输工作坚持做好"内防反弹、外防输入"，由于新冠疫情多地多轮反复，对外客运量仅为8563.1万人次，比上年下降49.8%。其中，公路客运量为2358.3万人次，比上年下降13.4%；铁路客运量为3906.7万人次，比上年下降54.3%；航空客运量为2298.1万人次，比上年下降60.2%。

（一）境内客运

1.铁路客运

2022年，受新冠疫情影响，铁路客运量出现大幅下滑。北京境内铁路客运量为3906.7万人次，比上年减少4643.4万人次，降幅达到54.3%（见表1）；旅客周转量为43.6亿人公里，比上年下降54.4%。

表1　2014~2022年北京境内铁路客运量

单位：万人次

指标	2014年	2015年	2016年	2017年	2018年	2019年	2020年	2021年	2022年
铁路客运量	12599.8	12814.3	13374.6	13868.2	14268.5	14751.9	6382.8	8550.1	3906.7

资料来源：中国铁路北京局集团有限公司。

2022年6月，承担京广高铁、京广线、京九线等列车始发终到作业的北京丰台站开通运营，北京迎来"七站两场"交通发展新时代。2022年12月，京唐城际铁路正式开通运营。

2022年，北京地区图定日开行旅客列车725对，比上年增加26.5对，其中北京站开行130.5对，北京西站开行180.5对，北京南站开行257对，北京北站开行16对，朝阳站开行69对，丰台站开行59对，清河站开行13对。

从发送旅客的目的地来看，运送旅客最多的5个车站分别是天津站、石家庄站、济南西站、郑州东站和太原南站。其中，北京往天津站的旅客发送量虽然比上年显著下滑，但仍在全部目的地中居首位，2022年达142.7万人次，比上年下降73.6%。

2. 航空客运

2022年，受多地新冠疫情反复的影响，国内旅客进一步减少。2022年北京境内航空客运量为2239.7万人次，较上年下降60.8%（见表2）。其中首都国际机场航空客运量为1212.3万人次，大兴国际机场航空客运量为1027.4万人次。

表2 2017~2022年北京境内航空客运量

单位：万人次

指标	2017年	2018年	2019年	2020年	2021年	2022年
航空客运量	7113.0	7396.0	7643.9	4759.6	5715.9	2239.7

资料来源：北京市商务局。

2022年，首都国际机场旅客吞吐量最大的5条国内航线分别为北京首都—上海虹桥、北京首都—成都双流、北京首都—杭州萧山、北京首都—广州白云、北京首都—重庆江北。其中旅客吞吐量最大的航线是北京首都—上海虹桥，2022年旅客吞吐量为66.46万人次，比上年下降了67.3%。

3. 公路客运

截至2022年，北京共有8个省际客运站，运营线路292条，与上年持平。疫情期间，为全面遏制疫情蔓延，北京多次暂停省际客运，导致2022年客运量再次下滑，共完成客运量115万人次，比上年下降67.3%，其中到达量为56万人次，发送量为59万人次，共完成旅客周转量3.6亿人公里，比上年下降67.9%。

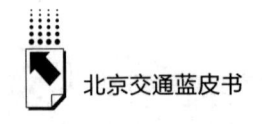

（二）境外客运

1. 航空客运

2022年，首都国际机场旅客吞吐量最大的5条国际航线分别为北京首都—首尔仁川、北京首都—布鲁塞尔、北京首都—法兰克福、北京首都—莫斯科谢列梅捷沃、北京首都—巴黎戴高乐。2022年，国际新冠疫情政策持续调整，国际航线呈恢复态势，以2022年旅客吞吐量最大的北京首都—首尔仁川航线为例，2022年旅客吞吐量为2.16万人次，比上年增长168.8%，快速恢复态势显著。2017~2022年北京境外航空客运量见表3，2022年北京境外航空客运量为58.43万人次，较上年增长9.98%。

表3　2017~2022年北京境外航空客运量

单位：万人次

机场	2017年	2018年	2019年	2020年	2021年	2022年
首都国际机场	2470.00	2685.00	2654.79	292.57	53.06	58.41
大兴国际机场	—	—	9.18	8.36	0.07	0.02
总计	2470.00	2685.00	2663.97	300.93	53.13	58.43

资料来源：北京市商务局。

2. 铁路客运

北京西站作为北京唯一的铁路客运口岸，2022年受新冠疫情影响关闭，境外铁路客运量为0万人次（见表4）。

表4　2016~2022年北京西站境外铁路客运量

单位：万人次

指标	2016年	2017年	2018年	2019年	2020年	2021年	2022年
铁路客运量	5.4	4.8	4.5	3.1	0.2	0	0

资料来源：北京市商务局。

二　北京绿色交通发展情况

2022年，北京交通领域坚持"慢行优先、公交优先、绿色优先"的方针，着力优化交通结构，大力发展绿色交通，推动首都空气质量持续改善。

（一）出行需求与特征

1. 机动车保有量

自2011年小客车指标调控政策实施以来，北京机动车保有量增长速度总体呈下降趋势。2022年，北京机动车保有量达到712.8万辆，比上年增加27.8万辆，其中私人机动车保有量达到586.5万辆，比上年增加25.5万辆（见图1）。

图1　2012~2022年北京机动车保有量与私人机动车保有量

资料来源：北京市公安局公安交通管理局。

2. 绿色出行方式及构成

2022年，受新冠疫情影响，北京中心城区居民出行量较往年有所下降，工作日出行总量为3394万人次（含步行），比上年下降3.9%。居民倾向个体化出行方式，小汽车出行比例为23.9%，比上年上升0.5个百分点；中心

城区绿色出行比例为73.4%，比上年下降0.6个百分点。具体来看，轨道交通出行比例为14.2%，同比下降0.5个百分点；地面公交出行比例为10.2%，同比下降1.3个百分点。步行、自行车出行比例合计达到49.0%，同比上升1.2个百分点，其中自行车出行比例为17.3%，同比上升0.9个百分点；步行出行比例为31.7%，同比上升0.3个百分点。

（二）公共交通

受新冠疫情影响，2022年北京城市客运总量比上年有所下降，其中公共交通客运量降幅最大，为41.83亿人次，比上年下降34.3%；共享单车骑行量逆势增长，达9.7亿人次，比上年增长1.4%。2022年，全市地铁运营线路达27条，新开通16号线南段，新增运营里程14.3公里，19号线一期遗留的4座车站开通并投入运营，运营里程增至797.3公里，比上年增加14.3公里。2022年施划公交专用道里程1005公里，与上年持平；城区公共汽（电）车运营线路总长度达30174公里，比上年增加1594公里。通过构建便利互通、多网融合的绿色出行体系，北京的出行结构得到了进一步的优化。

1. 运营线路数量

截至2022年末，北京公共汽（电）车运营线路总数增至1291条，比上年增加74条，保持总体增长态势；轨道交通运营线路达27条，与上年持平（见图2）。

2. 运营线路长度

截至2022年末，北京公共汽（电）车运营线路长度为30174公里，较上年增加1594公里，同比增长5.58%，增长速度有所提升；轨道交通运营线路长度为797.3公里，较上年增加14.3公里，同比增长1.83%，增长速度有所下降（见图3）。公共汽（电）车运营线路长度自2019年大幅上升后增速有所放缓。

3. 运营车辆数量

2022年，北京公共汽（电）车运营车辆数量有所减少，而轨道交通运

图2　2010~2022年北京公共交通运营线路数量

资料来源：相关年份《北京统计年鉴》。

图3　2010~2022年北京公共交通运营线路长度

资料来源：相关年份《北京统计年鉴》。

营车辆数量有一定的增长（见图4）。2021年，北京公共汽（电）车运营车辆数量为23465辆，比上年增加386辆，同比增长1.67%；轨道交通运营车辆数量为7274辆，比上年增加164辆，同比增长2.31%。

4. 客运量

2022年，北京公共汽（电）车（含郊区客运）客运量为19.20亿人

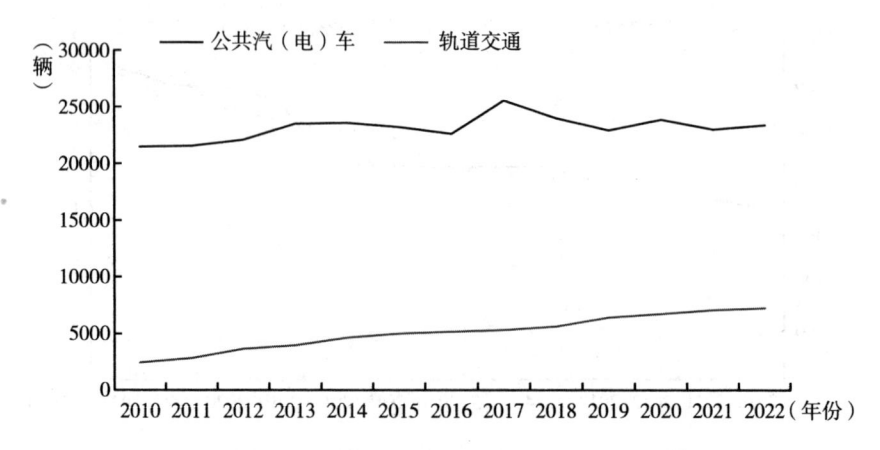

图4　2010~2022年北京公共交通运营车辆数量

资料来源：相关年份《北京统计年鉴》。

次，比上年下降24.7%，占公共交通客运总量的45.9%；轨道交通客运量为22.63亿人次，比上年下降26.4%，占公共交通客运总量的54.1%（见图5）。轨道交通全年行驶里程为68800.8万车公里，比上年增长3.6%。

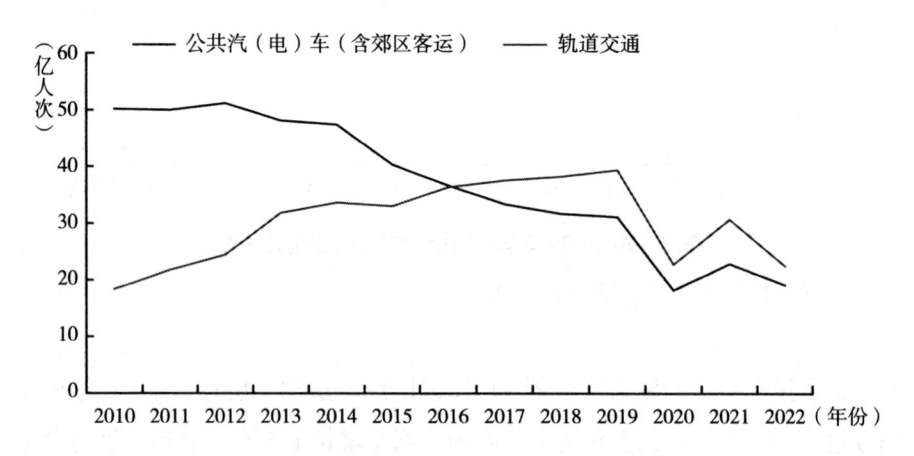

图5　2010~2022年北京公共交通客运量

资料来源：相关年份《北京统计年鉴》。

（三）慢行系统

近年来，北京市坚持从"以车为本"向"以人为本"转变，大力推进慢行系统发展，鼓励和支持市民更多采用"步行＋自行车骑行"的方式出行。

2022年，北京推进实施慢行系统品质提升三年行动，完成二环辅路等慢行系统改造，建成朝阳 CBD 等示范街区，出行环境得到明显改善。核心区轨道站点实现互联网租赁自行车电子围栏全覆盖，自行车专用路日均骑行量达5000辆次。中心城区慢行出行比例达49%；城六区步行出行比例为31.7%，较2020年上升0.5个百分点，自行车出行比例为17.3%，较2020年上升1.9个百分点。北京持续推进落实互联网租赁自行车总量调控，共享单车规模为101.2万辆，比上年增加5.6万辆，共享单车运营企业有3家，与上年持平。

三　北京平安交通发展情况

（一）交通安全情况统计

1. 交通事故统计

如表5所示，2022年，北京交通安全形势总体平稳，万车死亡率为1.48%，较上年降低了0.14个百分点。

表5　2016~2022年北京万车死亡率

单位：%

指标	2016年	2017年	2018年	2019年	2020年	2021年	2022年
万车死亡率	2.38	2.33	2.13	1.98	1.47	1.62	1.48

资料来源：北京市公安局公安交通管理局。

2. 交通管理与控制设施

2022年，为确保北京交通管理服务更加精细、高效、便捷，年内新增调整各类交通标志46556套、交通标线11948.42公里,并同步落实优化交通组织、完善标志标线、增设科技设备、加强路面巡控、开展宣传教育等管理措施,维护了交通秩序,进一步提升了城市交通品质和整体景观质量。2017~2022年北京交通管理与控制设施情况见表6。

表6 2017~2022年北京交通管理与控制设施情况

类别	2017年	2018年	2019年	2020年	2021年	2022年
交通标志(套)	260998	277994	279033.0	287403.0	295133.00	341689
指路标志(面)	41304	43830	45314.0	46640.0	48906.00	50514
路名标志(面)	17194	20117	20121.0	20254.0	—	22703
交通标线(公里)	75832	82782	75165.3	78088.5	78984.58	90933
隔离护栏(米)	1924295	2156556	1574053.0	1531742.0	1501920.00	1453021
信号灯(处)	5707	7175	7175.0	8224.0	9543.00	9968

资料来源:北京市公安局公安交通管理局。

(二)交通安全管理

1. 加强交通管理基础设施建设

全面开展交通管理基础设施排查,制定基础标准,组织开展学校周边、山区弯道、限高架、隔离墩、标志标线、高速公路出入口、恶劣天气高影响路段等专项排查,形成任务清单、问题清单,挂账督办、推动治理。开展慢行系统路口交通组织大排查,"一点一策"治理68处堵点、123处乱点,优化178处路口交通组织,在73处路口设置"右转必停"标志。规范占道施工安全防护,牵头修订《占道作业交通安全设施设置技术要求》等标准规范,提升施工作业安全防护水平。严格占道施工监管,及时发现、督促整改消除270处隐患,规范管理后未发生移动作业伤亡事故。

2. 全面深化交通综合治理

牢固树立大安全大交通理念,健全共建共治共享的社会治理格局,狠抓交通综合治理。报请市领导专题调度,推动交通安全纳入全市交通综合治理，压实行业监管、属地管理、企业主体责任，全面开展交通安全治理集中攻坚。建立高风险企业监管平台和"一企一册"挂账整治机制，将570家高风险企业转递行业主管部门限期治理。加大部门联合惩戒力度，责令10038家隐患单位限时整改，督促落实交通安全主体责任。挂账治理36条事故高发道路、125处交通安全隐患，动态治理305处道路隐患。加强驾驶人教育培训，严格驾校考试把关，增强安全意识，提升驾驶技能。持续深化社会协同共治，优化北京交警"随手拍"投诉受理平台，新增注册用户308.3万人。加强警保联动交通事故远程处理，推动远程处理融入勤务指挥体系，实现线上线下无缝衔接，日均处理事故811起，占比达到50%，有效缓解事故造堵。联合首都文明办推进"文明驾车 礼让行人"专项整治，综合评定全市59处达标示范路口，发动超150万人次参与文明交通网上承诺、26万人次上路维护疏导，带动全市路口秩序水平稳步提升。加强交通安全宣传教育，瞄准"一老一小"、外来务工人员等交通事故易受侵害群体，深入开展"七进"宣传，组织"生命无价 酒后禁驾""一盔一带""美丽乡村行"等主题宣教活动5000余场。围绕摩托车、大货车等社会关注热点，主动联系媒体策划宣传报道，加大正面引导、典型曝光力度，全年刊发新闻稿件6万余篇，组织集体采访、通气会、发布会100余次。

3. 多措并举保障假日交通安全畅通

交管部门结合假日期间交通特点，在节前提前制定道路疏导和维护方案，假日期间全部警力最大限度投入路面加强维护疏导，多措并举全力做好假日交通保障工作。一是做好进出京道路交通维护疏导；二是强化景点景区及公交场站等重点区域交通秩序维护；三是强化违法整治，营造良好秩序环境；四是加大对涉牌涉酒等严重交通违法行为的打击整治力度；五是充分依托高峰勤务和铁骑警务机制，加强路面交通维护疏导；六是加强道路交通事故预防，严防发生重大交通事故。

4. 全力提升交管服务水平

紧盯民意民情，持续推出便民利企措施，服务首都高质量发展，保障民生。扎实做好群众诉求办理工作，坚持民呼我应、接诉即办，建立"每月一题"工作机制，主动解决群众高频诉求。全年承办12345热线派单12.4万件。整合对外公布热线，形成"12123+语音服务平台+4类业务咨询电话"服务体系，实现统一标准、统一答复。深化便民利企改革举措，落实机动车检验和二手车交易登记改革措施，30万名机动车车主享受免检政策，便利1110家二手车经销企业办理业务。制定45项"放管服"改革任务清单，试点推行机动车"出厂预查验"、"一站式"车辆维修保养检测等服务，惠及12.5万名机动车主。推出机动车登记服务站周六日延时办公制度，便利群众办理业务。深化"一网通办"，实现四大类53项服务事项"一站通查、一站通办"，524.4万人申领电子驾驶证，互联网平台注册人数达到1264.8万人。精准服务经济社会发展，组建疫情风险区域进京货车工作专班，建立信息互通共享机制，保障210万辆次"绿通车"顺利进京。对接商务、药监部门启动应急机制，服务1.2万辆物资运输货车、852辆医药物资运输车辆顺畅通行，有力做好保供稳价工作，助力稳定疫情防控大局。联合市城管委等部门，扩大占道施工"非禁免批"及并联审批政策适用范围，落实"非禁免批"事项77项，推送"电子证照"259项，大大方便企业办理业务。

四 北京科技交通发展情况

2022年，北京科技交通总体呈现不断发展的态势，MaaS（出行即服务）平台、智能交通、自动驾驶等交通科技不断取得新的突破。交通科技更多地应用于北京居民的日常生活中，使市民的出行更加高效便利，同时保障了北京交通的安全通畅。

（一）智慧交通规划

2022年5月，市交通委发布《北京市"十四五"时期智慧交通发展规划》。该规划在深入剖析智慧交通发展基础与新形势新要求的基础上，设计智慧交通建设的总体架构，提出推动"三个统筹"、建设"四大体系"、实现"三个转型"的工作目标，设定14项预期性发展指标，明确推进交通"码""图""感""网""云"等基础设施建设，完善交通企业运营、出行服务、精细治理等数据云脑，推动轨道、公交、停车等九大领域场景应用创新以及提升网络安全防护能力等4个方面的重点任务，牵引和推动交通行业数字化、智能化转型升级，助力交通治理体系和治理能力加快实现现代化。

（二）智能决策与智慧交管

2022年，市公安交管局基本建设完成北京交管指挥中心升级改造项目。主要建设内容包括：一是建设多功能指挥调度中心；二是建设大屏可视化系统、融合通信系统，构建信息化、扁平化、等级化、可视化的图上指挥调度新模式，全面支撑"两台合一"后的一体化指挥调度；三是开发警情警力融合管理的信息化指挥应用，建设指挥调度系统、岗位勤务管理系统、铁骑实战应用系统和交通信息发布系统；四是开展视频联网共享平台和集成指挥平台建设，搭建多层级音视频指挥调度通道，提升视频警务服务支撑能力。

2022年，市公安交管局搭建"1+10"全市信号控制平台，完成首批450处信号设备升级改造，城六区和副中心重要路口联网率达到95%以上，大大提升了交通信号系统的运行效率和智能化水平。"一灯一档"建立健康档案，加强全生命周期管理，信号灯故障率、群众投诉量较"五统一"前分别下降87.3%、77.8%。持续推进90条主干道路信号灯绿波带调优，整体路网通行效率提升4.7%。探索自动驾驶环境下的智能信控应用，示范道路全天车均延误率下降10.4个百分点，停车次数下降20.8%。

此外，市公安交管局持续推进二环路内核心区域智慧电子警察项目，主要包括建设1082套电子警察前端设备、开通公安网警务云平台、实施部分机房改造和优化二环路内通信网络。该项目可实现对二环路内路口、路段交通违法行为的有效监测和管控，形成严密高效的执法体系，对强化交通非现场执法、维护交通安全、缓解交通拥堵发挥积极作用。该项目已于2022年底基本建设完成。

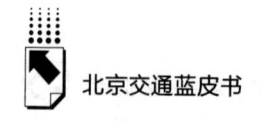

（三）公共交通智能化

2022年，市交通委组织完成公共交通票务系统升级，"系统核验+人工检验"的新票务系统安全平稳运行，实现了公共交通刷卡刷码进站乘车同步自动核验健康码信息，大幅提升了运营效率，为首都疫情防控提供了有力支撑。截至2022年8月底，累计升级交通卡、乘车码4050万余张（个），为市民提供了安全、便捷、健康的乘车服务。

地面公交方面，公交集团着力推进主动安防系统建设，累计在近8000台车辆上安装主动安防系统，在5750余台车辆上安装异常行为识别系统，在63台车辆上试验推广A柱盲区透视预警系统，建立定期通报讲评机制。配发驾驶员多体征情绪感知设备2150台，建立了公交驾驶员精神压力感知模型，实现驾驶员和车辆智能化追踪和溯源管理。

地铁方面，北京市京投公司持续推进新建线路智慧化建设工作。11号线西段实现乘客服务App、AFC（自动售票检票系统）2.0、安检票务一体化，智能调度、智慧工地、智能列车等智慧化系统1.0版本全部功能完成了智慧地铁的全面示范应用。

（四）自动驾驶

2022年，北京开放全国首个面积为40平方公里的自动驾驶测试区域，测试道路达323条1144公里，自动驾驶发展水平领先全国。配合高级别自动驾驶示范区建设，支持开展自动驾驶车商业化运行、高速公路测试等先行先试工作。率先实践车路协同技术路线，完成京台高速车路协同设施设备建设。落实北京国际科技创新中心建设任务，推进高级别自动驾驶示范区3.0建设和自动驾驶测试工作。

（五）MaaS平台建设

2022年，北京市交通委研究编制了《MaaS2.0工作方案》，组织高德地图、百度地图等持续优化完善平台功能，研发上线冬奥会专用道、无障碍出行、停车预约等新功能，圆满完成冬奥会、冬残奥会交通出行信息保障，常态化开展碳普惠激励活动，强化活动宣传，激励引导公众绿色出行。MaaS平台日均服务绿色出行超450万人，碳普惠平台实名注册用户超259万人，累计出行量达到了1.3亿人次，累计产生碳减排量近30万吨。

（六）车联网

2020年9月，北京启动建设全球首个网联云控式高级别自动驾驶示范区，探索实践车、路、云一体化技术路线，开展"车、路、云、网、图"五大体系建设。2022年，立足具有国际竞争优势的智能化基础设施环境，示范区逐步推进3.0阶段建设，车、路、云一体化服务效果显著提升，政策标准化与管理协同性有序增强，产业集聚态势日益凸显。在一系列政策创新、技术创新的推动下，示范区于2021~2022年连续两年在全国城市智能网联汽车竞争力排名中位列第一。截至2023年3月，示范区内测试企业达19家，入网车辆数量达578辆，累计自动驾驶里程达1449万公里。示范区集聚了百度、小马智行、商汤科技、轻舟智航、新石器等头部企业；北汽、奥迪等整车企业已率先开展常态化测试，戴姆勒、宝马、一汽、福特、理想等企业也正在推进测试事宜。

技术创新方面，近年来，北京自动驾驶示范区聚焦关键环节自主创新，引领产业生态集聚。面向行业关键技术攻关，利用"揭榜挂帅"机制研发生产国产化MEC设备，降低设备成本；联合企业研发分布式算力平台，逐步实现路侧算力有机整合；聚焦增强产业服务能力，打造专业化、便利化产业创新园和孵化器。持续推进自动驾驶乘用车无人化和商业化落地，服务超134万人次；作为末端配送新模式，无人配送服务超130万单；为市民带来零售服务新体验的无人零售车累计服务超250万次；示范区还推动教育专线、机场接驳场景等创新应用落地，与公交车、公务车、快递车、环卫车、社会车辆等实现小规模场景示范应用；在智慧交通提质增效方面，完成300多个信控路口的升级改造，道路信息日均服务用户超2万人，平均速度提升12.3%。

总体来看，2022年北京智慧交通体系建设方面进展良好，各项技术顺利稳

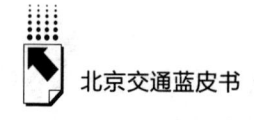

步发展。作为人工智能与智慧交通发展的战略高地,北京进一步规范了自动驾驶道路测试的区域,自动驾驶产业发展速度快、配套设施完善。同时,"北京公交"和"北京地铁智慧服务平台"等智能应用彻底走进了市民的生活,大大提高了出行效率,这些都是北京科技交通、智慧交通稳步前行的重要保障。

五　北京人文交通、旅游交通发展情况

(一)人文交通

随着我国交通运输业的迅速发展,人们的出行需求发生了变化。在交通越来越便利的同时,人们更加关注出行的舒适度与人文属性。这就要求城市在满足大众对交通基本需求的前提下,为市民提供更加优质的人文服务,并借此充分利用公共交通的文化传播功能,优化人们的出行体验。

2022年,有"北京最美线路"之称的地铁19号线全线贯通,全长20.9公里,虽然仅仅有10座车站,但是可以实现南北贯通,自南向北分别为新宫站、新发地站、草桥站、景风门站(见图6)、牛街站、太平桥站、平安里站、积水潭站、北太平庄站、牡丹园站。平均站间距为2.3公里,最高运行时速可达每小时100公里。2022年7月,北京地铁19号线的景风门站、太平桥站、平安里站、北太平庄站正式开通,这条穿越中心城区的大运量快线,已经"十全十美",新开通的这4站更是"一站一景"。地铁19号线一期的全线贯通,反映了北京地铁的发展不仅能满足人们出行的基本需求,还能在视觉和乘坐体验上带给人们焕然一新的感受。

2022年,北京成功举办冬奥会、冬残奥会。北京成为世界历史上首个也是唯一的"双奥之城"。公共场所随处可见、可触、可使用的坡道、盲文、无障碍卫生间,智能化无障碍服务平台以及新闻、体育赛事转播的手语播报系统等,不仅在当时备受称赞,也为我国无障碍环境建设留下了宝贵遗产。2019年,为了迎接北京2022年冬残奥会,北京启动实施无障碍环境建设三年专项行动,经过3年的努力,北京基本形成顺畅的无障碍出行环境。此外,中国铁路北京局集团有限公司为运动员精心打造了无障碍乘车流线,完善无障碍预

图 6　北京地铁 19 号线景风门站

资料来源：北京市文化和旅游局。

约服务，将所有冬奥列车内的无障碍设施进行了升级（见图 7）。《北京 2022 年冬奥会和冬残奥会遗产报告（赛后）》显示，我国推广冬奥无障碍设施建设标准，全面提升无障碍环境建设水平，持续推动包容性社会建设。

图 7　冬奥列车无障碍设施升级

资料来源：北京市文化和旅游局。

（二）旅游交通

2022 年，受新冠疫情影响，北京接待旅游总人数为 1.8 亿人次，比上

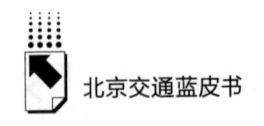

年下降28.5%,恢复至2019年的56.6%,恢复程度高于全国平均水平14.4个百分点;实现旅游总收入2520.3亿元,比上年下降39.5%,恢复至2019年的40.5%,恢复程度高于全国平均水平4.9个百分点。其中,接待国内游客1.8亿人次,比上年下降28.6%,实现国内旅游总收入2490.9亿元,比上年下降39.8%;接待入境游客24.1万人次,比上年下降1.6%,实现国际旅游外汇收入4.4亿美元,比上年增长2.3%。

北京市文化和旅游局统计数据显示,2022年,外省份(不包括港澳台地区)来京游客大幅下降。2022年北京接待外省份来京游客人数为8295.0万人次,较上年下降35.6%,恢复至2019年的43.1%;外省份来京游客消费2120.4亿元,较上年下降42.0%,恢复至2019年的40.0%,外省份来京游客消费占旅游总收入的84.1%;人均消费2556.3元,较上年下降10.0%,恢复至2019年的92.8%。

从外省份来京游客客源构成来看,河北、山东、河南排名前三,分别占外省份来京游客的29.4%、8.0%、7.0%。分区域来看,华北地区游客占42.3%,华东地区游客占20.9%,东北地区游客占12.1%,华中地区游客占11.4%,西南地区游客占4.8%,华南地区游客占4.3%,西北地区游客占4.1%。

从外省份来京游客的消费构成来看,购物占比最高,达23.6%;餐饮、住宿和长途交通占比接近,依次为19.7%、17.4%和16.1%;景区游览占13.2%;文化娱乐占6.2%(见图8)。

2022年,北京接待市民在京游人数9911.7万人次,较上年下降21.4%,恢复至2019年的78.9%,其中市民郊区游比重为59.9%;实现旅游收入370.5亿元,较上年下降22.9%,恢复至2019年的66.3%;人均消费373.8元,较上年下降2.0%,恢复至2019年的84.0%。从市民出游选择来看,市民郊区游比重从2019年的53.6%、2020年的55.2%上升到2021年的66.8%,2022年比重为59.9%,略有下降。从消费构成来看,购物和餐饮占比较高,分别占33.4%和26.9%;景区游览和市内交通分别位列第三、第四,分别占15.8%和11.3%;文化娱乐与住宿占比持平,均为5.6%(见图9)。

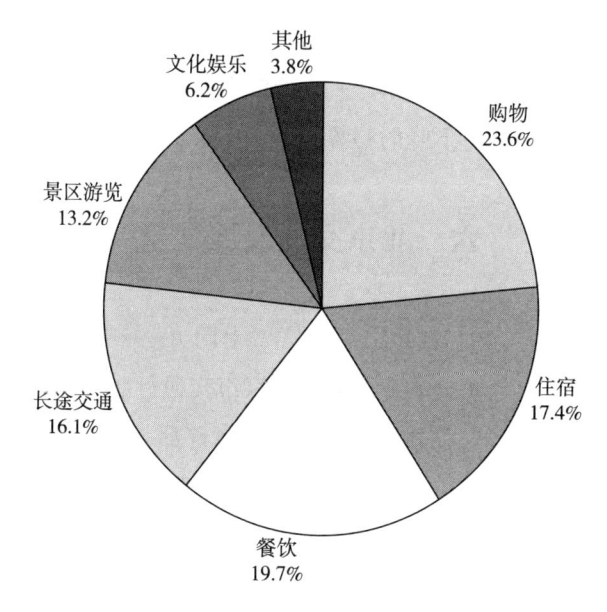

图8 外省份来京游客的消费构成

购物 23.6%
住宿 17.4%
餐饮 19.7%
长途交通 16.1%
景区游览 13.2%
文化娱乐 6.2%
其他 3.8%

资料来源：北京市文化和旅游局。

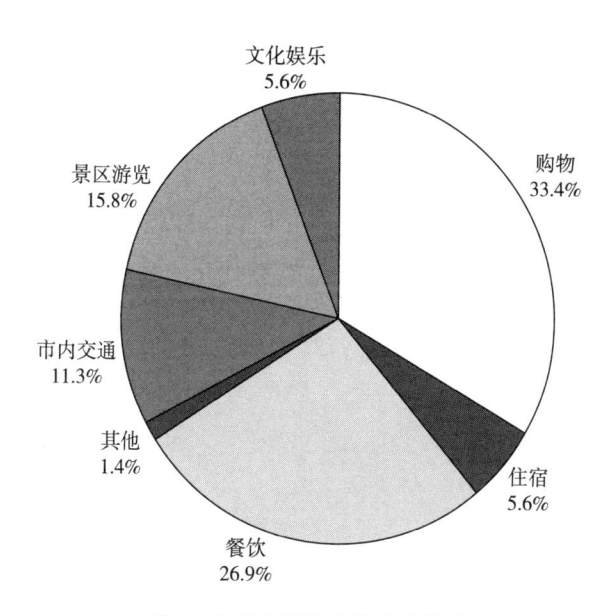

图9 北京市民游客的消费构成

购物 33.4%
住宿 5.6%
餐饮 26.9%
其他 1.4%
市内交通 11.3%
景区游览 15.8%
文化娱乐 5.6%

资料来源：《2022年北京市文化和旅游统计公报》。

综合来看，2022年，受新冠疫情影响，国内外来京旅客进一步减少。此外，由于经济快速发展，来京旅游人群的消费水平不断提高，交通费用在来京旅游花费中的占比有下降的趋势。

六　北京交通发展展望

2022年是党的二十大召开之年，是"十四五"规划实施的关键之年，也是北京冬奥会、冬残奥会举办之年。北京市交通行业在交通运输部的指导支持和市委、市政府的坚强领导下，紧密围绕首都"四个中心"功能建设，牢牢把握交通"先行官"定位，高效统筹疫情防控和交通运输服务工作，坚持以人为本，推进落实"慢行优先、公交优先、绿色优先"，推进"优化供给、调控需求、强化治理"，深入落实京津冀协同发展战略，持续优化首都绿色出行体系，圆满完成党的二十大、冬奥会和冬残奥会、服贸会交通服务保障任务，较好地实现了全年各项工作目标，全市交通系统运行安全平稳有序，有力推动了首都交通高质量发展。

下一步，北京交通将以推动高质量发展为主题，以改革创新为驱动，坚持以人为本，进一步落实"慢行优先、公交优先、绿色优先"，着力"优化供给、调控需求、强化治理"，持续推进落实"十四五"时期交通发展建设规划，加快实现交通发展"三个转变"，加快构建综合、绿色、安全、智能的立体化现代化城市交通系统，当好首都现代化的开路先锋。

分 报 告
Sub-reports

B.2
2022年北京市郊铁路运营管理发展报告

姚恩建　郭雪萌　王　超*

摘　要： 近年来，随着新型城镇化快速发展及首都都市圈半径扩大，市郊铁路与城市轨道交通的协同发展运营为非首都功能疏解和现代化首都都市圈构建提供了强力支撑。本报告通过分析国内外城市市郊铁路的运营管理发展案例，总结其经验，并结合北京市郊铁路规划详情和运营体系现状，分析北京市郊铁路目前存在的运营体系落后、运营管理壁垒多、运营组织独立单一、运营服务割裂等问题。在此基础上，本报告总结提出"四网融合"背景下北京市郊铁路多层次轨道交通一体化运营的发展目标。同时，本报告针对北京市郊铁路现代化运营管理的特征进行分析，提出市郊铁路运营管理体系现代化、运营服务一体

---

* 姚恩建，博士，北京交通大学交通运输学院教授、博士生导师，主要研究方向为综合交通、智能交通、低碳交通等；郭雪萌，博士，北京交通大学经济管理学院教授、博士生导师，主要研究方向为会计理论与方法、基础设施投融资、资本运作、内部控制等；王超，博士，北京交通大学经济管理学院副教授、硕士生导师，主要研究方向为运输经济理论与政策、城市交通经济学、交通产业及企业治理等。

化的发展路径，并围绕北京市郊铁路近期、中长期运营管理方案提出改进建议。

关键词： 北京市郊铁路　"四网融合"　现代化运营管理

一　国内外市郊铁路运营管理发展案例分析

（一）国外市郊铁路运营管理发展案例

1. 日本东京市郊铁路运营管理发展

从20世纪初开始，日本政府制定并修改了20多部与铁路和城市发展相关的法规。这些法规都以推动中央政府、地方与铁路三方间的高效协同发展为主要目标，逐步建立了保障首都圈高速铁路可持续发展的体制机制。东京铁路网历经3个阶段的变迁，最终确立了多主体协同的市郊铁路发展模式。

（1）东京都市圈铁路网初期发展阶段

本阶段商业运营围绕盈利目的开展，由铁路企业负责建设和运营铁路，并开发沿线住宅和大型商业楼盘等集客设施，以确保铁路企业的盈利能力。

（2）东京都市圈铁路网高速发展阶段

1995年以来，日本地方政府和民众不断提出通勤难的问题，日本包括国铁在内的各方认识到需要构建一个一体化的大规模快速城市通勤网络，而只有市郊铁路体系才能完成这个任务。因此，日本在20世纪60年代制定了国铁第三次长期规划（1965~1972年），针对5个客运通道实行高架、复复线、三复线建设，不同电车线路直通运输，客货分线运行。这一时期，轨道交通公司的运营收益有了一定增长，如表1所示。该时期基本形成了以日本政府为倡导和支持主体、东京政府为推动配合主体、国铁为投资运营主体的多主体协同的国铁线路通勤化改造制度安排。

表1　东京都市圈国铁线路通勤化改造前后轨道交通运营情况对比

线路	高峰输送量（万人/小时）		内部盈利率（%）	改造前后高峰时期满载率（%）			改造前后区间平均旅行时间（分钟）	
	1965年	1982年		1960年	1998年	2018年	1965年	1995年
中央	7.8	14.3	8.5	140	86	70	63	58
东北高崎	9.5	15.5	—	154	108	93	35	29
常磐	6.0	12.9	10.3	124	119	80	57	42
总武	9.7	12.8	8.1	155	118	95	61	40
东海道	12.9	18.4	5.9	—	125	96	64	54
总计（或平均）	45.4	74.0（+63.0%）	8.2	143	111	87（-56%）	56	45（-20%）

资料来源：东京铁路各运营公司网站。

（3）东京都市圈铁路网完善阶段

进入21世纪后，随着人口下降和城市发展，新建城市铁路项目的盈利能力逐渐丧失，此时日本政府主导构建了更为精细的体制机制，鼓励多元主体参与城市铁路投资与运营，调动了日本中央政府、日本地方政府、国铁、社会资本以及其他运营商参与城市铁路投资与运营的积极性，缓解了国铁的经营亏损压力，推动了既有线路和车站的更新改造进程，从而进一步完善了多元主体协同的都市圈铁路可持续发展模式。

2. 美国纽约市郊铁路运营管理发展

（1）国家层面

美国交通运输部负责推动市郊铁路发展，并协调各部门的利益，在市郊铁路发展中起到了顶层规划的重要作用。美国交通运输部下设联邦铁路局和联邦公共交通管理局等部门，联邦交通运输局兼管市郊运输和城市内的运输，这种方式减少了政府、铁路等部门在运营市郊铁路协调机构方面的矛盾。

（2）区域管理层面

美国各个地区通常会设立跨越行政区域的交通协同机构，以推动跨区域的交通规划工作。例如，非政府的公益性机构纽约区域规划协会（RPA）一直致

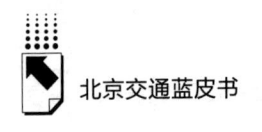

力于制定跨越行政边界的城市圈综合规划,并已经进行了3次大区域规划。

(3) 大都市区层面

20世纪初,纽约宾夕法尼亚车站开通了市郊线路,服务近郊80公里以内的都市圈,客流属性多为通勤,线路总里程占纽约都市圈全部轨道交通里程的82%,其中中心城区线路里程为167公里,郊区线路里程为1465公里。纽约都市圈市郊铁路由各级政府和纽约大都会运输署(MTA)旗下各铁路公司共同出资建设,基本由MTA运营。美国市郊铁路运营机制如图1所示。

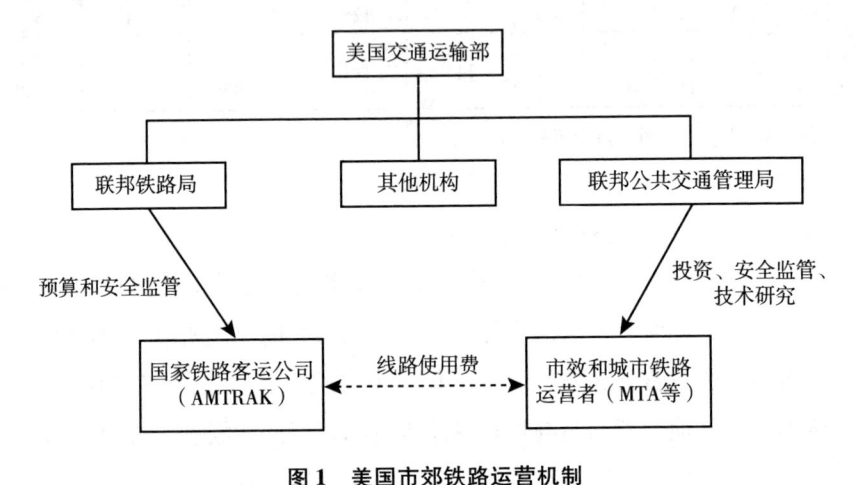

图1 美国市郊铁路运营机制

资料来源:笔者根据相关资料自绘。

在联邦政府的顶层设计之下,美国纽约市郊铁路主体由MTA构建和运营。同时,MTA与RPA自上而下共同发挥作用,有效保证了政府和铁路部门的合作。

3. 英国伦敦市郊铁路运营管理发展

伦敦共有16条市郊铁路,有效衔接了伦敦1~9区的中心城区和近郊、远郊区,线路总里程约为3000公里。

(1) 运营管理

从20世纪90年代开始,伦敦铁路公司进行了"网运分离"和民营化改造,此后伦敦市郊铁路不再由英国国铁(BR)管理和运营,而是隶属英国路网公司。在"网运分离"的管理模式下,英国路网公司采取了特许经营模式,即客运公司和货运公司在取得特许经营权以后,可以通过租用英国路网公司管理的道路来进行运输服务。

(2)管理体系

从2002年改革以来,英国运输部与伦敦市政府在合作和融合机制方面加强了探索,实现了枢纽站点的互通以及铁路和城市交通票价的整合。2016年1月,英国运输部与伦敦市政府合作发布了《伦敦及其东南地区铁路客运服务的新方法》,旨在进一步深化双方在运营管理伦敦及其东南地区市郊铁路方面的合作,以实现伦敦地区更高效的发展。从长远来看,伦敦市郊铁路的大部分线路未来存在直接由伦敦交通局全权管理的可能性,因为这些市郊铁路从市中心延伸到外围的距离较短,并且与地铁系统紧密相关。伦敦市郊铁路管理体系如图2所示。

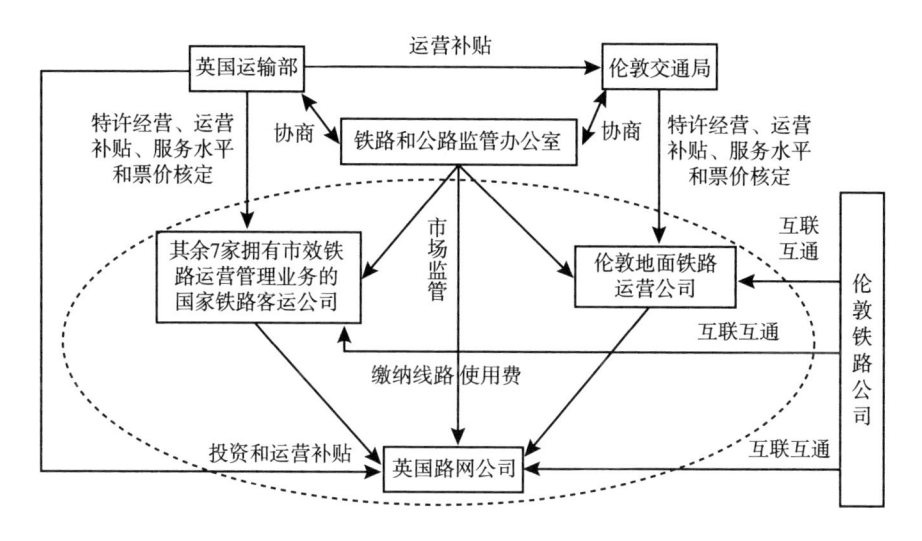

图2 伦敦市郊铁路管理体系

说明:7家拥有市郊铁路运营管理业务的国家铁路客运公司包括 C2C(Thameslink)公司、GRA(Greater Anglia)公司、CHI(Chiltern)公司、GRW(Great Western)公司、SWT(South West Trains)公司、SEN(Southern)公司和 SOU(South East)公司。

资料来源:笔者根据相关资料自绘。

综上所述，英国市郊铁路实施了在"网运分离"下的特许经营模式。英国政府只给英国路网公司投资和运营补贴，逐步取消对其他市郊铁路运营公司的补贴，甚至特许经营费收入可以抵消补贴。与取消运营补贴的举措相对应，英国政府规定轨道交通的线路使用费也应当减少，这将促使伦敦地区运用更多的轨道资源来实现市郊运输服务，但这个过程经历了很长时间的市场培育以及伦敦通勤系统的票制票价改革，才形成了目前的格局。

（二）国内市郊铁路运营管理发展案例

1. 重庆市郊铁路江跳线与地铁直通

（1）建设运营主体

重庆市郊铁路江跳线（见图3）全长28.2公里，由重庆市铁路集团作为政府出资方代表与社会资本方中铁十六局共同组建，土建部分由辖区政府负责，机电运维等采用PPP模式，由中铁建电气化局运营管理。

（2）跨线直通

江跳线采用国铁制式修建，且与地铁的信号、供电制式（双流、中途不停车切换）和限界标准兼容，预计2023年底或2024年初与地铁5号线跨线运营。

（3）票价、接驳

江跳线按照城轨标准分段计费，起步2元，最高9元。第一年地区进行财政补贴，实行全程最高2元优惠。江跳线其中两站具有"P+R"（驻车换乘）车位100余个。

江跳线开通运营，标志着重庆首次真正实现"四网融合"，"轨道上的都市圈"建设稳步推进，助力"1小时通勤圈"建设。

2. 大湾区城际铁路与地铁快线共线直通

（1）体制机制

大湾区通过股权置换，将都市圈范围内的部分铁路收归地方所有，以城市轨道交通集团为依托，组建自己的城际铁路运营公司。具有代表性的是广清城际铁路预留与地铁共线的条件并由广东城际铁路运营有限公司进行运维。

图 3　重庆市郊铁路江跳线

资料来源：百度百科。

（2）建设规划

广州地铁 18 号线已按照铁路标准建设并开通运营，未来将与广中珠澳城际铁路直通。广州地铁 28 号线也采用铁路制式规划，未来将与广清城际铁路进行直通。

3. 成都车站实现路市同台换乘

成都犀浦站是我国第一个实现地铁与市郊铁路同台换乘的车站，市郊铁路成灌线（成都—都江堰）与地铁 2 号线实现同向同台换乘，但无法实现

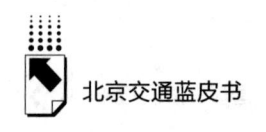

付费区换乘，必须在站台上经过多道闸机换乘，且反方向乘车换乘不能同台，需要立体跨越平面进行换乘。

（三）国内外市郊铁路运营管理发展的经验与启示

国外轨道交通融合发展、贯通运营起步较早，并且已经形成一定的规模，在市郊铁路的运营管理体系上已探索出多主体协同的发展模式，相对于国外，我国市郊铁路运营管理由于发展时间较短、起步较晚，尚未开始大规模的实践应用。结合国外经验和我国发展都市圈市郊铁路面临的问题，总结提出如下经验启示。

1. 加强法律法规建设

结合我国新型城镇化战略和深化铁路体制改革的需要，借鉴日本立法经验，在《中华人民共和国铁路法》中明确铁路在服务城市交通中的必要责任，加强对国铁资产使用的绩效评价，构建符合中国实际的都市圈铁路发展法规体系。

2. 强化顶层设计

虽然我国目前已针对"四网融合"提出许多相关的规划与发展政策，许多省份都积极响应且出台相应的发展规划，但目前缺少专门针对"四网融合"的建设规范与标准，导致不同建设部门与管理部门之间的协调配合不完善。对于市郊铁路而言，虽然国家铁路局及部分地方部门都各自发布了设计标准与规范，但是未考虑与其他制式轨道交通设计标准与规范的统一。因此，可借鉴英国市郊铁路发展的经验，由中央政府进行宏观调控，各都市圈所在的地方政府、铁路局和社会出资者建立符合自身特点、跨行政区划范围的都市圈区域化和社会化管理协同机制，通过出台相关的标准规范促进跨部门合作，明确各部门权责关系，实现多制式轨道交通设计的统一化、规范化。

3. 利用国铁既有资源发展市郊铁路

利用既有闲置铁路资源发挥市郊运输服务功能、提升运输效率是解决郊区人口出行难题中性价比较高的选择方案。可以根据都市圈现有路网资源的特点，对不同更新改造项目进行分类，分别采取不同的运营模式。根据都市圈国铁线路在国铁网络中的作用可将其分为三类：城际运力紧张且盈利的国铁干线；运力富余且亏损的国铁联络线以及运输需求萎缩、亏损严重甚至闲置的国铁支线。

对于有盈利条件的国铁干线和国铁联络线，国铁仍然作为线路改造的投资经营主体，由地方政府承担征地拆迁和车站综合开发的责任，运输组织可以采用"网运合一"的运营模式。对于更新改造后无法盈利的国铁联络线，建议尝试采用英国"网运分离"的组织体系和投融资体系。针对国铁支线，可以借鉴英日轨道交通运营经验，免费或象征性地将国铁低效资产转让给地方政府进行更新、改造和独立运营。

二 北京市郊铁路运营管理发展现状研究

（一）北京市郊铁路规划详情

1. 现有布局

截至2023年，北京已开通运营S2线、怀密线、城市副中心线及通密线4条市郊铁路，市域内运营里程达364.7公里。线路运营总里程约为400公里，设23座车站，其中北京市域内车站22座，运营里程约为365公里。北京市郊铁路处于全国领先水平，并与城轨、高铁等形成了4座换乘枢纽，为实现市郊铁路与城轨、高铁的互联互通创造了一定的条件。

2. 重点项目

（1）北京市郊铁路城市副中心线整体提升工程（北京西至良乡段）

北京市郊铁路城市副中心线于2017年12月31日开始运营，始发站为良乡站，终到站为乔庄东站，运营长度为63.7公里，设6座车站。2022年11月8日，"北京市郊铁路城市副中心线整体提升工程（北京西至良乡段）"正式得到批复，该工程将实现中心城区、城市副中心及环京地区的快速连通（见图4），还将同步打造轨道微中心，开展良乡、长阳等轨道微中心一体化设计。

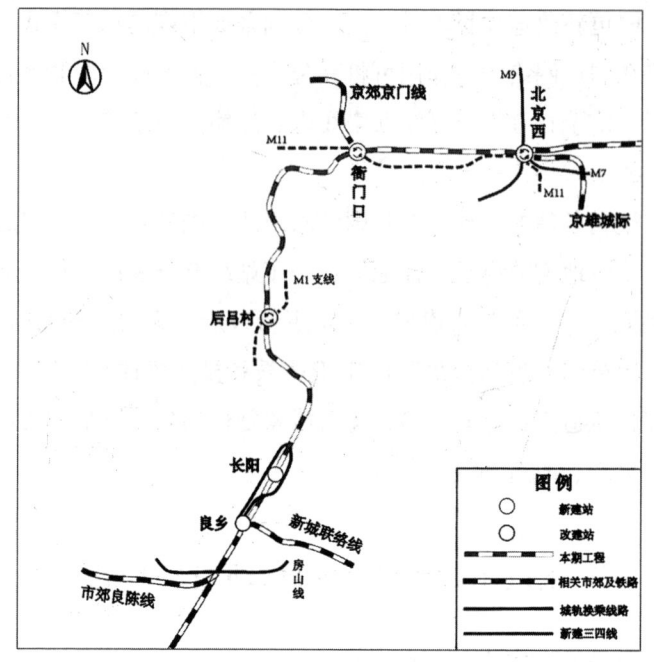

图 4　北京市郊铁路城市副中心线整体提升工程（北京西至良乡段）线路

资料来源：《新京报》。

北京市郊铁路城市副中心线作为构建"一干多支"市郊铁路网络结构的骨干线路，是构建轨道交通"四网融合"体系的重要依托。北京市郊铁路城市副中心线整体提升工程（北京西至良乡段）是北京首个对现有国铁干线进行改扩建、实现市郊铁路公交化运营的工程。这将有助于推动北京市郊铁路向公交化运营的转变。该工程建成后，将进一步提高京郊铁路运输能力，快速、高效地连接城市东西方向，提升北京市轨道交通线网的运行效率，对于盘活现有铁路资源、推动路市深度融合发展具有重大意义。

（2）北京市郊铁路东北环线工程（南口至光华路段）

北京市郊铁路东北环线工程（南口至光华路段）位于北京市东北部，线路起自北京市CBD光华路站，经北京朝阳站、望京站、霍营站、沙河站、昌平站，终至京包铁路南口站，沿线途径朝阳区和昌平区。该工程正线长度为58.97公里，共设15座车站，其中新建9座，分别为光华路站、四惠站、石佛营东站、酒仙桥站、北苑站、立水桥站、新龙泽站、生命谷站、沙河北站；改造既有站 6 座，分别为北京朝阳站、望京站、霍营站、沙河站、昌平站、南口站。其中，昌平站至生命谷站拟预留地铁 19 号线与该工程跨线运营的条件。北京市郊铁路东北环线未来有望成为北京"公交化"运营特征最显著的市郊铁路线路。

北京市郊铁路东北环线是西北方向与东北方向的联络线，通过与 S2 线、城市副中心线的联通，串联了北京城市空间结构"一核"（首都功能核心区）、"一主"（中心城区）、"一副"（城市副中心）、"多点"（房山、昌平、延庆新城），是构建北京市郊铁路"一干多支"主骨架的骨干线路，对于加强北京铁路枢纽的内部联系具有重要作用。

3. 规划方案

根据《北京市"十四五"时期交通发展建设规划》要求，北京市郊铁路未来发展主要涉及市郊铁路与其他层级轨道交通网络建设工程、市郊铁路与其他层级轨道交通既有线网优化提升工程两方面。未来，北京将在"四网融合"的大背景下，依托铁路枢纽等既有铁路干线以及东北环线、地下直径线等既有联络线，形成"环+放射式"市郊铁路网络，形成中心城区与非首都功能承接地区间的快速交通体系，构建"30 公里圈层 30 分钟交通圈""70 公里圈层 1 小时交通圈"。

（1）规划"四网融合"相关项目前期工作

目前，北京市郊铁路与城市轨道的融合可通过邻近车站增建换乘廊道、同台换乘改造、直通运营等方式规划实施。邻近车站增建换乘廊道方面，市郊铁路通密线顺义站与地铁 15 号线顺义石门站距离 550 米，市郊铁路通密线通州西站与地铁 1 号线通州北苑站距离 850 米。同台换乘改造方面，目前北京清河站具备同台换乘改造的基本条件，但是受制于铁路约束实现难度较大，可在未来东北环线改造、城市副中心线西延、霍营枢纽建设等相关项目中实现同台换乘。直通运营方面，地铁 19 号线北延与东北环线南口站至新龙泽站通勤化改造的部分区间共线直通，市郊铁路 S6 线与市郊铁路通密线和城际铁路联络线具备直通条件。

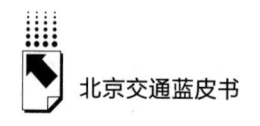

(2)推进路市合作,挖掘"四网融合"潜力项目

可以通过推进"两线一枢纽"相关项目体现北京在推进京津冀协同发展和助力稳经济方面的重要作用。另外,要通过内外部、上下层激励和约束机制来深化合作,共同挖掘"四网融合"潜在项目,在利用既有线路的基础上扩大有效投资、提升边际效益。

(二)北京市郊铁路运营管理发展存在的问题

北京积极响应国家政策要求,并充分剖析自身发展特点,已在市郊铁路运营服务中取得一些经验,但要实现与其他层次轨道交通运营服务一体化的目标,还要解决以下问题。

1. 运营体系落后,构成要素不完善,要素间协同不足

"四网融合"下的市郊铁路现代化运营体系构建是一个系统性问题,包括运营管理、运营组织、运营服务以及运营数据等运营要素以及要素间的协同耦合机制。当前,北京市郊铁路运营缺乏系统化概念,各构成要素自身以及要素之间的协调机制均存在一定的问题。

2. 运营管理壁垒多,多运营主体之间缺乏协同

面向"四网融合",北京市郊铁路自身及其与其他轨道交通系统之间存在多家管理机构与运营主体,目前缺乏有效的协调机制和合作方式,管理权、运营权、产权归属不清,"成本—收益"分摊机制不明,给科学有效的运营管理制造了多重壁垒。

3. 运营组织独立单一,缺乏客流需求的牵引驱动,轨道交通之间缺少协同

当前,北京市郊铁路仍沿用既有铁路运营组织模式,存在运行速度慢、发车间隔大、车次少等问题,停站及开行方案未能与城市功能区需求相结合,没有形成一套适应乘客出行需求的运营标准。同时,市郊铁路与城市轨道交通之间缺少协同发展机制。

4. 运营服务割裂,未形成面向乘客的出行服务一体化模式

北京市郊铁路与其他层次轨道交通间的客流需求与开行方案等信息未实现交互共享。在票制票价方面,多层次轨道交通联程出行票制票价不统一，缺少统一的优惠政策、退改签制度以及票款清算机制。在换乘衔接方面，北京市郊铁路与其他层次轨道交通存在衔接不流畅的问题。在运营方面，运力资源未能得到联合调整，个性化组合出行方案亟待制定。在乘客方面，不利于其掌握末班车衔接车次等联合出行信息。此外，北京市郊铁路只在公众号中向乘客提供了静态的周边交通接驳信息，未在站内配置导向明确、动态交互的换乘接驳信息服务设施及标志，换乘信息可视化、实时化水平不足，乘客只能通过其他途径自行查询实时信息，这对乘客的换乘效率产生影响，乘客无法及时获取联程出行全过程的相关信息，无法合理制定出行方案。

5. 运营数据支撑不足，未形成以运营数据为驱动的大数据应用体系

北京市郊铁路尚未构建完善的运营数据支撑体系，缺乏精准的大数据挖掘与预测技术储备与支持。精准的客流预测是优化运营管理、运营组织和运营服务的基础，但市郊铁路缺少精准的客流需求预测方法，尤其是"四网融合"背景下精准的客流需求预测方法。

三 北京市郊铁路现代化运营管理研究

（一）北京市郊铁路现代化运营管理目标研究

2021年12月，国务院发布了《"十四五"现代综合交通运输体系发展规划》，该规划指出我国都市圈的城际和市郊铁路存在一定的不足，同时提出了构建都市圈通勤交通网的重点任务，强调构建"四网融合"背景下的都市圈。2022年5月，北京市政府印发《北京市"十四五"时期交通发展建设规划》，对北京市郊铁路的发展提出了新的要求，明确提出：在城市副中心线等市郊铁路增设复线，推动实现市郊铁路高频次公交化服务；强化城轨与市郊铁路的融合，突破技术标准障碍，组织城轨与市郊铁路跨线运行，按照付费区换乘要求在城轨与市郊铁路交会处增建换乘站，提高市郊铁路的通勤服务水平。基于以上政策要求，本部分将首先讨论"四网融合"的两

大效应。

1. "1+1+1+1＞4"规模效应

"四网融合"作为交通基础设施，具有较大的规模效应。"四网融合"的"1+1+1+1＞4"规模效应表现在两个部分，第一部分是"四网融合"对外部的规模经济效应，第二部分是"四网融合"带来的规模集群效应。规模经济效应可分为直接效应与间接效应。直接效应是指"四网融合"在建设和运营过程中对相关产业的直接效应；间接效应是指"四网融合"的辐射效应，即以"四网融合"为核心，以其直接带动的相关产业为平台，在形成一定经济规模的基础上向外层扩散的辐射效应。"四网融合"带来的规模集群效应使得多层次轨道交通组合在一起，在客流运输上能够发挥单一层次轨道交通网络或分散的轨道交通网络没有的优势，提高资源利用率，提升旅客出行效率，支持城市群和都市圈的公共交通导向开发，推动城市发展。

2. "1+1+1+1＝4"整体效应

"四网融合"的"1+1+1+1＝4"整体效应是其"1+1+1+1＞4"规模效应的重要保障。"1+1+1+1＝4"整体效应强调在"四网融合"的过程中，各层级的轨道交通网络应当遵循一体化的原则，充分发挥各自的优势，并经过系统优化将各自优势有机结合，增强轨道交通出行链的连续性，完成从"四网"向"一网"的转变，使得"一网"可以作为整体运营，以实现最便捷的乘客出行方式、最合理的现有轨道交通资源利用、最有效的广义资源集约以及最大限度的整体网络运营效能开发。"四网融合"的"1+1+1+1＝4"整体效应包括但不限于以下几个方面。

一是推动空间格局优化，提升枢纽节点功能和场所功能。"四网融合"以"空间、需求、供给"为基础，与城市群、都市圈发展阶段相适应，通过提高对城市空间格局的发展要求优化多层次轨道交通网络，其枢纽选址可分为边缘型和中心型两类。边缘型枢纽强化了区域交通的换乘功能，这些枢纽位于城市中心的外围，更适配未来需要通过区域重大事件牵引实现跨越式发展的大规模城市。而中心型枢纽与城市中心紧密结合，更适配对快速集聚人气和强化对外联系有需求的城市。北京市郊铁路目前仍处于加速发展阶段，在"四网融合"的"1+1+1+1=4"整体效应的影响下，能够将整个城市轨道线路合为一体，强化综合叠加效应，实现枢纽节点功能和场所功能的双重提升。

二是整合现有交通资源，发挥多层次交通一体化作用。推进市郊铁路与其他层次轨道交通间的一体化服务，可以提高轨道交通服务品质。协调各层次轨道交通的相关枢纽资源，构建便捷完善的交通换乘枢纽，实现设施互联，能有效提升市郊乘客换乘便利性。"四网融合"强化线与线、点与点的"无缝"换乘，加强人与交通的连接，支撑城市整体发展，促进北京市郊铁路的融合转型。

三是快速匹配枢纽功能，开发以枢纽站为中心的集聚型模式。"四网融合"是中国经济社会进入高质量发展阶段后对轨道交通高质量发展提出的新要求，"四网融合"对于城市轨道交通来说是必然趋势。"四网融合"的内涵主要体现为激活各个枢纽站点的功能，高效提升轨道交通效率，构建一体化的多层次轨道网络，打破市郊铁路、城市轨道交通绝对独立的体系壁垒，实现信息交互和设施设备交互，使网络连接更加顺畅、运行更加高效、出行更加方便。

3. "四网融合"路径研究

（1）多层次轨道交通在政策、规范与标准层面的融合

没有顶层设计的支持，都市圈的铁路交通基础设施将难以形成有效的网络运营机制。因此，在制定顶层规则时，需要立足都市圈的现实问题，充分考虑地方政府与铁路部门之间的协调。可以借鉴英国市郊铁路发展的经验，通过中央的宏观调控，建立符合自身特点的跨行政区划范围的都市圈区域化和社会化管理协同机制，从政策法规出发，明确各方责任与利益分配，重新构建管理体制，研究顶层政策、法规设计、管理机构组织层次以及各主体间的协同机制，如路地合作、跨行政区合作、社会参与、运行监督等，从全局出发，对各个要素进行统筹考虑。

（2）多层次轨道交通在技术层面的融合

实现多层次轨道交通之间的互联互通，主要有换乘衔接及共线运营两种

模式。换乘衔接模式要求多层次轨道交通线路在发生交汇时，通过布局合理、衔接紧密的换乘枢纽实现线路之间的有效衔接。不同线路的列车仍然在原有轨道上运行，乘客可以通过在枢纽自主换乘实现不同层次轨道交通之间的转换。而共线运营模式则要求通过线路连接的方式，实现多层次轨道交通之间的跨线运营，减少不同线路间乘客的换乘量，提高乘客出行效率及出行舒适性。

（3）多层次轨道交通在服务层面的融合

依托多层次轨道交通之间的硬件设备衔接实现服务衔接，提升乘客的出行体验，同时充分利用信息技术手段，考虑不同层次轨道交通之间的协调与配合，实现信息共享与协同工作，并合理配置运力和班次，提升运输效率与服务质量。

（4）多层次轨道交通在运营管理层面的融合

要实现运营管理层面的融合，应在多层次轨道交通运营主体之间建立一体化运营管理模式，各运营主体之间要加强运输组织协调，优化客运组织，提升列车在重要客流集散地的停站频率，提供符合乘客出行规律和宏观客流特征的轨道交通运输服务。

（二）北京市郊铁路现代化运营管理特征分析

1. 路网整体性进一步增强

在"四网融合"的背景下，北京市郊铁路的路网整体性进一步增强。市郊铁路网的建立以区域空间分布和区域空间联系为基础，与其他轨道交通网络的分布客流相互协调、相互影响、相互作用。路网整体性的进一步增强有助于统筹运输动态，满足不同种类客流的运输需求，从而提高运输整体效率。

2. 系统联动性进一步增强

"四网融合"要求多层次轨道交通的科技融合与技术创新，涵盖了轨道交通的各个科技应用领域，学科协同与系统联动的特点显著。在考虑交通工程、城市发展、运输管理等领域的知识背景及交通组织运营、协同制度创新的基础上，借鉴国内外城市群轨道交通融合经验，并结合北京首都圈轨道交通基础条件、结构特征与发展方向及各制式轨道交通的特点，有针对性地提出基础设施兼容、运营组织协同、经营服务同步等要素层面的融合模式设计方案，能进一步增强各层级轨道交通的系统联动性。

3. 时空关联性进一步增强

旅客运输需求在时间和空间上是无法改变、不可替代的，"四网融合"背景下，市郊铁路与轨道交通其他相关线路的时空关联性进一步增强，线网之间相互交叉、密切配合、相互补充，客流运输的时间与空间耦合度更高。

4. 客流多样性进一步增强

"四网融合"背景下，市郊铁路的客流类型更加丰富，不同的运输产品适应不同类型客流的需求，单一运输产品的组合能够适应更加复杂的客流需求，可以满足不同时段、不同出行范围、不同出行目的地的乘客的多样化需求。客流多样性还体现在"四网融合"背景下市郊铁路进行差别化服务方面。

5. 服务可靠性进一步增强

"四网融合"背景下，市郊铁路的运营围绕高效服务、运力分配合理、列车安全与时效有保障而开展，运力在满足通勤需求的同时，应满足旅客多样化和个性化的需求，逐步实现全天多元化服务，不断增强多层次轨道交通的可达性与幸福感，从而充分发挥"四网融合"背景下轨道交通服务一体化发展对北京区域发展的支撑和引领作用。

6. 管理严格性进一步增强

"四网融合"背景下，市郊铁路的运营管理需要通过多专业工种联合进行，时间、空间要求更高，调度指挥的集中性更强，管理更加严格。目前来看，北京市轨道交通的管理较为分散，而列车运行是以一系列规章制度为基础的，只有严格执行规章制度，才能确保庞大而复杂的高速铁路运营系统有序、安全、高效地运转。

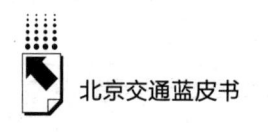

四 北京市郊铁路现代化运营管理体系构建

（一）北京市郊铁路现代化运营管理发展路径研究

近年来，北京市郊铁路系统不断完善，但在运营管理过程中还存在多方面的短板，影响了多层次轨道交通系统的融合发展。加快推进"四网融合"进程，完善北京市郊铁路现代化运营管理体系，应从全局角度探索北京市郊铁路现代化运营管理发展路径。

1. 推进北京市郊铁路运营管理体系现代化

面向"四网融合"，以系统化的理念优化并完善运营管理、运输组织、出行服务以及运营数据等子体系，健全不同子体系之间的相互作用机制，构建"四网融合"背景下的市郊铁路现代化运营管理体系。该体系要以集约化的运营数据和协同化的运营管理为基础，实现不同运营主体、不同层次轨道交通之间的信息交互、融合衔接、协调运营，共同支撑多元化的运输组织模式构建，最终面向乘客提供一体化的出行服务，形成面向"四网融合"的北京市郊铁路现代化运营管理发展标准规范，充分发挥系统效能，全面提升市郊铁路现代化运营管理能力。

一是以运营管理协同化为基础，推进不同运营主体融合衔接、合作互联。构建市郊铁路多运营主体协同管理机制，北京市政府、中国国家铁路集团有限公司（以下简称"国铁集团"）要结合各自优势，统筹北京市郊铁路的建设、管理与运营。同时，北京市域铁路融合发展集团有限公司作为以市郊铁路为主营业务的路市合作平台，要结合路市双方发展需求，发挥合作优势，盘活既有铁路资源，充分发挥"四网融合"背景下客流增长对拓展轨道交通市场的作用。以规划为引领，健全相关标准规范和规章制度，明确责任主体、统一管理流程、协调运营机制。积极探索"网运分离"、政府购买服务等灵活的市场化合作方式，并推进市郊铁路投融资改革及站城融合发展。此外，市郊铁路与其他层次轨道交通运营主体应打破网络融合体制机制障碍，在集约利用、融合衔接轨道交通硬件资源的基础上，构建互利共赢的投融资机制和清晰的票款清分机制，统筹多网运输组织模式，统一出行服务标准，共同推进多层次轨道交通一体化发展。

二是以运输组织多元化与协同化为依托，激发"四网融合"背景下市郊铁路的运输潜力，提高供需匹配程度。充分掌握并分析客流需求，构建符合客流需求的运输组织模式。考虑北京市郊铁路利用既有铁路开行，暂不具备全天候公交化开行条件，应首先在通勤高峰时段加密市郊列车开行班次、缩短发车间隔、采取不固定车次和席位的公交化运营模式，充分发挥市郊铁路在市郊出行中的优势。结合市郊长距离出行、城市组团直达出行等不同客流需求，制定与之相适应的多样化运输组织方案。根据起讫点分布预测结果，采取快慢车运营模式；根据断面客流预测结果，在城市副中心线等线路采取多交路运营模式，以适应客流分布区段差异。科学统筹市郊铁路与其他层次轨道交通间的运输组织与换乘衔接，探索多线多点换乘和过轨运营模式，以提升多层次轨道交通间的直达性。

三是以出行服务一体化为目标，促进多层次轨道交通的"无缝"衔接，优化出行体验。优化市郊铁路与其他层次轨道交通间的一体化服务，提高轨道交通服务品质。在枢纽设施方面，协调各层次轨道交通的相关枢纽资源，构建便捷完善的交通换乘枢纽，实现设施互联，提升市郊乘客换乘便利性。在安检流程方面，市郊铁路实行地铁化进出站，同时推进多层次轨道交通间安检互认，统一安检标准。在出行接驳方面，增强市郊铁路站点与其他地面交通方式的接驳服务能力，提升市郊铁路站点通达性及吸引力。在票制票价方面，研究多层次轨道交通联程运输票价优惠政策、退改签制度和票款清算方法，推进市郊铁路票制票价和购票方式公交化，实现票制互通及支付方式兼容。在信息服务方面，按照"出行即服务"理念推进多层次轨道交通间信息服务互联互通，通过移动端、站内广播及信息展示设备等渠道向乘客提供全过程出行信息。

四是以多源运营数据集约化与智慧化为底座，赋能市郊铁路现代化运营的智慧决策。完善市郊铁路现代化运营数据体系，推进多层次轨道交通数据信息汇聚、管理、应用。推动运营数据全面汇聚，对市郊铁路数据进行动态采集，确保多运营主体间信息动态安全共享，并融合其他层次轨道交通相关运营数据，同时收集周边土地及人口相关信息。推动运营数据管理优化，完善数据标准化管理机制，保障数据存储安全。推动运营数据科学应用，面向管理者提供智慧决策，面向乘客提供个性化服务。其中，客流预测是数据应用的重要内容，在"四网融合"背景下，市郊铁路客流量将呈上升趋势，并在多层次轨道交通网络中出现起讫点重置、方式转移、路径重构、换乘位置重选等出行行为变化，且相较于城区，市郊乘客微观出行行为和宏观客流规律都存在异质性。建议探索市郊乘客在"四网融合"背景下的出行决策机理，量化运营供给变化对乘客出行决策的影响，以微观出行行为反映宏观客流规律，实现高精度、高细粒度、多场景的客流需求预测，为"四网融合"背景下的"成本—收益"清分算法构建、多元协同化运输组织及一体化出行服务提供精准的数据支持。

2. 推动北京市郊铁路运营服务一体化

（1）票务服务一体化

票务管理涉及票制建立、票价设置及票款清分等方面，既与乘客的出行需求相承接，又与运营方的利益分配相联系。因此，构建强兼容性的市郊铁路票务服务一体化体系是实现多层次轨道交通融合发展的必备条件。

一是打造"一票通达"的票制管理体系。为满足乘客差异化的购票需求与出行需求，在保留票制多样化的基础上继续推动市郊铁路与其他层次轨道交通票制互认，实现购票方式、支付方式、退改方式、进站方式兼容。在此基础之上，结合"四网融合"背景下多层次轨道交通枢纽融合衔接的发展需求，探索实现"一次购票、一票换乘、一票联乘"的目标。

二是制定多元化、差异化的票价优惠制度。针对有差异化出行需要的旅客，市郊铁路运营方可提出更多票种和优惠措施，包括面向通勤者发行的月票、单日票等，以及面向旅客及其他游客发行的多日票、多次票等。特别是针对需使用多层次地铁网络出行的旅客，可通过联程优惠的办法吸纳近郊轨道客源。此外，北京市郊铁路现有站点均具备公交接驳换乘条件，可与公交运营公司合作实现市郊铁路乘客享受公交费用折扣优惠。

三是建立多层次轨道交通票款清分机制。在"四网融合"背景下，多层次轨道交通之间的衔接可通过"换乘模式"或"过轨模式"实现，故市郊铁路运营方需要分别针对两类模式的特点，与其他层次轨道交通运营方联合制定票款结算标准与清分机制。在"换乘模式"下，可考虑在换乘节点付费区内增设换乘闸机，乘客无须二次进站，只需在通过闸机时再次刷卡或扫码，以完成换乘节点确认。在"过轨模式"下，首先需要将票款划分为本线票款与跨线票款，再将跨线票款进一步划分为线路使用费用与列车使用费用，便可实现该模式下的票款清分。

（2）换乘服务一体化

考虑市郊铁路和多层次轨道交通的功能定位与服务圈层不同，乘客多通过多制式轨道交通组合出行，因此构建换乘服务一体化体系是推动"四网融合"发展的关键之一。应从运能匹配、时间协调、安检互认、信息覆盖等角度出发，搭建供需"无缝"匹配、时间衔接紧密、换乘服务友好的现代化换乘体系。

一是换乘运能匹配。结合多层次轨道交通线网的功能定位，明确市郊铁路在换乘过程中的主次地位，有针对性地调整次要线路运能以匹配主要线路乘客的换乘需求。在干线铁路、城际铁路与市郊铁路换乘衔接的情况下（如北京西站、北京站等），应以市郊铁路线路为次要线路，在预测枢纽到站乘客的市郊铁路线路换乘需求的基础上，构建市郊铁路分级运能配置体系，以满足乘客的换乘需求。在市郊铁路与城市轨道交通换乘衔接的情况下（如市郊铁路S2线黄土店站等），应以城市轨道交通线路为次要线路，以乘客换乘城市轨道交通线路的需求为基础，考虑通勤、节假日等场景，构建适应性强的城市轨道交通运能配置体系。

二是换乘时间协调。多层次轨道交通之间的换乘时间协调应从两方面考虑，即不同制式轨道交通间首末班发车时间的匹配和发车时刻表的协调。以市郊铁路和城市轨道交通间的换乘为例，多数市郊铁路线路与城市轨道交通线路存在首末班发车时间不匹配问题（如市郊铁路 S2 线与地铁 13 号线等），需对市郊铁路线路的发车时间进行调整，提高市郊铁路的可用性。考虑乘客换乘时间主要来源于换乘候车时间，应结合站点换乘设施、车站规模等硬件因素，形成适应站点特性的城市轨道交通发车时间表，达到缩短乘客换乘时间的目的，进而实现乘客满意、运营高效的双赢局面。

三是换乘服务友好。在"四网融合"背景下，创建包括换乘信息全覆盖、安检互认、同站/同台换乘的乘客友好型换乘服务体系有助于提高乘客换乘体验，增强"四网融合"的公信力。首先，完善轨道交通站点内换乘指引标识等静态信息，消除站点内换乘指引盲区，以减少乘客在不同层次轨道交通间换乘时的徘徊时间。其次，在安检流程方面，应推广不同制式轨道交通间的安检互认，实现城际铁路、市郊铁路和城市轨道交通的内部连通，形成统一的安检互认防护范围和安检标准。最后，应以同站/同台换乘为目标，推动不同制式轨道交通间的共线运营，实现便捷换乘，提高乘客换乘体验。

（3）出行规划服务一体化

在整合多层次轨道交通运营信息的基础上，一体化的出行规划服务能够串联乘客出行的全过程，给乘客提供涵盖出行全周期的个性化组合路径，提高乘客出行体验。出行规划服务应包括涉及乘客路径选择的出行前路径规划、出行中路径诱导及出行后体验反馈等模块。

一是出行前路径规划。出行前路径规划是指在整合多层次轨道交通线网运营信息的基础上，为乘客提供定制化的跨网组合路径规划服务。在给出时间最短、花费最少等基本路径的基础上，可考虑出行目的、乘客偏好、出行时段等因素对乘客路径选择行为的影响，生成并推荐与乘客匹配度最高的个性化路径，提高乘客的获得感，增强乘客对"四网融合"的认可度。

二是出行中路径诱导。出行中路径诱导是指在乘客执行原定出行路径的过程中，通过一体化出行平台或者轨道交通站点内部设施等渠道向乘客发送路径诱导信息，以达到改变乘客原有路径的效果。出行中路径诱导可对多层次轨道交通系统应急状态的响应和运力资源的充分利用产生积极作用。一方面，在应急状态下，可通过路径诱导服务快速调整受影响乘客的路径，以削弱突发情况对乘客出行的影响，提高乘客对多层次轨道交通系统的认可度；另一方面，在乘客出行过程中，可考虑结合激励措施对乘客的路径选择行为进行诱导，实现疏解多层次轨道交通线网堵点、均衡客流负载、提高运营效率与安全性等目标。

三是出行后体验反馈。出行后体验反馈涉及乘客对出行前路径规划、出行中路径诱导等服务的接受度与认可度。一方面，出行后体验反馈可从出行服务"黑点"出发，明确多层次轨道交通运营主体后续需要完善与补充的出行服务；另一方面，出行后体验反馈能够侧面反映乘客的偏好，可考虑从乘客出行后体验反馈中提取关键信息，绘制乘客个性化画像，以提供更好的路径规划和路径诱导服务。

（4）服务平台一体化

近年来，"一站式"出行平台愈加受到出行者青睐。为此，应充分发挥市场潜力，整合多层次轨道交通运营信息，打造"四网融合"背景下面向乘客的"一站式"出行平台，提供互联互通票务购买、跨网出行路径规划等功能，进而推动"四网"间资源整合、运营与服务融合，最终形成"四网"高效运营、乘客"无缝"出行的双赢局面。因此，应从多层次轨道交通运营信息整合、一体化票务购买、多服务平台融合等角度入手，搭建"'四网融合'一站式出行平台"，促进"四网融合"早日落地。

一是多层次轨道交通运营信息整合。在"四网融合"背景下，应在运营信息共享、运营状态互通等方面推动多层次轨道交通运营信息整合，进而辅助"四网融合"背景下轨道交通运力资源配置与乘客跨网组合出行路径决策。应面向多运营主体，拓宽串联多层次轨道交通的信息渠道，以信息整合为基础，形成网络化运营体系，充分协调运力资源为乘客提供服务。另外，应在各级轨道交通车站内与"一站式"出行平台中展示各网络运营状态，供乘客进行路径决策。

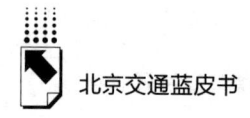

二是一体化票务购买。"'四网融合'一站式出行平台"应集成一体化票务购买功能，以便乘客享受"支付零阻碍"的多网组合出行。在整合一体化票务的基础上，可考虑实施换乘票务优惠等激励政策，向在特定时间、区域范围内换乘不同层次轨道交通的乘客提供票价折扣优惠，从而降低乘客的换乘成本。

三是多服务平台融合。"四网融合"背景下，应形成统一多层次轨道交通网络的一体化出行平台，供乘客享受多层次轨道交通下的"无缝"出行。一方面，一体化出行平台应统筹多层次轨道交通子平台，在促进子平台优势互补的基础上，形成"四网融合"背景下全新的一体化出行平台；另一方面，一体化出行平台应集成多层次轨道交通运营信息、一体化票务购买、出行路径诱导等涵盖乘客出行全过程的功能模块，支持乘客通过平台完成查询、预约、规划、支付等流程。

（二）北京市郊铁路近期运营管理方案改进建议

以"普惠交通"为理念提高市郊铁路的换乘便利性，提高市郊铁路客流增量，在此理念下，近期北京市政府的工作重点应当是以各种手段提高市郊铁路的客流换乘便利性，为市郊铁路"引流"，为高质量开展市郊铁路现代化运营管理提供前期积累。

1. 提高市郊铁路的换乘便利性

现阶段，北京市郊铁路的建设运营主要由北京铁路局负责，由于在建设阶段国铁集团掌握话语权，缺乏与城市轨道交通互联互通的全盘考虑。根据"客流—价值流"的分析思想，降低客流成本可以提高价值。客流成本主要包含时间成本和经济成本，提供更加便利的换乘服务可以降低客流的时间成本，不仅提高了市郊铁路的运输价值，更提高了客流的出行价值。对于北京市政府而言，应当通过增加换乘枢纽数量、优化换乘步骤、缩短换乘距离等方式，提高市郊铁路与城市轨道交通的换乘便利性，以提高运输价值、吸引客流，这样不仅可以提高市郊铁路和城市轨道交通的票务收入，还可以提高枢纽周边土地及线路周边土地的增值收益，进一步提高北京市地铁运营有限公司（以下简称"北京地铁"）和国铁集团的效益。

2. 融合既有市郊铁路

北京城市轨道交通应在投资、建设和运营的全生命周期将市郊铁路纳入考量，增加不同线路的站点交集，加大换乘密度，为乘客提供更多的换乘选择。北京市政府应主动与国铁集团协调沟通，邀请国铁集团参与规划，借鉴国铁集团的建设经验，由双方共同推进城市轨道交通线网设计，同时推进票制融合、安检互信、应急联动，进一步优化换乘步骤，提高换乘的便利性，并在购票、出站、应对突发事件等方面提高便利性和融合性。具体而言，应当提升票务系统的兼容性，通过购票系统 App 的互联互通，实现"一票通行"；完善智慧安检模式，通过"大数据+区块链+人工智能"等手段达成安检信息的互联互通，实现"一站安检"。

3. 推动市郊铁路参与"四网融合"

在北京综合轨道交通体系的构建中，应明确各轨道交通的客流占比，提高市郊铁路在综合轨道交通体系中的战略层级，推动列车控制、车辆制式、电力供应、信号传输等技术端的持续创新，制定统一的轨道交通硬件、软件标准，并逐步将相关标准应用于市郊铁路，以逐步完善市郊铁路的功能，提高市郊铁路的客运流量。

（三）北京市郊铁路中长期运营管理方案改进建议

中长期发展应以客流增量为依据、以产权为纽带，推动北京市政府高质量开展市郊铁路运营管理，实现路地双方合作共赢，在近期方案的基础上推动既有市郊线路的持续优化，将新建市郊线路纳入考虑范畴。

1. 动态监测并评估市郊铁路便利换乘后的客流增量收益

在"四网融合"背景下，市郊铁路外接城市轨道交通，涉及北京市政府、轨道交通企业和国铁集团等主体，各主体的利益需求与战略目标不同，导致周边铁路的利用效率与北京发展实际不匹配。在近期管理体系构建完成后，应当由北京市政府牵头，联动管理机构和研究机构，动态分析前期便利换乘带来的客流增量收益，并建立相关的监测机制，作

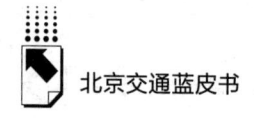

为市郊铁路从换乘端参与"四网融合"带来收益的定量分析支撑，为北京市政府与国铁集团的合作共赢提供数据支撑和量化依据。

2. 坚持合作共赢的理念，推动北京市政府高质量开展市郊铁路运营管理

在明确客流增量收益的基础上，由北京市政府推动与国铁集团的合作。通过阐明市郊铁路与城市轨道交通换乘端高效融合后带来的效益、分析北京市政府参与市郊铁路运营管理的潜在优势与收益、共享市郊铁路参与"四网融合"带来的客流增量收益等方式，提高北京市政府在合作中的话语权，并通过让渡部分收益等形式参与既有市郊铁路的管理，会同轨道交通企业、国铁集团等主体，形成一体化的管理模式。该模式改变既有的市郊运输管理体制和运输组织模式，使得"近期"为中长期合作积累的客流增量收益能够落到实处。在此情景下，北京市政府和国铁集团共享客流带来的票务收益和枢纽综合开发的收益，北京市政府或代表北京市政府利益的轨道交通企业能够参与既有市郊铁路的运营管理，双方在运营管理中共同推进票制融合、安检互信、应急联动的一体化，以及车辆制式、交通信号等互联互通硬件的技术端研究。

3. 创新投建运一体化的投融资机制，满足新建线路资金需求，实现"四网"有机融合

在后续新建市郊铁路项目投建运一体化的投融资过程中，北京市政府应当掌握新建市郊线路的产权，积极与社会资本合作建设市郊线路，创新投建运一体化的投融资机制，激发社会资本活力，满足新建线路资金需求，提升项目运行活力，获取更高收益，实现"四网"有机融合。同时，路地双方应该构建一体化运营管理模式。从项目投融资阶段、建设管理阶段到提供出行服务阶段，都应建立跨行业、跨地区、跨部门的合作运营机制。在投融资阶段，要明确投融资主体，以混合合作、"网运分离"等多样的市场化合作方式实现一体化；在建设管理阶段，应该按照相应的建设标准与设计规范严格执行，路地双方要严格遵守彼此的建设要求，联合加强对于工程建设的监管；在提供出行服务阶段，双方应以协议形式明确客运组织、运营补贴机制等具体内容。

4. 将TOD①理念和TOR②理念融入现有站点改造和后续站点建设，形成长期耦合效果

市郊铁路站点与其他轨道交通换乘形成的枢纽以及后续建设的一体化枢纽具有显著的TOD效应，应以公共交通为导向进行开发，构筑综合开发的融资和商业模式，打造TOD模式站城融合综合体。由于"四网融合"发挥了规模效应和整体效应，"四网融合"后的市郊线路对沿线土地开发的带动性相较于独立线路更强，TOD效应更加显著，北京市政府应当会同国铁集团打造站线合作共赢开发模式，将市郊线路的现有站点改造和后续站点建设与TOD理念相结合，通过商业开发增加轨道交通收益，最终实现合作共赢。而TOR理念符合当前北京城市更新和轨道建设在空间、时间上耦合的状态，也更加适应北京轨道交通现处的增量开发与存量发展并行的时代。应将市郊铁路换乘枢纽改造和新建与北京城市更新相结合，探索"车站+物业"的联动创新模式，利用政府导向政策和必要的公共支持激发市场主体活力，鼓励社会公众投资创新项目，以提高区域的边际经济效益，并在城市更新项目中获得合理回报，最终结合轨道站点辐射效应，发挥车站由点到面的带动作用，打造城市活力区域。

5. 政府主导建设运营模式与政府参与建设运营模式双管齐下，为新建市郊铁路的管理体系构建提供底层逻辑

在政府主导建设运营模式下，由北京市政府主导投融资、建设、运营。在建设的初期就要预留市郊铁路并入城市轨道交通网络和其他轨道交通网络的条件，联合北京地铁、国铁集团，由北京地铁提供融合的技术端支持，由国铁集团提供轨道交通的建设经验。该模式又可进一步细分为两类。

一类是建设与运营主体"二合一"模式。在该模式下，北京市政府通过签订政府补贴或购买服务框架协议给予北京地铁支持，北京地铁代表了北

---

① TOD：指以公共交通为导向的开发。
② TOR：指依托公共交通引导城市更新提质。

京市政府的整体利益与北京城市轨道交通的利益，对项目进行投融资、建设、运营一体化管理，并拥有资产运营管理权和线路运输管理权。该模式在建设初期就由北京地铁负责，因此在软硬件适配、票制系统、车辆信号、安检互信等方面均可以采用与城市轨道交通同样的制式，从而降低与城市轨道交通互联互通的难度，并降低"四网融合"的成本。建设与运营主体"二合一"模式如图5所示。

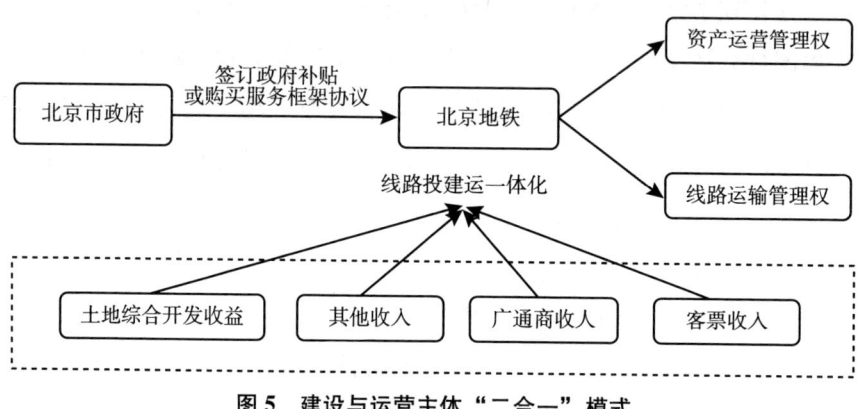

图5 建设与运营主体"二合一"模式

资料来源：笔者根据相关资料自绘。

另一类是建设与运营主体分离模式。在此模式下，北京市政府授权城市轨道交通国有投资企业负责市郊铁路的建设，而生产经营业务则由北京地铁负责。城市轨道交通国有投资企业负责市郊铁路的投融资、建设和周边的综合开发经营，可以邀请国铁集团作为顾问提供专业建议，同时与北京地铁签订委托运输协议，将市郊铁路的指挥调度、客运组织、设备设施养护维修等事务交由北京地铁管理。在此方案下，北京地铁拥有经营权，向城市轨道交通国有投资企业支付路网使用费，取得客票收入及政府补贴。在此模式下，出于对"四网融合"的考虑，指定的城市轨道交通国有投资企业会和北京地铁保持密切联系，在建设的初期会预留市郊铁路并入城市轨道交通网络和其他轨道交通网络的条件，在运营期间由北京地铁统筹安排市郊铁路和城市轨道交通，实现真正意义上的融合。由于收入与实际运营状况密切相关，这将激励北京地铁提高运营管理积极性，确保运营安全，提升服务质量。建设与运营主体分离模式如图6所示。

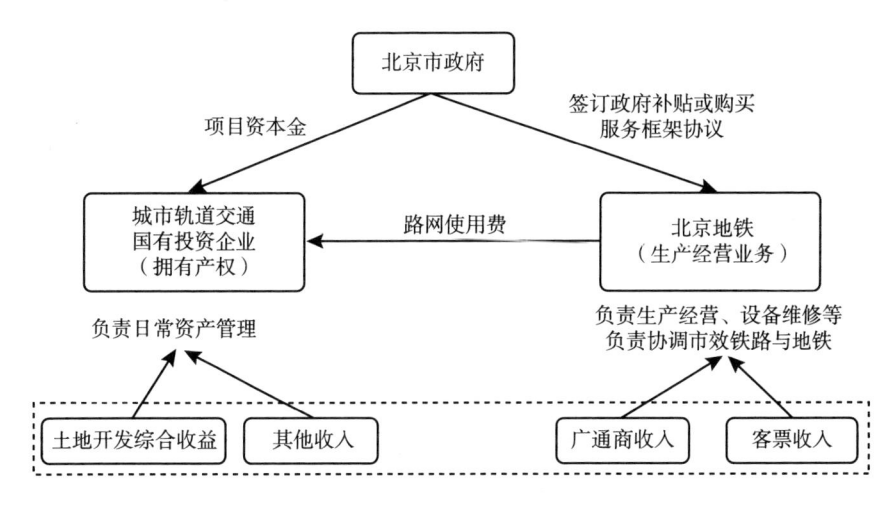

图6　建设与运营主体分离模式

资料来源：笔者根据相关资料自绘。

而在政府参与建设运营模式下，北京市政府须承担主要的投资责任，由政府投资平台注入资金，国铁集团以闲置线路资产入股但股权比例不得高于49%，双方成立合资公司，合资公司在北京市政府的领导下出资对线路进行升级改造并拥有改造后线路的产权，与北京地铁签订委托运输协议。该模式下，合资公司负责日常资产管理、生产任务指标考核、财务清算等经营业务，客票收入归合资公司所有，同时合资公司向北京地铁支付委托服务费；北京地铁统筹市郊铁路和城市轨道交通的运营，制定跨线运营方案。由于多层次轨道交通进行了融合并且国铁集团提供了重要的闲置铁路资产，需要按照相应的比例向国铁集团支付分红，并且可以适当让渡收益权，提高国铁集团的分红比例，以调动国铁集团参与该模式的积极性，充分盘活闲置铁路资产为北京市政府所用。政府参与建设运营模式如图7所示。

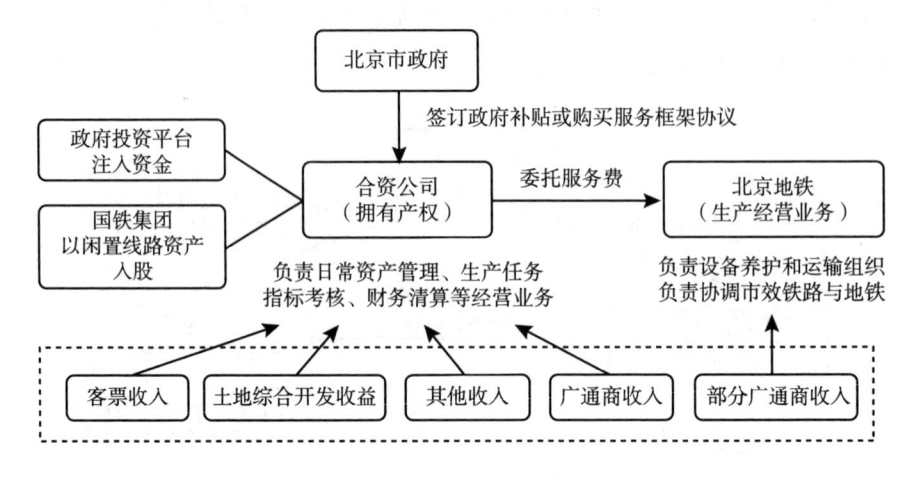

图 7　政府参与建设运营模式

资料来源：笔者根据相关资料自绘。

参考文献

常淼：《城市轨道交通运营企业员工培训的理论和实践研究》，硕士学位论文，西南交通大学，2014。

王明志、王舟帆、刘军：《区域轨道交通一体化协同发展思考》，《铁路通信信号工程技术》2018年第5期。

曹庆锋、常文军：《日本轨道交通发展历程及经验启示》，《交通运输研究》2019年第3期。

《多条轨道交通线路将跨线运营》，北京日报网，2022年5月9日，https://www.visitbeijing.com.cn/article/47wD1oMcGP9。

《北京市人民政府关于印发〈北京市"十四五"时期交通发展建设规划〉的通知》，北京市人民政府网站，2022年5月7日，https://www.beijing.gov.cn/zhengce/zhengcefagui/202205/t20220507_2704320.html？eqid=ff0c525200026e9b0000000364685d9c。

杜彩军、张翼、陈建华：《综合客运枢纽信息系统总体架构研究》，《铁路计算机应用》2014年第2期。

杜彩军、张翼、陈建华：《综合客运枢纽信息系统发展现状及对策》，《铁道运输与经济》2014年第3期。

高明明、陈燕：《北京市郊通勤铁路发展思路与建议》，《都市快轨交通》2013年第2期。

姜彩良：《城市客运交通换乘衔接研究及对策分析》，硕士学位论文，长安大学，2004。

李智伟、杨锐：《北京市郊铁路规划建设优化策略研究》，《铁道运输与经济》2022年第7期。

刘静月：《伦敦市郊铁路运营管理概况》，《中国铁路》2017年第9期。

曲思源：《高速铁路运营综合管理体系的构建与实施——以长三角为例》，《北京交通大学学报》（社会科学版）2019年第2期。

《"十四五"现代综合交通运输体系发展规划》，《铁道技术监督》2022年第2期。

王超等：《北京市发展市郊铁路双环线构想研究》，《铁道运输与经济》2021年第6期。

王超等：《北京市利用国铁资源发展都市圈市郊铁路构想研究》，《铁道运输与经济》2020年第5期。

王超等：《利用国铁资源构建多主体协同的市域（郊）铁路发展新格局研究》，《铁道运输与经济》2022年第8期。

王明志、王舟帆、刘军：《区域轨道交通一体化协同发展思考》，《铁路通信信号工程技术》2018年第5期。

王晓荣、荣朝和、盛来芳：《环状铁路在大都市交通中的重要作用——以东京山手线铁路为例》，《经济地理》2013年第1期。

余攀、宋唯维、陈友文：《"四网融合"条件下市域（郊）铁路互联互通模式及技术要求探讨》，《综合运输》2022年第6期。

于鑫、张凌云：《北京市轨道交通与铁路四网融合发展研究》，《现代城市轨道交通》2021年第1期。

訾海波、吴娇蓉：《基于四网融合的上海新城对外客运枢纽构建路径》，《城市交通》2022年第5期。

张洁：《基于TOD的城市轨道交通开发策略研究》，硕士学位论文，天津商业大学，2011。

张威、高伟：《利用既有铁路资源发展北京市域（郊）铁路的实践与启示》，《城市轨道交通》2021年第2期。

张晓莉、林茂德：《城市轨道交通的规模经济圈效应》，《人民论坛》2009年第4期。

郑丽杰：《都市圈轨道交通互联互通实施条件及开行方案研究》，硕士学位论文，北京交通大学，2020。

周雪梅、胡静洁：《综合客运枢纽多方式协同信息系统设计》，《铁道运输与经济》2019年第6期。

B.3 2022年北京通勤交通发展报告

宋 瑞*

摘　要： 为解决北京通勤难的问题，本报告通过社会统计资料分析和问卷调研，总结出北京市通勤现状，从而发现通勤问题的症结是职住分离引发极端化通勤需求和交通系统服务能力发挥不充分。针对这两类通勤关键问题，本报告从"破解职住分离难题"和"优化交通服务"两个方向提出了具体的对策。在通勤者需求端，本报告提出短期引导"居住—就业"区位选择、长期调整"居住—产业"用地格局和推进城市多中心建设布局的对策，同时提出建立保障性租赁住房供给体系和完善政府监管下的房屋租赁管理服务平台等建议；在交通供给端，本报告从突出轨道交通在通勤交通中的核心地位、进一步发挥公交在服务通勤的补充作用、优化慢行系统、减少私家车出行4个方面提出优化交通服务、提升通勤效率的策略。

关键词： 通勤问题　通勤特征　职住分离　交通服务

一　概述

（一）研究背景及意义

随着城市化发展，职住分离现象愈加显著，城市整体交通运行效率大幅

---

* 宋瑞，博士，北京交通大学交通运输学院二级教授、博士生导师，主要研究方向为交通运输规划与管理、城市公共交通、城市轨道交通、现代物流管理等。

下降，每年由通勤造成的经济损失超600亿元，长期极端通勤引发的身心健康问题也引人深思。面对通勤问题，北京提出"创新职住对接机制，推进职住平衡发展"，杭州提出"构建都市区1小时通勤网络"。将通勤时耗控制在合理水平、保障45分钟以内通勤是国内外大部分城市的共同目标。加强城市45分钟以内通勤支撑与保障、提升居民的交通出行和生活品质势在必行。

本报告立足北京市通勤出行现状，深入分析当下影响通勤的关键问题和要素，以改善北京通勤状况、提升综合交通效率等为目标，针对提高45分钟以内通勤比重提出具体对策。

（二）城市通勤

通勤是指超出居住社区边界的于居住地与工作地或学习地之间定期往返的出行。通勤交通是城市交通最重要的组成部分。

1. 特征及指标

交通领域往往关注通勤时间特征、通勤空间特征和通勤系统结构特征等。通勤时间特征一般通过城市居民平均通勤时间、45分钟以内通勤比重、60分钟以上通勤比重、早晚高峰通勤比重进行描述。通勤空间特征一般通过通勤半径、平均通勤距离、职住分离度进行描述。通勤系统结构特征分为通勤网络结构特征和客流结构特征，一般用5公里以内幸福通勤占比、公交服务能力占比、轨道800米覆盖通勤占比进行描述。

2. 影响因素

其一，城市规模因素。城市规模是影响通勤状况的重要因素。一般来说，城市规模越大，这个范围的最大上限越大，平均出行时间越长。其二，交通发展因素。在城市中，交通基础设施的建设与发展及由经济和科技带来的交通条件改善也影响着居民的通勤行为和通勤时间。城市交通发展对通勤状况的影响较为复杂。其三，城市规划。具有前瞻性的城市规划是解决交通问题的有效途径。城市的基本形态以及空间布局都会直接影响该城市的基本通勤状况。其四，产业结构因素。产业结构变化影响着居民的通勤状况。如图1所示，三产占比越高，对劳动力的吸引范围越大，相应的通勤距离更长。

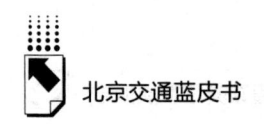

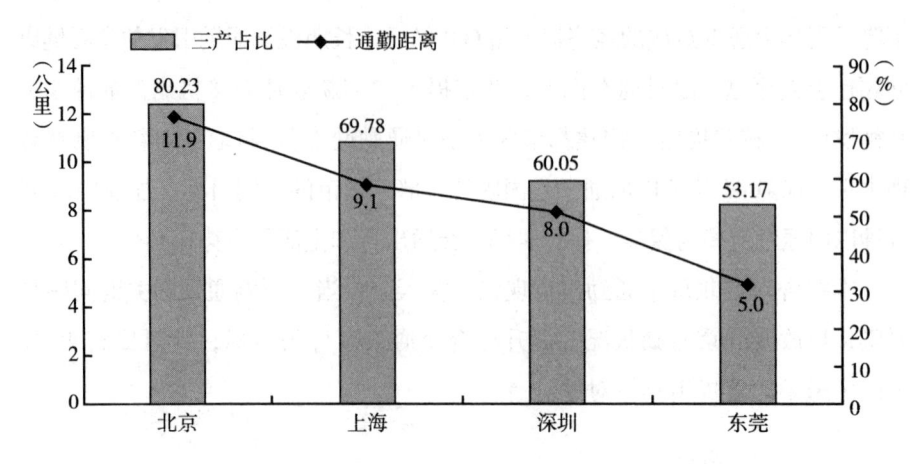

图1 2017年北京、上海、深圳、东莞通勤距离与三产占比

资料来源：北京交通发展研究所。

3. 45分钟以内通勤比重

45分钟以内通勤比重，指中心城市通勤人口中单程45分钟内可达人口所占比重。45分钟以内通勤比重体现着一个城市的交通运行效率，并且45分钟反映了居民的通勤时间可忍受阈值。目前，45分钟以内通勤比重已成为城市发展规划决策的一项重要指标。我国多项国家层面规划将45分钟以内通勤比重达到80%以上作为重要目标。《北京市"十四五"时期重大基础设施发展规划》预计，到2025年，北京中心城区45分钟以内通勤比重将达到60%。

通过公共交通建设优化城市空间结构是提高城市45分钟以内通勤比重的有效手段。北京围绕"构建综合、绿色、安全、智能的立体化现代化城市交通系统"的目标持续完善交通基础设施，还将在首都功能核心区打造更高效便捷的交通出行环境。

（二）国内外城市改善城市通勤状况的措施及经验启示

1. 国外城市改善城市通勤状况的措施及经验总结

（1）纽约

2019年，纽约市发布的报告"The Ins and Outs of NYC Commuting"（《纽约

通勤详情》）表明，全市约有470万名通勤者，包括47%的纽约市本地居住就业通勤者、33%的本地居住跨区就业通勤者以及20%的市外居住本地就业通勤者，大量通勤走廊和交通网络通往中心城区曼哈顿。本地居住就业通勤者的通勤方式主要为公共交通，通勤时间与居住地和可选通勤方式的相关性较强。纽约市提出"高效出行"的目标，为实现这一目标，纽约市政府提出了以下规划策略和具体措施。

首先是城市规划及住房改善。其一，增加住房供应。在高密度就业且交通便捷街区，如皇后区Elmhurst和曼哈顿Murray Hill等规划建设微型公寓和高层住宅。其二，建设公共住房。由纽约市政府主导，为弱势群体建设可支付性住房资源。其三，规划临近公共交通站点的住房。

其次是发展公共交通。其一，建立以曼哈顿为中心的发达的公共交通网络。例如，在曼哈顿建设22条地铁线路，规划建立公交机动车道，发展轮渡和水上出租车等水运交通方式并提高公共交通系统内部的衔接程度。其二，提高基础设施服务效能。安装公交车实时信息标志，推动对时间敏感的通勤者乘坐公交通勤。其三，科学合理组织交通。通过设置单向通行道路、控制绿波信号保障交叉口顺畅通行。

最后是政策引导。一方面，纽约市交通局实行交通拥堵收费，并将收益用于建设和维护交通基础设施。另一方面，推广公共自行车，鼓励使用公共自行车进行通勤。同时，通过设置公共自行车专用道等方式完善公共自行车基础设施建设和服务，更好地保障公共自行车通勤安全。

（2）东京

东京通勤长轴半径基本稳定在50公里左右，都市圈客流主要集中在30公里圈层内，平均通勤时间达1小时42分钟，通勤人员中有86%选择轨道交通，在高峰时期有91%选择轨道交通，这一比重位居全球第一。第六次东京都市圈居民出行调查报告显示，东京及周边地区铁路分担率较高，而郊外方向汽车的分担率呈上升趋势。同时，铁路的通勤出行分担率不断增长，汽车的业务出行分担率较前几次调查有大幅度的降低，如图2所示。

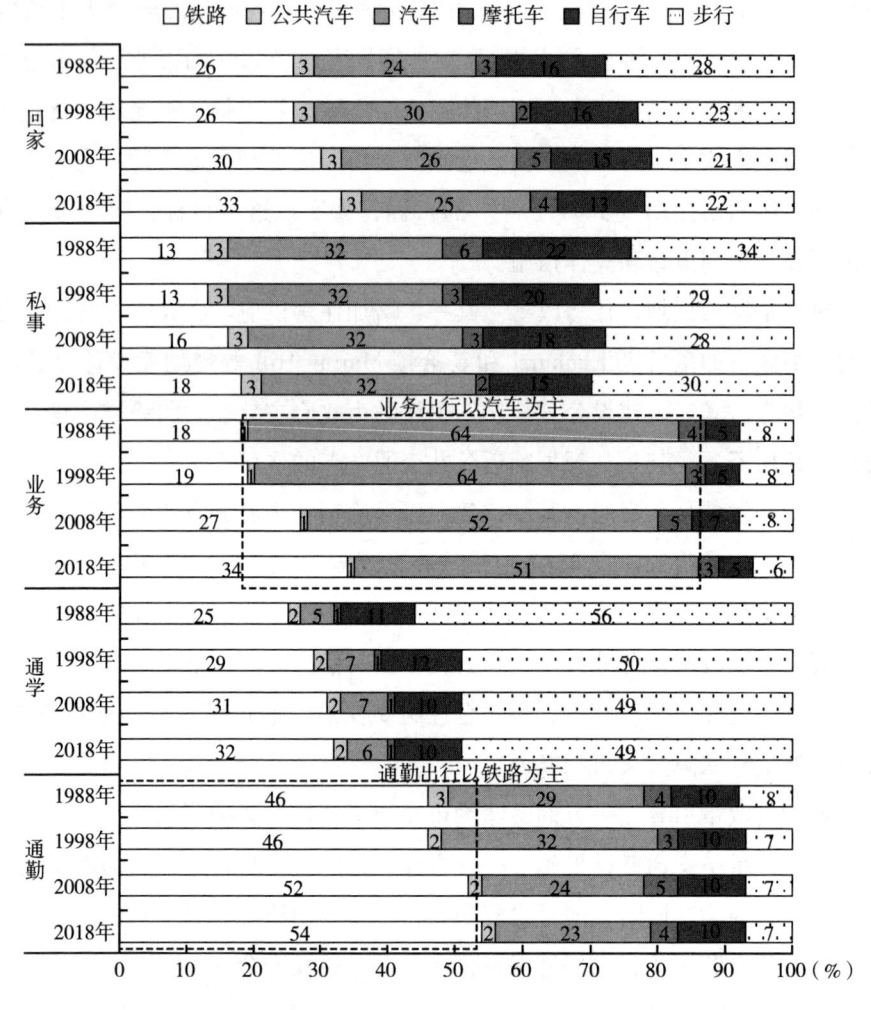

图 2　1988~2018 年东京不同出行目的下的交通方式分担率变化

资料来源：东京交通规划委员会网站。

在改善通勤状况等城市交通出行方面，东京主要采取了以下措施。

一是加强多中心城市规划布局。东京都政府通过引导城市空间布局向多中心结构转变，规划建设城市副中心，打造了"一核七心"，缓解核心区的交通压力。

二是发展公共交通。通过扩能改造、铁路复线化、客货分离、提高设备能力及运输效率等措施，打造发达的轨道交通系统，以满足公共交通出行需求。设计便捷合理的换乘空间，实现各类交通方式的"无缝"衔接和快速集散。

三是实行合理的出行引导政策。通过收取高停车费、限制私家车出行等方式，促进居民通勤方式向公共交通转变。此外，用特色活动鼓励错峰乘车，缓解高峰期通勤压力。

（3）伦敦

伦敦公共交通系统由轨道交通（地上铁路、地铁、轻轨）、有轨电车、地面公交、轮渡等构成。伦敦市区公共交通出行占比达到了72%。然而在伦敦外围地区，出行方式仍以汽车为主。

在改善通勤状况等城市交通出行方面，伦敦主要采取了以下措施。

一是编制"大伦敦规划"，打破通勤壁垒。《大伦敦空间发展战略》提出"良性增长"的可持续发展总目标，其中空间发展模式对打破通勤壁垒、提高通勤效率有着至关重要的意义。

二是建立可靠、高质量的公共交通系统。一方面，提高公共汽（电）车服务水平，扩大公共汽（电）车网络在外围地区的覆盖面；另一方面，促进多种交通方式衔接。建设大型换乘枢纽或公共交通车站，便于"无缝"换乘，启动"停车再乘车"计划以降低高峰期间的道路交通量。

三是实行交通拥堵收费政策，引导减少私人出行。伦敦自2003年起实行交通拥堵收费政策，在固定时间段对出入特定区域的车辆实行交通收费管制，以达到缓解中心城区交通拥堵的目的。

（4）国外城市经验与启示

推进职住格局平衡。纽约、东京和伦敦在发展过程中都经历了功能疏解阶段，疏解产业过度密集区域的功能，可以降低中心城区的负荷度。一方面，强化产业功能区的住房供给，完善住房政策和供给结构，促进住房资源与产业布局进一步平衡；另一方面，推动站城融合发展，进一步利用好车站周边区域。

鼓励集约出行。在交通基础设施有限的情况下，集约出行能够为通勤者

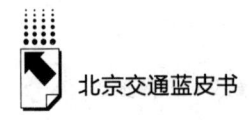

提供经济高效的服务。纽约、东京和伦敦通过政策引导鼓励城市通勤者选择公共交通，同时提高公共交通服务质量，提供丰富多元的选择，满足通勤需求。

2.国内城市改善城市通勤状况的措施及经验总结

（1）上海

《2022年度中国主要城市通勤监测报告》指出，2021年中国超大城市45分钟以内通勤比重平均为68%。上海位居第二（与广州并列），且2021年比重与2020年持平（见表1、表2）。2021年全国超大城市60分钟以上通勤比重平均为19%，上海位居第二，且2021年比重比2020年提高了1个百分点（见表3、表4）。2021年，上海单程平均通勤距离为9.5公里（见表5）；2019~2021年，上海单程平均通勤时耗减少了2分钟（见表6）。

表1 2021年全国超大城市45分钟以内通勤比重

单位：%

城市	45分钟以内通勤比重
深圳	77
广州	69
上海	69
北京	55

资料来源：中国城市规划设计研究院。

表2 2020~2021年全国超大城市45分钟以内通勤比重变化

单位：%，个百分点

城市	2020年	2021年	年度变化
深圳	77	77	0
广州	71	69	-2
上海	69	69	0
北京	57	55	-2

资料来源：中国城市规划设计研究院。

表3　2021年全国超大城市60分钟以上通勤比重

单位：%

城市	60分钟以上通勤比重
深圳	12
广州	15
上海	18
北京	30

资料来源：中国城市规划设计研究院。

表4　2020~2021年全国超大城市60分钟以上通勤比重变化

单位：%，个百分点

城市	2020年	2021年	年度变化
深圳	12	12	0
广州	13	15	2
上海	17	18	1
北京	27	30	3

资料来源：中国城市规划设计研究院。

表5　2021年全国超大城市单程平均通勤距离与单程平均通勤时耗

单位：公里，分钟

城市	单程平均通勤距离	单程平均通勤时耗
深圳	8.0	36
广州	9.1	39
上海	9.5	40
北京	11.3	48

资料来源：中国城市规划设计研究院。

表6　2019~2021年全国超大城市单程平均通勤时耗变化

单位：分钟

城市	2019年	2020年	2021年
深圳	36	36	36
广州	38	38	39
上海	42	40	40
北京	47	47	48

资料来源：中国城市规划设计研究院。

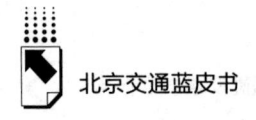

在改善通勤状况等城市交通出行方面，上海主要采取了以下措施。

一是构建多中心城市空间结构。建设郊区新城是上海构建多中心城市空间结构的主要手段。《上海市城市总体规划（2017—2035年）》提出要重点建设5个郊区新城。近年来，上海郊区新城常住人口快速增长，郊区新城已经成为吸纳人口的"蓄水池"；近郊、远郊均出现了稳定的"再集中"，就业和人口的空间多中心性都在增强。

二是推动设施和信息化服务相结合，助力公共交通发展。上海注重完善信息共享等智慧化交通服务。其一，提高轨道公交出行信息的便利性，精细化显示周边重要及主要公共设施指引。其二，进一步加大公交线路调整信息的公开力度，通过各种自媒体转载发布公交线路的调整信息。其三，宣传推广"上海停车"App，完善"统一支付"服务。

三是强化政策引导。上海对公共客运服务基本采取"先发展再规范"的政策导向，对小客车的管理坚持"总量控制"和"区域差别"，对具有中心城区通行权的车辆实施通行额度总量管理，并通过停车收费、泊位供给和设施功能体系体现区域差别。

（2）广州

根据《2021年广州市交通发展年度报告》，广州的通勤空间半径比2020年增加1公里；单程平均通勤距离为9.1公里，与2020年持平；5公里以内幸福通勤占比达到52%；全市单程平均通勤时耗为39分钟，低于北京、上海；广州45分钟以内通勤比重达69%，在超大城市中仅次于深圳。

在改善通勤状况等城市交通出行方面，广州主要采取了以下措施。

一是促进区域城市联动发展。一方面，推行站城产人文一体的TOD[①]模式。广州地铁的TOD模式实现了"轨道+生活"综合开发；另一方面，淡化相邻城市间的行政边界，提高城际区域连通程度。广佛两市已形成"华南快速（三期）—广明高速区间"高度同城化建成区，缓解了通勤压力。

二是发展公共交通与限制私人出行并举。广州实现了"区区通地铁"，

---

① TOD：指以公共交通为导向的开发。

将轨道交通服务延伸至外围区，同时严格落实机动车车牌限行措施。对驶入管控区域的非本市籍车牌机动车实施"开四停四"的管理措施，减轻早晚高峰道路交通压力，提高了城市45分钟以内通勤比重。

三是强化政策引导。《广州市交通运输"十四五"规划》（以下简称《规划》）进一步明确要实现广州中心城区与外围区域之间30分钟内互达、副中心区域与外围城区之间60分钟内互达的"3060通勤"目标。《规划》提出，全市工作日单程平均通勤时耗应保持在40分钟以下，并提出研究多种形式的水上巴士航线运营模式，在满足市民观光需求的同时，更好地满足市民"通勤+旅游"的出行需求。

（3）深圳

《2022年度中国主要城市通勤监测报告》显示，深圳45分钟以内通勤比重为77%，深圳单程平均通勤时耗仅为36分钟，45分钟公交服务能力占比达56%，通勤效率较高。

在改善通勤状况等城市交通出行方面，深圳主要采取了以下措施。

一是加强城市规划。深圳"一核多心网络化"规划形成1个核心区和12个城市功能中心，建立以轨道交通为主体、客运枢纽为核心、其他公交方式为补充的城市公交体系。深圳合理的轨道交通布局对缩短通勤时间和提高站点通勤覆盖强度有积极作用。

二是发展公共交通。深圳以"一核多心网络化"为基础，建立城市公交体系、轨道交通体系，完善慢行交通体系，提升通勤便利度。

三是强化政策引导。《粤港澳大湾区城际铁路建设规划》要求粤港澳大湾区主要城市间1小时通达、主要城市至广东省内地级市2小时通达、主要城市至相邻省会城市3小时通达。深圳不断加大都市核心区以外区域的住房供给力度，充分实现"职住平衡"。

（4）国内城市经验与启示

改变城市结构。多中心城市结构有助于缓解大城市交通拥堵问题，对于超大城市而言，从城市结构入手分散城市核心区，能完善通勤交通网络，提高通勤效率。

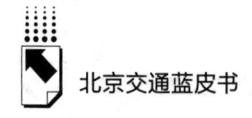

不断完善城市交通基础设施。不断完善慢行交通基础设施、形成慢行交通体系可以有效缩短通勤时间，各交通方式间的信息互联互通与共享可以有效提高便捷程度，实现信息全覆盖可以提高出行效率，改善城市交通。

打破城市边界限制。通勤交通发生在不同城市间，完善城际通勤交通网络势在必行。推进与周边城市的同城化能减轻通勤压力，在解决城际通勤问题时，可以将相邻城市或区域看作统一的整体，打破城市边界限制，完善城际通勤交通网络。

二 北京市通勤出行特征分析

（一）研究区域概述

北京市下辖16个区，截至2021年末，北京市常住人口达2188.6万人。目前，北京市和天津市及河北省的石家庄、保定、秦皇岛、廊坊、沧州、承德、张家口和唐山8座城市组成了京津冀都市圈。本报告的通勤研究区域中，通勤者的居住地和工作地之一须是北京市，另外一个地点可以扩大至整个京津冀都市圈。

（二）基础调研

为深入开展北京市通勤出行特征分析，本报告通过分析现有社会统计资料和问卷调研等方法开展基础调研，基于调研结果开展研究。

1. 社会统计资料分析

通过收集整理相关社会统计资料，可分析得到部分北京市通勤时间特征、通勤空间特征和通勤交通方式特征。目前，有关北京市通勤出行特征的资料主要包括《2022北京市交通发展年度报告》《2022年度中国主要城市通勤监测报告》《2021北京市通勤特征年度报告》等。

2. 问卷调研

（1）问卷设计

问卷调研紧密结合"提高北京45分钟以内通勤比重"主题，重点聚焦通勤距离、通勤交通方式选择以及住房资源选择等影响通勤时耗的相关因素。具体包含个人信息、通勤信息、通勤满意度、通勤交通方式选择特征 4 个部分。

（2）问卷发放及回收

问卷调研以居住地或工作地在北京市内的通勤者为对象，主要通过网络进行问卷的发放及回收。经剔除部分无效问卷后，回收 200 余份有效答卷，回收率超 90%。

（3）样本数据特征

样本数据特征如图 3 所示。大部分被调查者年龄分布在 20~40 岁，比例高达 86.2%，与现实中通勤群体的年龄特征相符。其中，企业职工人数最多（占 50.0%），私营个体人数最少（占 4.1%）。所有的被调查者中，未婚人群比例达 60.1%。被调查者的平均月收入在 10000 元以上和 10000 元及以下的比例都在 50% 左右，样本数据较为均匀。在弹性工作时间分布上，有 39.9% 的被调查者表示没有弹性工作时间，其余被调查者的弹性工作时间都在不同程度上可以提早或延后。在私人交通工具拥有情况方面，在所有的被调查者中，拥有量最大的私人交通工具是自行车（占 45.41%）和小汽车（占 36.70%）。被调查者的主要住房类型为自购商品房，占比达到 37.2%，另外，52.8% 的被调查者的住房类型为租赁住房及单位公寓或集体宿舍，这有利于问卷后续关于保障性租赁住房问题的调查。36.3% 的被调查者的月租房费用在 2000 元及以上，与月租房费用在 2000 元以下的比例接近。

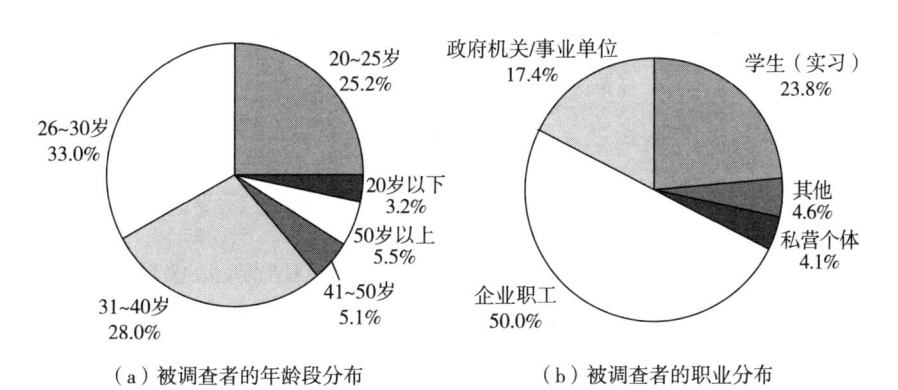

(a) 被调查者的年龄段分布

(b) 被调查者的职业分布

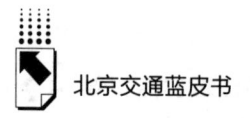

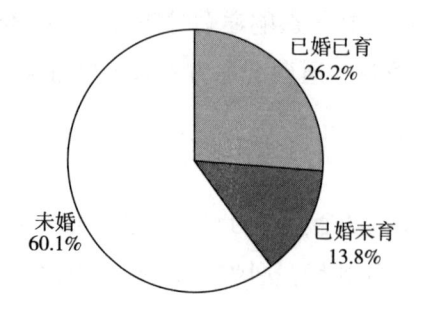

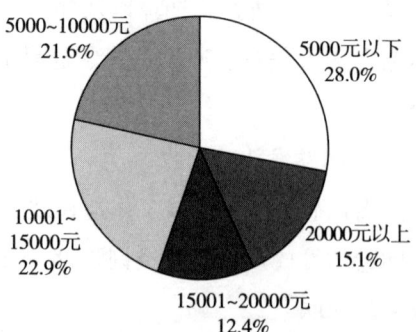

（c）被调查者的婚姻状况分布

- 已婚已育 26.2%
- 未婚 60.1%
- 已婚未育 13.8%

（d）被调查者的平均月收入分布

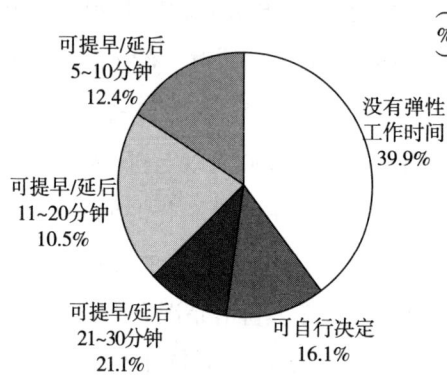

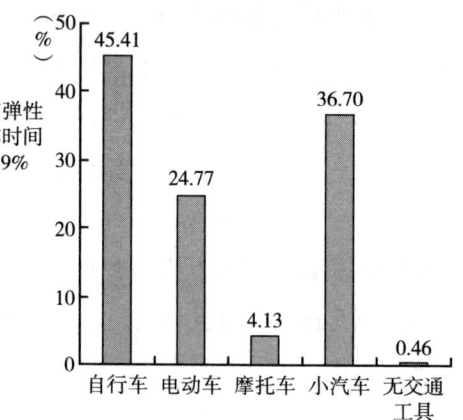

- 5000~10000元 21.6%
- 5000元以下 28.0%
- 10001~15000元 22.9%
- 15001~20000元 12.4%
- 20000元以上 15.1%

（e）被调查者的弹性工作时间分布

- 可提早/延后 5~10分钟 12.4%
- 可提早/延后 11~20分钟 10.5%
- 可提早/延后 21~30分钟 21.1%
- 可自行决定 16.1%
- 没有弹性工作时间 39.9%

（f）被调查者的私人交通工具拥有情况（多选）

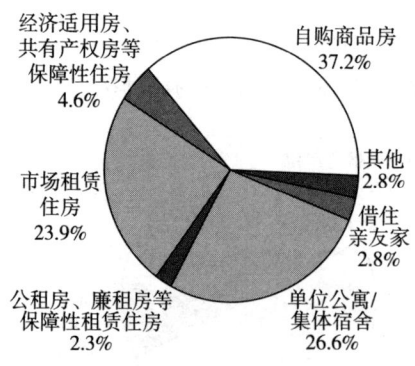

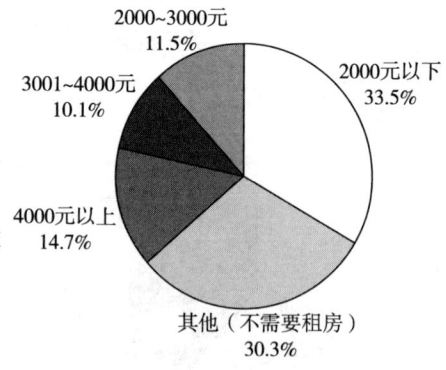

- 自行车 45.41
- 电动车 24.77
- 摩托车 4.13
- 小汽车 36.70
- 无交通工具 0.46

（g）被调查者的住房类型分布

- 经济适用房、共有产权房等保障性住房 4.6%
- 自购商品房 37.2%
- 市场租赁住房 23.9%
- 其他 2.8%
- 借住亲友家 2.8%
- 公租房、廉租房等保障性租赁住房 2.3%
- 单位公寓/集体宿舍 26.6%

（h）被调查者的月租房费用分布

- 2000~3000元 11.5%
- 2000元以下 33.5%
- 3001~4000元 10.1%
- 4000元以上 14.7%
- 其他（不需要租房）30.3%

图3 样本数据特征

资料来源：笔者根据问卷自制。

（三）通勤时间特征分析

1. 出行时间

出行时间受到居民个人社会经济属性、城市空间形态、通勤时空特征等因素的影响。《2021北京市交通发展年度报告》指出，中心城区通勤类出行约占出行总量的47.4%，其中通勤类出行的时间弹性较低。中心城区居民各类出行方式的时间分布见图4。

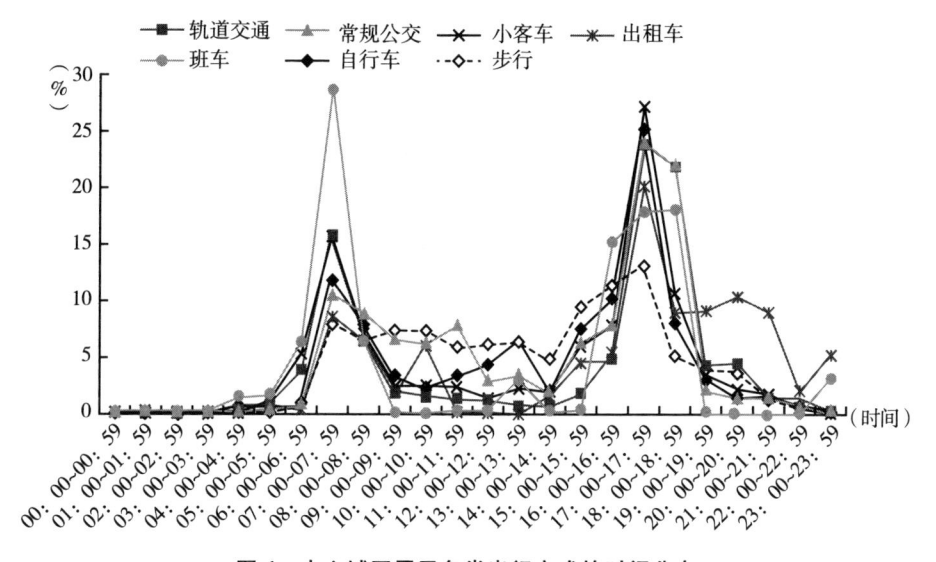

图4 中心城区居民各类出行方式的时间分布

资料来源：北京交通发展研究院。

结合问卷调研，可知早通勤主要集中在7:01~8:00，而晚通勤则主要集中在17:00~19:00，如图5、图6所示。此外，在不同的就业区，通勤者的出行时间也呈现不同的特点，各就业区通勤时间的分布也不尽相同，如图7、图8、图9所示。

2. 通勤时耗

目前，北京45分钟以内通勤比重在城市空间上呈内高外低分布态势，以五环为分界线，环内45分钟以内通勤比重可达60%，环外45分钟以内通

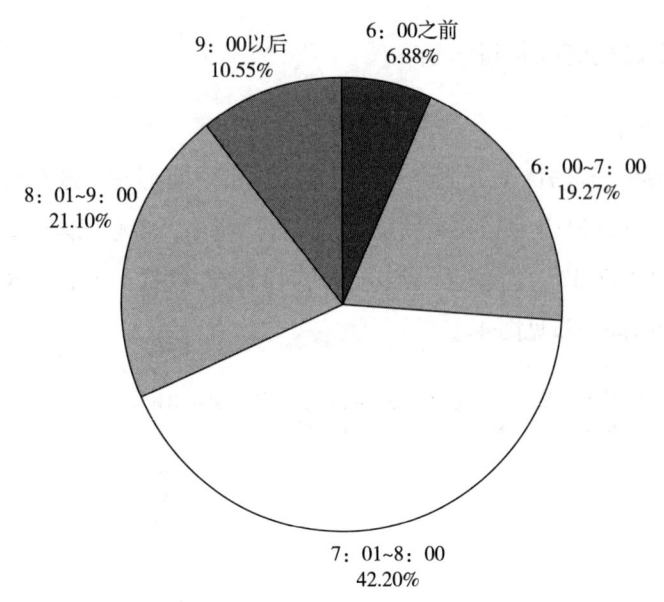

9：00以后 10.55%
6：00之前 6.88%
6：00~7：00 19.27%
8：01~9：00 21.10%
7：01~8：00 42.20%

图 5 通勤者从家出发去上班的不同时段占比

资料来源：笔者根据问卷自制。

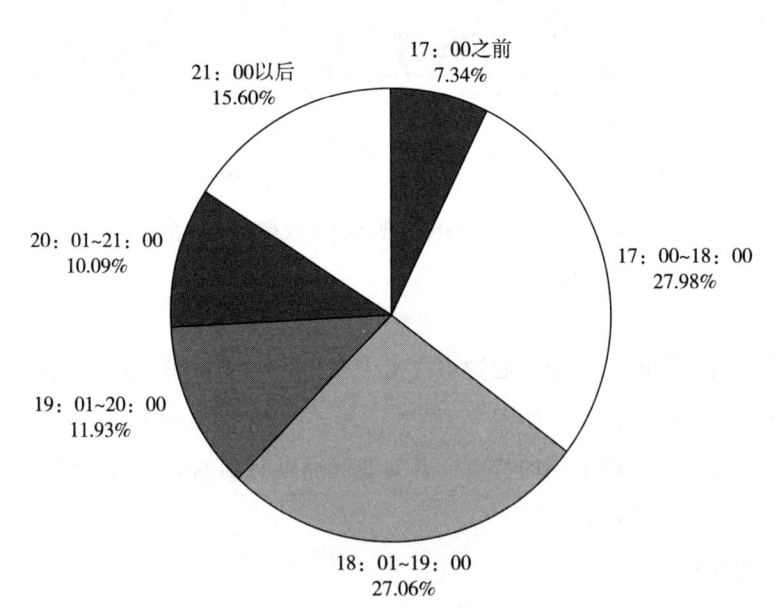

21：00以后 15.60%
17：00之前 7.34%
20：01~21：00 10.09%
17：00~18：00 27.98%
19：01~20：00 11.93%
18：01~19：00 27.06%

图 6 通勤者离开单位回家的不同时段占比

资料来源：笔者根据问卷自制。

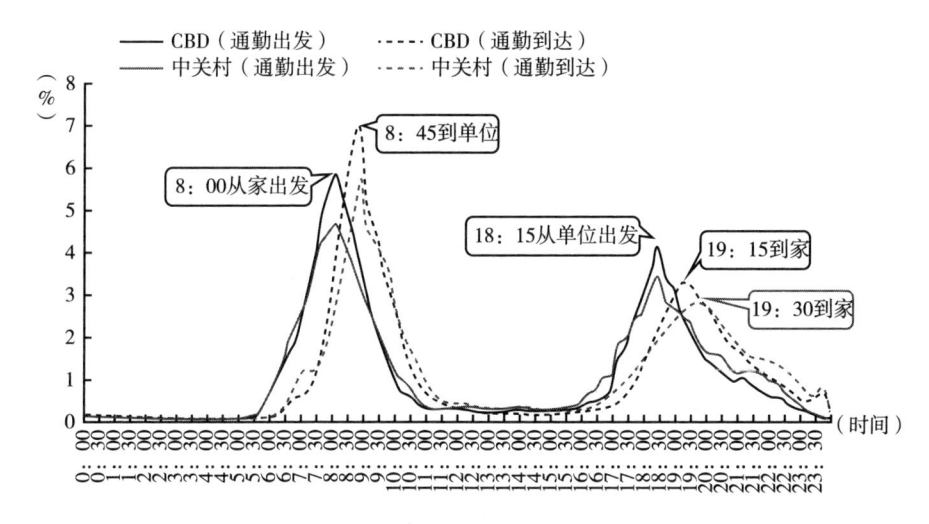

图 7　CBD 和中关村的通勤时间分布

资料来源：《2021 北京市通勤特征年度报告》。

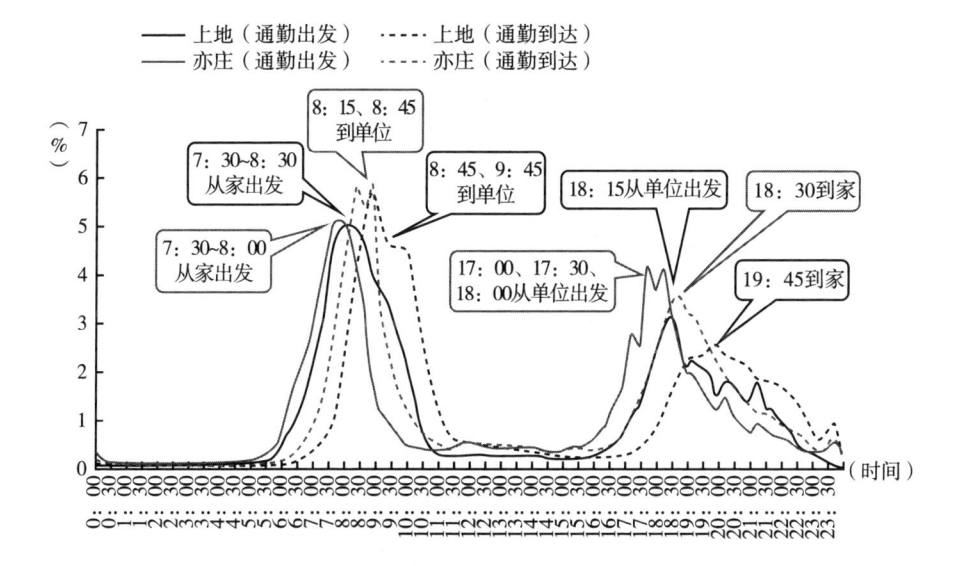

图 8　上地和亦庄的通勤时间分布

资料来源：《2021 北京市通勤特征年度报告》。

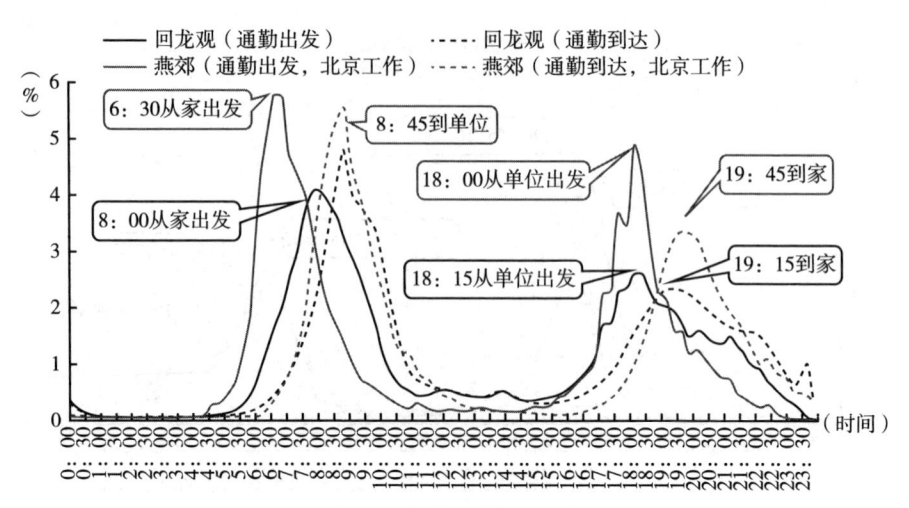

图 9　回龙观和燕郊的通勤时间分布

资料来源：《2021北京市通勤特征年度报告》。

勤比重则明显降低。此外，根据问卷调研结果（见图10），60分钟以上通勤比重为22.94%，45分钟以内通勤比重仅为52.29%。可以发现，北京市通勤存在耗时长、效率低、极端通勤人数过多等问题，仍有较大改善空间。

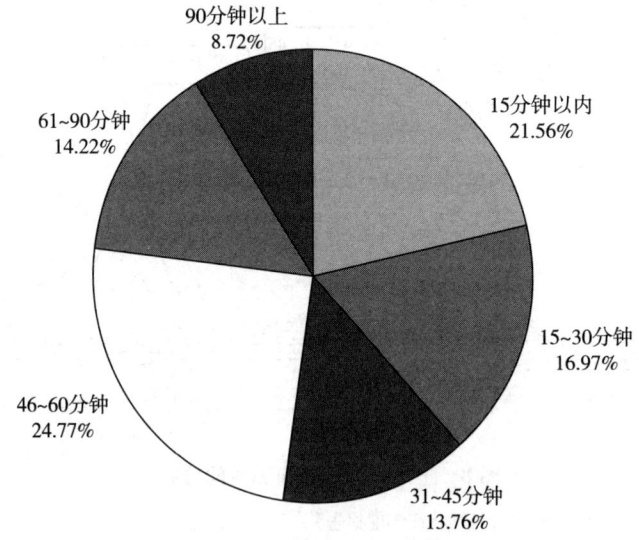

图 10　被调查者的单程平均通勤时耗分布

资料来源：笔者根据问卷自制。

（四）通勤空间特征分析

1. 空间范围

5公里是"幸福通勤"的最大阈值，由问卷可知，参与问卷调研的通勤者中仅有36.69%享受着"幸福通勤"，而单程平均通勤距离超过25.0公里的通勤者占比高达18.81%，如图11所示。如图12所示，2021年北京市通勤空间半径为41公里，超过超大城市通勤空间半径平均值（38公里）。如图13所示，北京市单程平均通勤距离为11.3公里，在全国主要城市中最长，且远超其他城市。

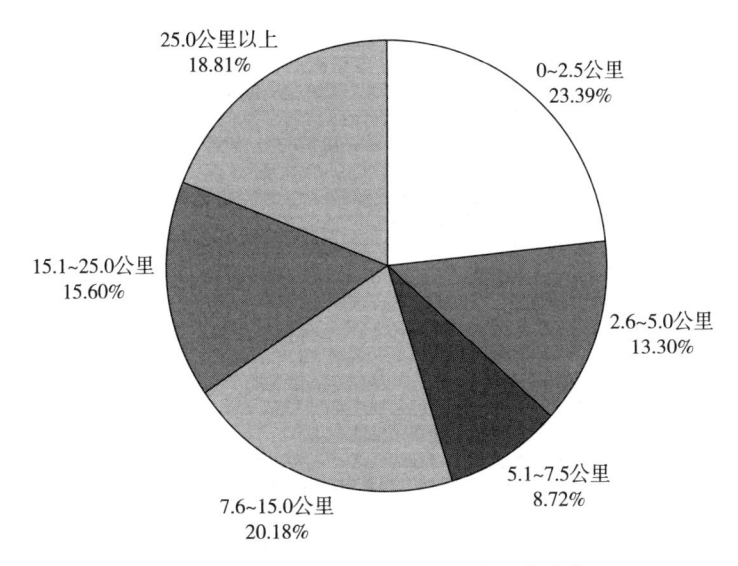

图11 被调查者的单程平均通勤距离分布

资料来源：笔者根据问卷自制。

2. 空间匹配

目前，北京的职住分离度达6.6公里，接近深圳职住分离度的3倍，远超超大城市4.2公里的平均职住分离度。从城市人口流动和就业分布来看，北京常住人口逐渐向城区外部集聚，而就业区集中于城市中心的程度依旧较深。

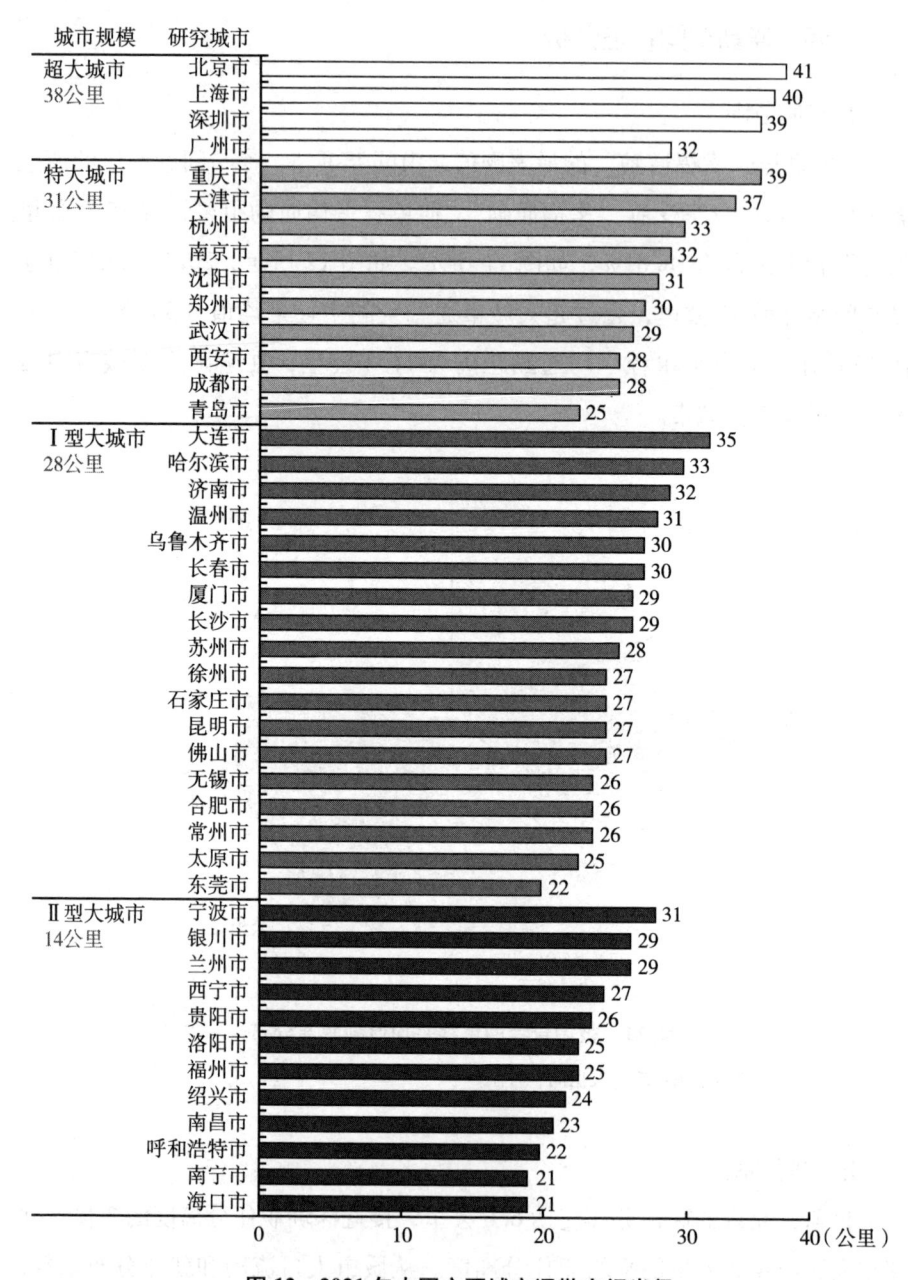

城市规模	研究城市	通勤空间半径(公里)
超大城市 38公里	北京市	41
	上海市	40
	深圳市	39
	广州市	32
特大城市 31公里	重庆市	39
	天津市	37
	杭州市	33
	南京市	32
	沈阳市	31
	郑州市	30
	武汉市	29
	西安市	28
	成都市	28
	青岛市	25
Ⅰ型大城市 28公里	大连市	35
	哈尔滨市	33
	济南市	32
	温州市	31
	乌鲁木齐市	30
	长春市	30
	厦门市	29
	长沙市	29
	苏州市	28
	徐州市	27
	石家庄市	27
	昆明市	27
	佛山市	27
	无锡市	26
	合肥市	26
	常州市	26
	太原市	25
	东莞市	22
Ⅱ型大城市 14公里	宁波市	31
	银川市	29
	兰州市	29
	西宁市	27
	贵阳市	26
	洛阳市	25
	福州市	25
	绍兴市	24
	南昌市	23
	呼和浩特市	22
	南宁市	21
	海口市	21

图 12 2021 年中国主要城市通勤空间半径

说明：城市规模下灰色数值为城市规模分类的指标均值。
资料来源：《2022年度中国主要城市通勤监测报告》。

2022年北京通勤交通发展报告

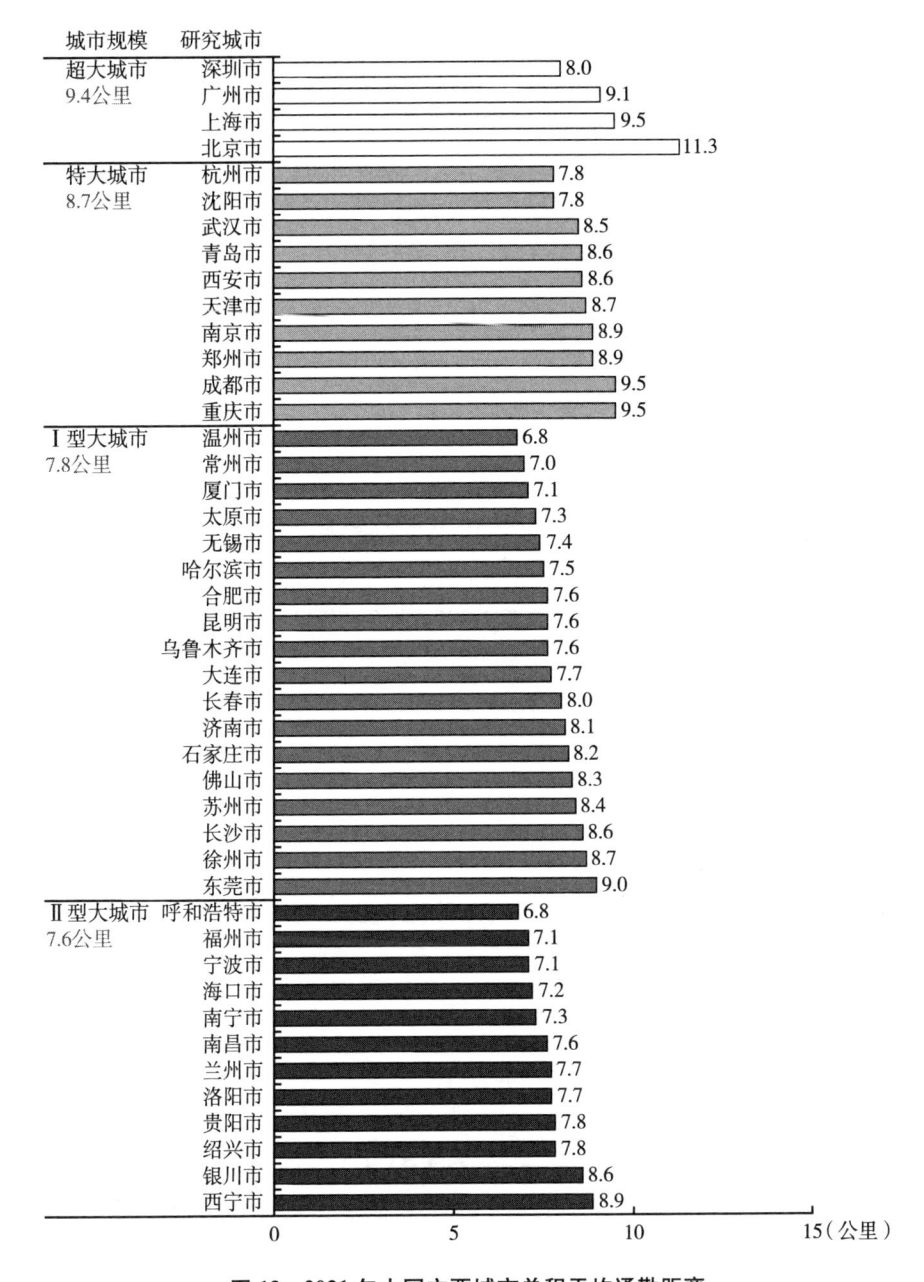

城市规模	研究城市	距离（公里）
超大城市 9.4公里	深圳市	8.0
	广州市	9.1
	上海市	9.5
	北京市	11.3
特大城市 8.7公里	杭州市	7.8
	沈阳市	7.8
	武汉市	8.5
	青岛市	8.6
	西安市	8.6
	天津市	8.7
	南京市	8.9
	郑州市	8.9
	成都市	9.5
	重庆市	9.5
Ⅰ型大城市 7.8公里	温州市	6.8
	常州市	7.0
	厦门市	7.1
	太原市	7.3
	无锡市	7.4
	哈尔滨市	7.5
	合肥市	7.6
	昆明市	7.6
	乌鲁木齐市	7.6
	大连市	7.7
	长春市	8.0
	济南市	8.1
	石家庄市	8.2
	佛山市	8.3
	苏州市	8.4
	长沙市	8.6
	徐州市	8.7
	东莞市	9.0
Ⅱ型大城市 7.6公里	呼和浩特市	6.8
	福州市	7.1
	宁波市	7.1
	海口市	7.2
	南宁市	7.3
	南昌市	7.6
	兰州市	7.7
	洛阳市	7.7
	贵阳市	7.8
	绍兴市	7.8
	银川市	8.6
	西宁市	8.9

图13 2021年中国主要城市单程平均通勤距离

说明：城市规模下灰色数值为城市规模分类的指标均值。
资料来源：《2022年度中国主要城市通勤监测报告》。

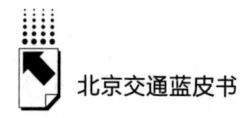

结合问卷的统计数据，被调查者的工作地主要位于海淀区、朝阳区、东城区、西城区和丰台区；居住地主要在海淀区及朝阳区，如图14、15所示。基于起讫点的分布，分析可得北京早高峰通勤出行呈现整体向心、中心流动的态势，晚高峰通勤出行呈现整体离心、通道疏散的态势。

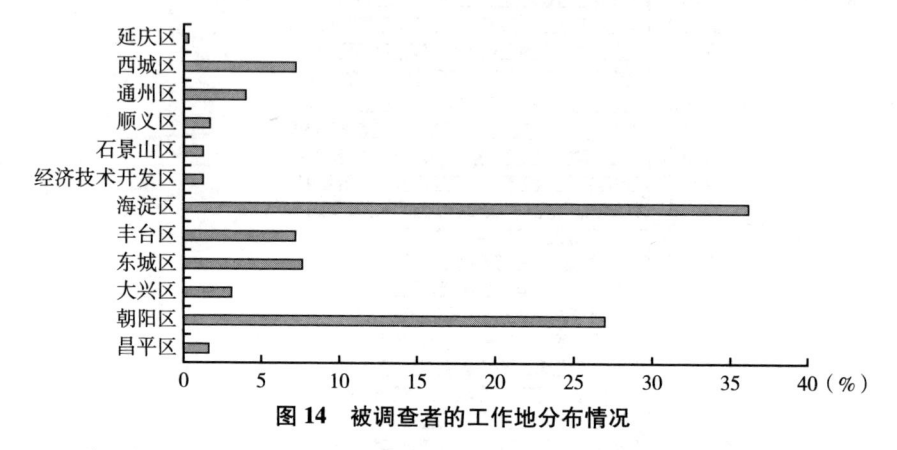

图14 被调查者的工作地分布情况

资料来源：笔者根据问卷自制。

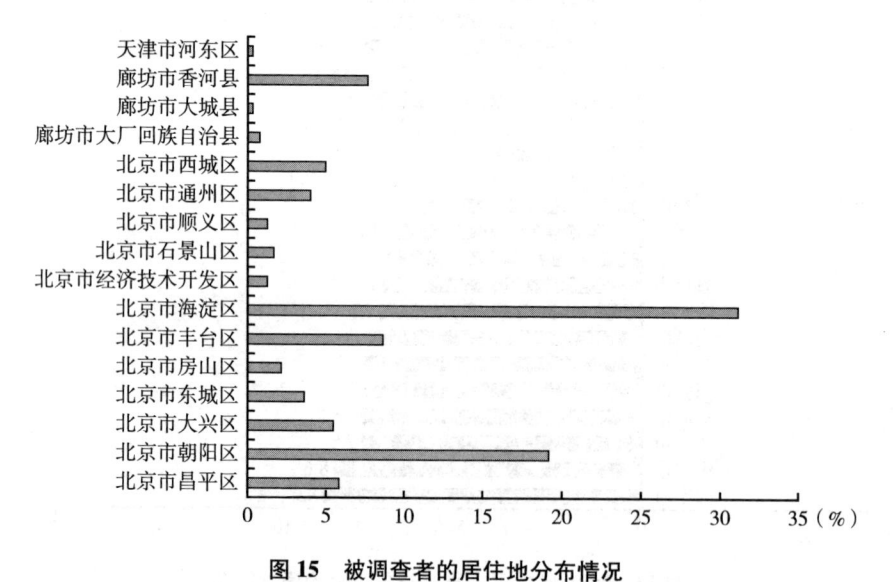

图15 被调查者的居住地分布情况

资料来源：笔者根据问卷自制。

（五）通勤交通方式特征分析

1. 道路交通

2021年北京私人小汽车日均行驶里程为51.2公里，较上年增加2.5公里。机动车工作日出行出发时间主要集中在早晚高峰时段（见图16）。另外，2021年北京中心城区高峰时段道路交通指数为5.58，同比增长10.1%，处于"轻度拥堵"级别。

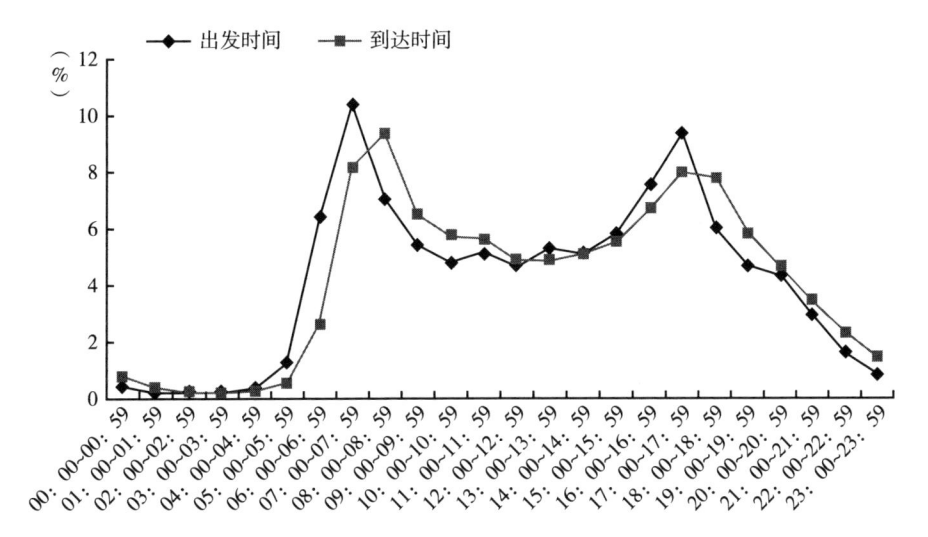

图16　2021年北京市机动车工作日出行出发时间和到达时间分布

资料来源：《2022北京市交通发展年度报告》。

在道路建设方面，随着城市副中心的各项重点任务有序推进，相关道路网建设速度不断加快。同时，优先保障"P+R"（驻车换乘）停车场、自行车停车场、公交场站设置。

（1）"P+R"停车场

北京"十四五"规划提出加快五环路以外"P+R"停车场建设等目标，引导外围远途自驾通勤人员换乘公共交通进入中心城区，开创新型通勤换乘模式。《2021年北京市交通综合治理行动计划》提出将在部分地铁站周边建设一批"P+R"停车场，并研究地铁"高峰票价+通勤优惠"，加大"碳普惠"激励力度，助推私家车出行向绿色集约出行转变。

（2）"ETC+车生活"通勤场景应用

目前，北京ETC自动识别与付费已在全市42家医院、23个枢纽场站、25个景区公园以及一些体育馆等场景应用，覆盖停车泊位约21万个。

2. 城市公共交通

（1）轨道交通

轨道交通依然是城市客运的主力，图17展示了2021年北京市最大断面客流量超过4万人次的轨道线路分布，从线路和区间分布来看，主要以城市外围进中心城区方向的地铁线路和区间居多。面对日益增长的出行需求，北京城市轨道交通及市郊铁路线网覆盖范围继续扩大。同时，为服务城市通勤，北京在城市轨道交通方面实行以下措施。

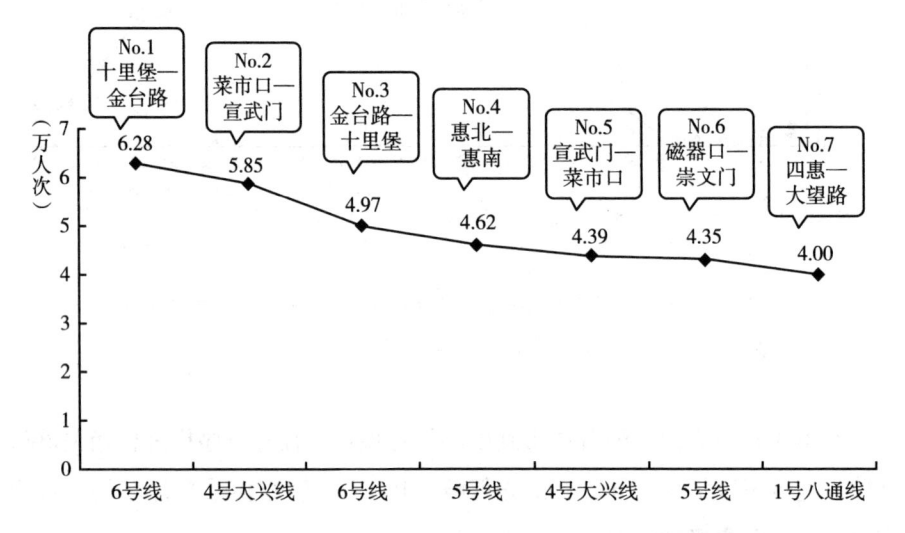

图17　2021年北京市最大断面客流量超过4万人次的轨道线路分布

资料来源：《2022北京市交通发展年度报告》。

一是促进运输组织优化。目前，北京地铁19号线采用"大站快车"模式，可与地铁2号线、10号线、4号大兴线、大兴机场线等多条线路换乘。

二是加强市郊铁路规划。当前，北京市郊铁路线大多依托既有的京包铁路、京广铁路等铁路资源开行，节约了工程投资和用地成本。

（2）地面公交

2021年北京地面公交出行时间指数较2020年增长3.58%。如图18所示，2021年中心城区工作日地面公交准点到站率约为58.8%，较2020年的59.1%下降了0.3个百分点，中心城区工作日地面公交准点到站率仍需提高。

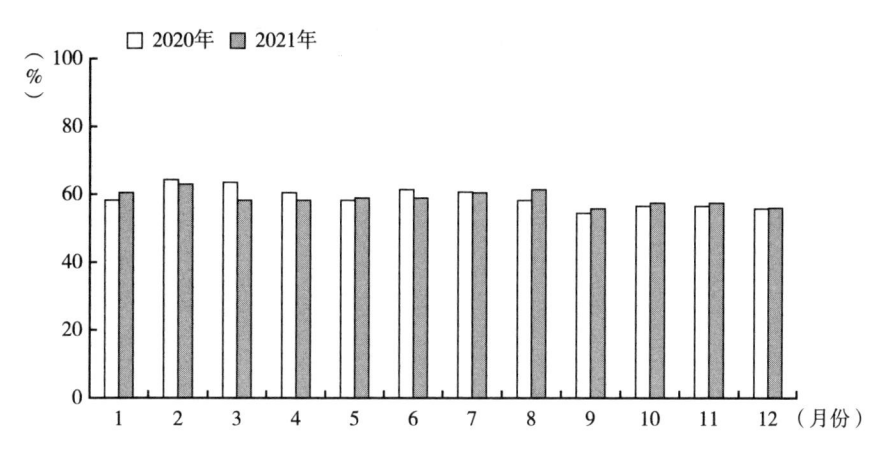

图18　2020年与2021年北京市中心城区工作日地面公交准点到站率对比

资料来源：《2021年北京市交通运行状况评价》。

在出行时间特征方面，如图19、图20所示，工作日地面公交上车时间峰值明显集中出现在早高峰7：50和晚高峰17：15~18：15；下车时间早晚高峰峰值分别出现在8：15、8：45和18：00~19：00。在地面公交方面，北京市采取了以下优化措施。

一是推进公交线网优化。2022年5月出台的《北京市"十四五"时期交通发展建设规划》特别提到，要构建"一干多支"城市副中心公交网络，提供周边地区与中心城区之间的快速通勤服务。

二是设立公交专用道。北京正在以年均30~40公里的规模推动公交专用道的施划工作。如表7所示，到2020年底，北京公交专用道里程达1005公里。

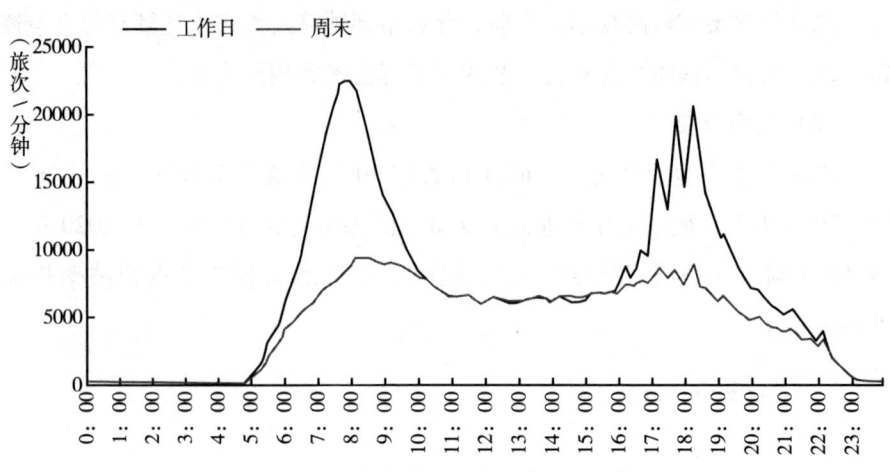

图 19 北京市地面公交上车时间分布

资料来源：《北京市居民公共交通出行特征分析》。

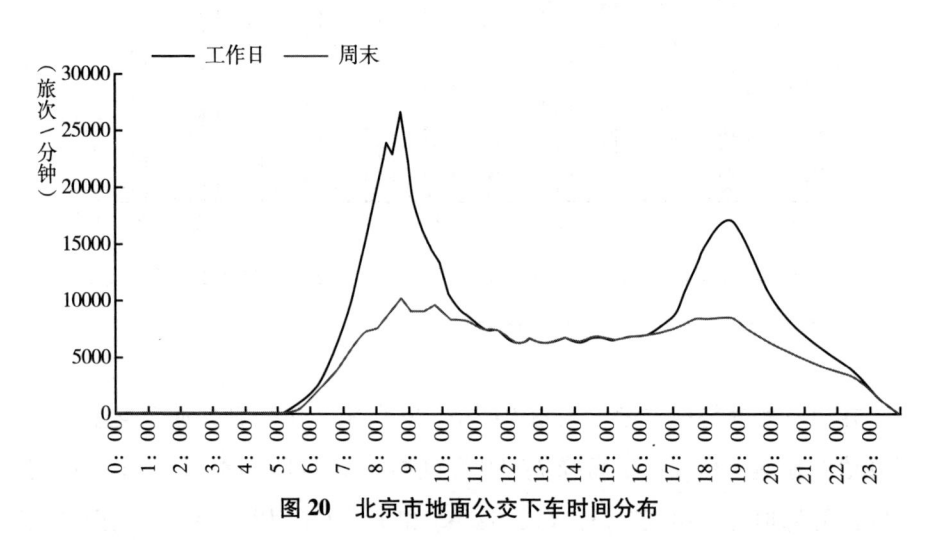

图 20 北京市地面公交下车时间分布

资料来源：《北京市居民公共交通出行特征分析》。

表 7 2013~2020 年北京市公交专用道里程

单位：公里

指标	2013 年	2014 年	2015 年	2016 年	2017 年	2018 年	2019 年	2020 年
里程	366	395	741	851	907	952	952	1005

资料来源：北京市交通委员会、北京公共交通控股（集团）有限公司。

三是提供多样化通勤公交服务。如图21所示，截至2020年底，北京共开行定制公交、快速直达专线等多样化服务线路495条，其中定制公交278条，较上年增加88条；快速直达专线217条，较上年减少1条。

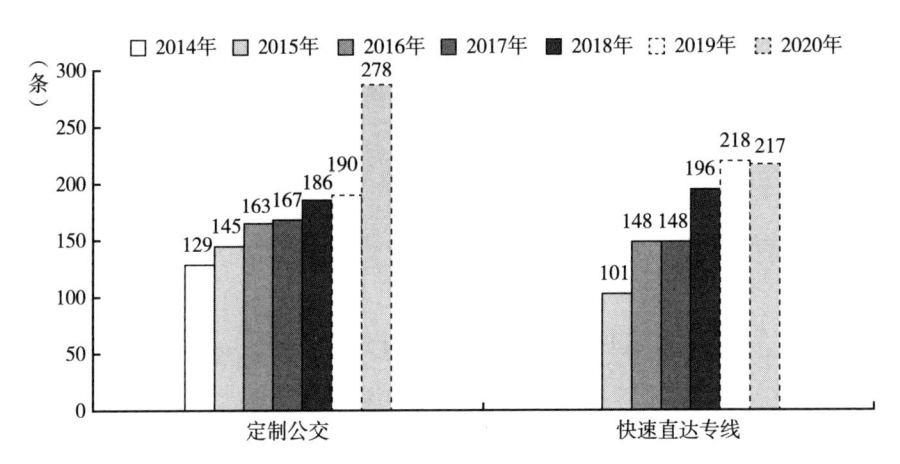

图21　2014～2020年北京市公共汽（电）车多样化服务运营线路变化

资料来源：北京公共交通控股（集团）有限公司。

（3）慢行系统

北京持续推进慢行系统与轨道的融合，2021年建设完成51个重点轨道车站的224处共享单车电子围栏。建成7个慢行示范区，京藏高速辅路慢行廊道整治、二环辅路慢行系统改造等一系列工程完工。2021年中心城区工作日出行总量达3530万人次，较上年下降2.5%。2021年中心城区绿色出行比例达74.0%，较上年增长0.9个百分点。2019～2021年北京市绿色出行比例如图22所示。为了改善通勤现状，北京在慢行交通通勤设施建设方面采取了以下措施。

一是建设自行车专用道。2019年5月31日，北京首条自行车专用道开通，使回龙观与上地之间的通勤时间缩短至26分钟。北京还完成了自行车专用道西延工程，打通3.8公里的骑行车道，为居民通勤提供了更加便利的设施。

二是改造非机动车道。北京选取了西二环路作为试点，在西二环路北段

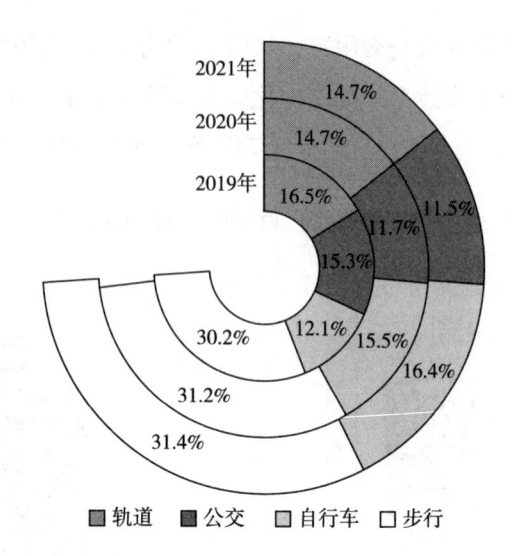

图 22　2019~2021 年北京市绿色出行比例

资料来源：北京交通发展研究院。

压缩机动车道宽度，并加宽非机动车道。此外，北京还实施了路口一次左转、增加优先标识、完善设施等一系列措施，助力改善居民慢行交通通勤状况。

三是依法投放互联网租赁自行车。北京所有行政区域均已引入互联网租赁自行车。2022 年上半年，北京 3 家互联网租赁自行车运营企业月均合规投放车辆比例均达到 98% 以上。

四是提升慢行系统品质。2020 年，北京完成的慢行系统综合治理里程为 378 公里，慢行系统品质持续提升。

3. 通勤交通方式选择特征分析

（1）通勤交通方式选择

一是样本数据特征。图 23 展示了不同位次下的主要交通方式选择情况。排名第一的各类交通方式中，步行和私家车占比较高。图 24 展示了各交通方式的平均综合得分①，排名前三的分别是城市轨道交通、步行、共享单车。

---

① 平均综合得分=（Σ频数×权值）/本题填写人次，权值由选项被排列的位置决定。

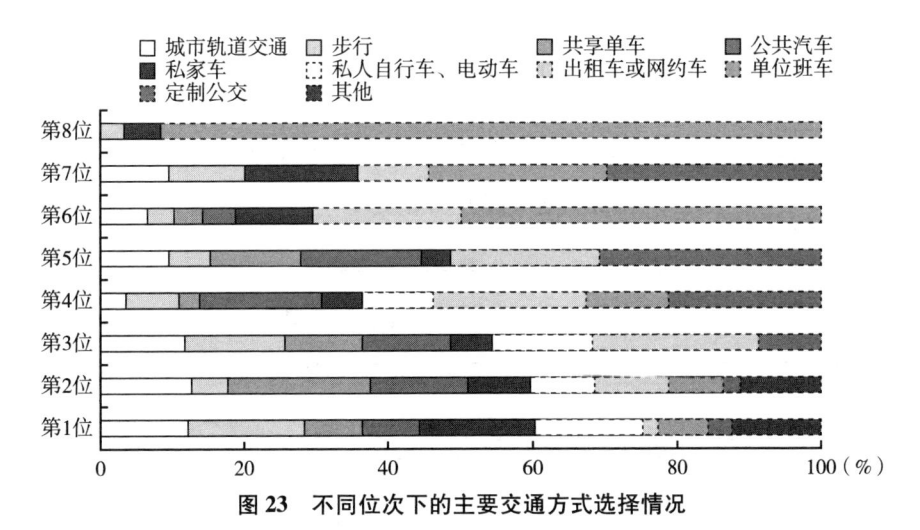

图例：城市轨道交通　步行　共享单车　公共汽车　私家车　私人自行车、电动车　出租车或网约车　单位班车　定制公交　其他

图23　不同位次下的主要交通方式选择情况

说明：考虑通勤者在通勤过程中可能会涉及多种交通方式，因此在问卷作答时要求被调查者按照出行顺序选择交通方式，左轴的"位次"表示某种交通方式在出行阶段中的顺序。

资料来源：笔者根据问卷自制。

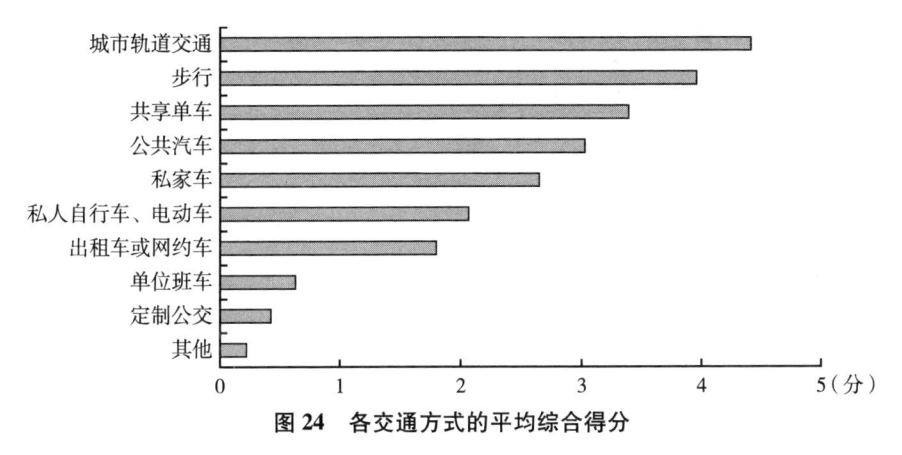

图24　各交通方式的平均综合得分

资料来源：笔者根据问卷自制。

二是交通方式选择的分类分析。图25展示了不同年龄的通勤者选择各交通方式的情况。其中，20~30岁通勤者的日常交通方式主要为城市轨道交通，30岁以上通勤者的日常交通方式则主要为私家车，特别是40岁以上选择私家车的通勤者更多，占比达30.43%。不同通勤距离的通勤者选择各交通方式的情况如图26所示。

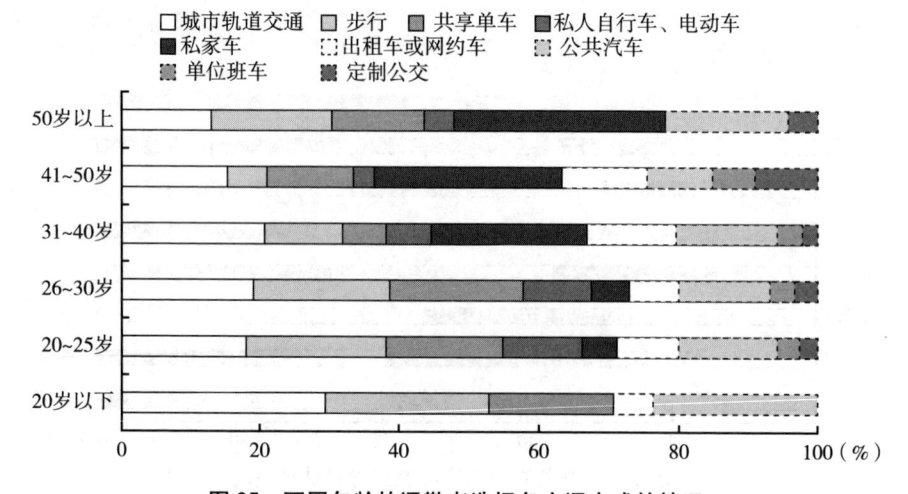

图 25 不同年龄的通勤者选择各交通方式的情况

资料来源：笔者根据问卷自制。

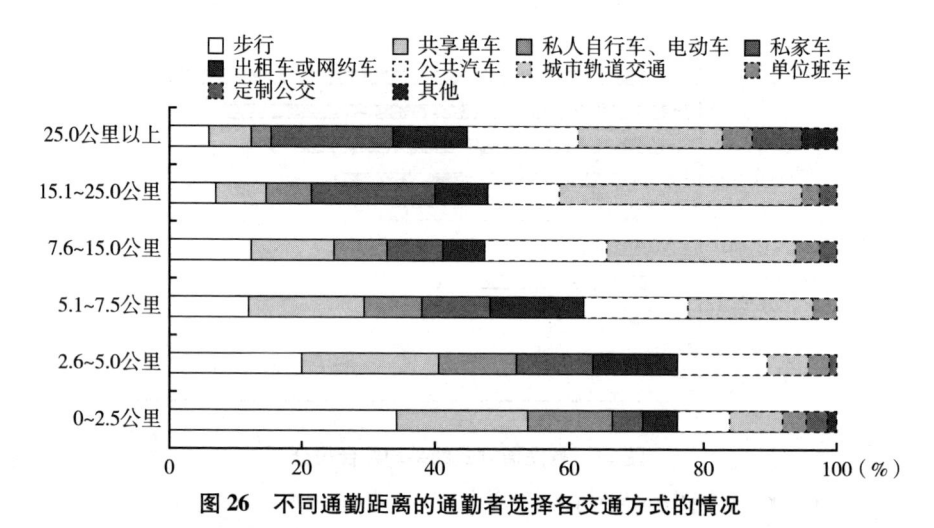

图 26 不同通勤距离的通勤者选择各交通方式的情况

资料来源：笔者根据问卷自制。

（2）满意度及困扰

一是通勤现状满意度。如图 27 所示，通勤整体满意度为"一般"及以下的通勤者占到近一半，表明通勤状况有很大的改善空间。

二是通勤困扰。图 28 展示了通勤现状造成的困扰。其中，通勤时耗长、

图 27 通勤现状满意度

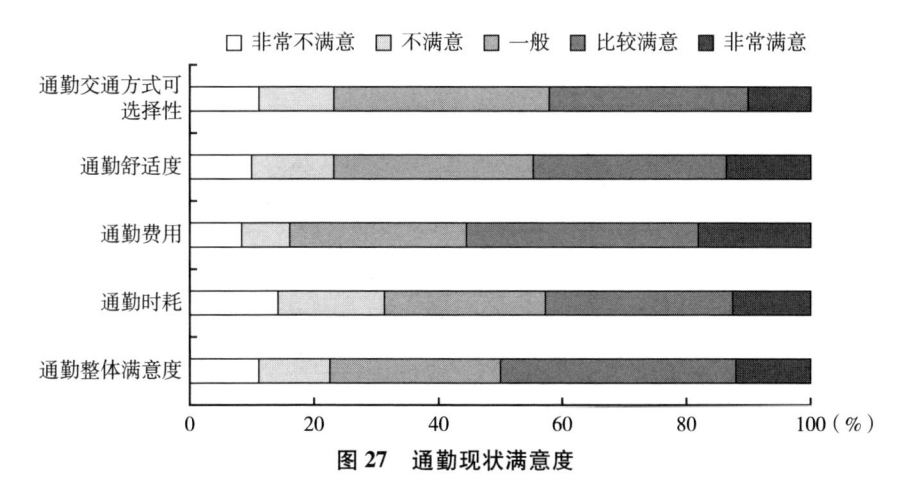

资料来源：笔者根据问卷自制。

交通拥堵、可选交通方式少、公共交通舒适度差是困扰通勤者的主要问题，这些困扰严重影响通勤者的通勤体验。根据图 29 可知，选择通勤时耗长的群体主要为单程平均通勤时耗在 45 分钟以上的通勤者（占 72%）。

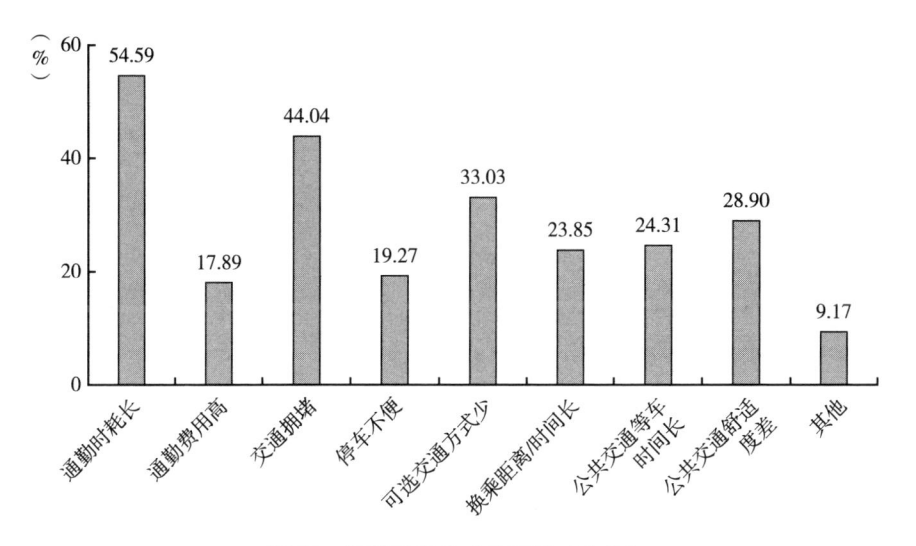

图 28 通勤现状造成的困扰（多选）

各项数据：通勤时耗长 54.59，通勤费用高 17.89，交通拥堵 44.04，停车不便 19.27，可选交通方式少 33.03，换乘距离/时间长 23.85，公共交通等车时间长 24.31，公共交通舒适度差 28.90，其他 9.17。

资料来源：笔者根据问卷自制。

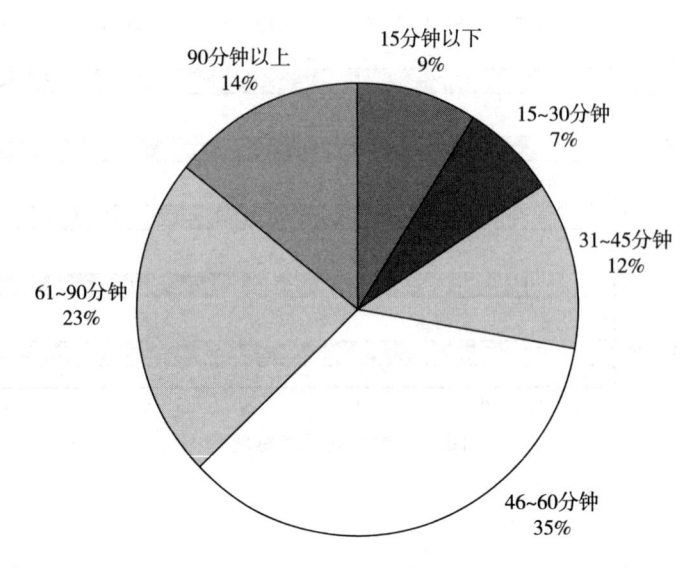

图 29　选择通勤时耗长的被调查者的单程平均通勤时耗分布

资料来源：笔者根据问卷自制。

（3）不同通勤时长场景下交通方式选择意向分析

本报告共划分 5 类通勤时长场景，结合图 30~34[①] 对不同通勤时长场景下交通方式选择意向总体分布进行分析。

当通勤时长在 60 分钟以上时，从总量来看，地铁和自驾占比较高，表明通勤者更愿意将地铁和自驾作为长距离下的首选通勤交通方式（见图 30）。

当通勤时长为 45~60 分钟时，地铁和自驾的占比仍较高，通勤者仍倾向将二者作为首选交通方式（见图 31）。

当通勤时长为 30~44 分钟时，有更多的人选择将自驾、地铁和公交作为主要的通勤交通方式，同时公交的比例有所提高（见图 32）。

[①] 图 30~34 调查了不同通勤时长的通勤者的交通方式选择意向，问卷作答时要求被调查者按照意愿优先级选择交通方式，因此不同位次表示某个选项的选择顺序，如图 38 第 1 位中自驾和地铁占比较高，故通勤时长在 60 分钟以上时自驾和地铁是首选。另外，图 30~34 中的"总量"展示了综合各位次后的情况。

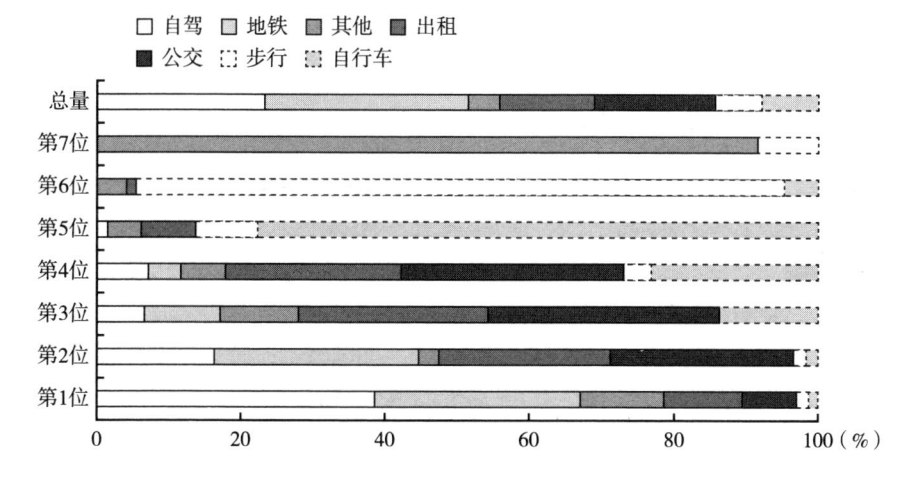

图 30　通勤时长在 60 分钟以上的交通方式选择意向总体分布

资料来源：笔者根据问卷自制。

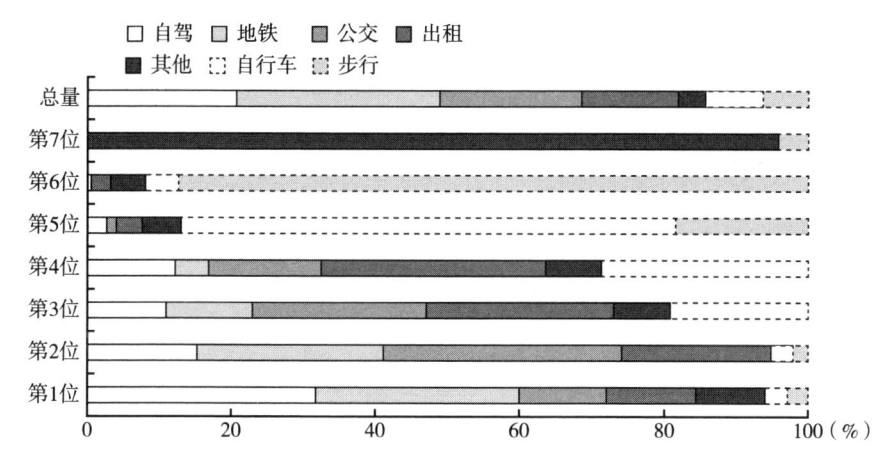

图 31　通勤时长为 45~60 分钟的交通方式选择意向总体分布

资料来源：笔者根据问卷自制。

当通勤时长为 15~29 分钟时，大部分人选择自行车、公交和地铁通勤，绿色出行方式的占比进一步提升（见图33）。

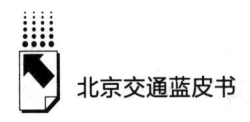

当通勤时长小于 15 分钟时，一半以上的通勤者选择绿色出行方式，如自行车、公交和地铁（见图 34）。

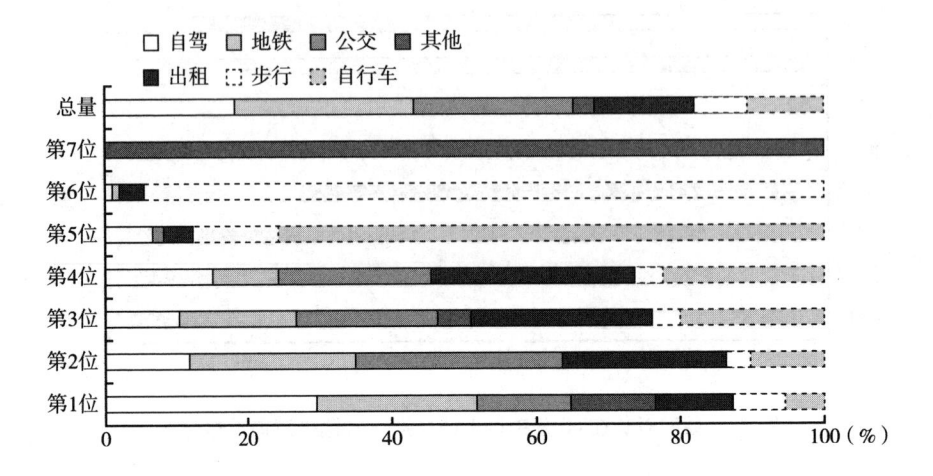

图 32　通勤时长为 30~44 分钟的交通方式选择意向总体分布

资料来源：笔者根据问卷自制。

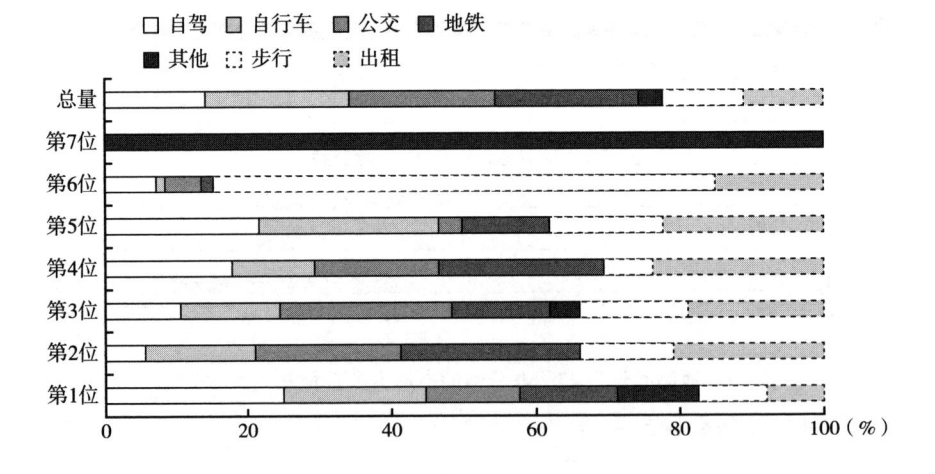

图 33　通勤时长为 15~29 分钟的交通方式选择意向总体分布

资料来源：笔者根据问卷自制。

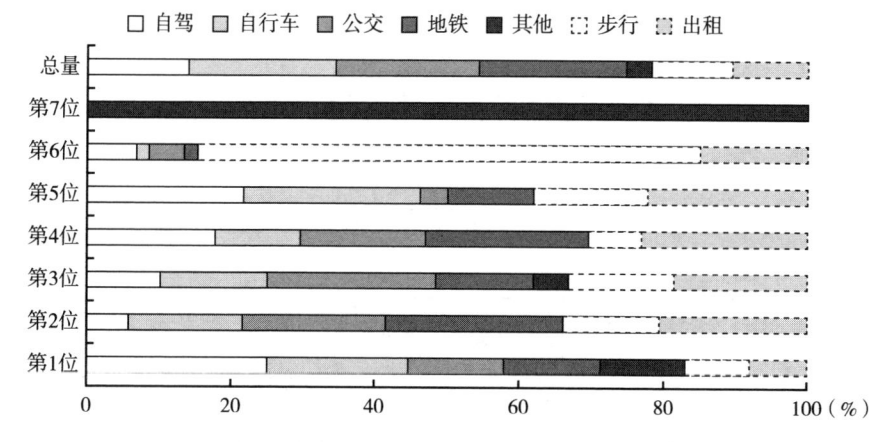

图 34　通勤时长小于 15 分钟的交通方式选择意向总体分布

资料来源：笔者根据问卷自制。

三　北京通勤问题总结及原因分析

（一）问题总结

1. 职住分离引发极端化通勤需求

职住平衡不仅指就业者数量和就业岗位数量大致相等，还包含"邻近就业"这一隐藏条件。从空间分离程度来看，2021 年北京单程平均通勤距离为 11.3 公里，职住分离度达到 6.60 公里，在全国主要城市中职住分离现象较为严重。图 35 展示了 2019~2021 年北京市职住分离度及单程平均通勤距离变化。《2022 年度中国主要城市通勤监测报告》数据显示，超过 70%的通勤青年居住在北京市中心 15 公里以外，而 80%的通勤青年就业在北京市中心 15 公里以内，北京职住分离程度依然较深。

2. 交通系统服务能力发挥不充分

造成北京通勤问题的另一个原因在于交通系统服务能力发挥不充分导致城市交通供给与通勤需求之间的失衡。

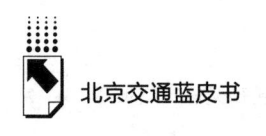

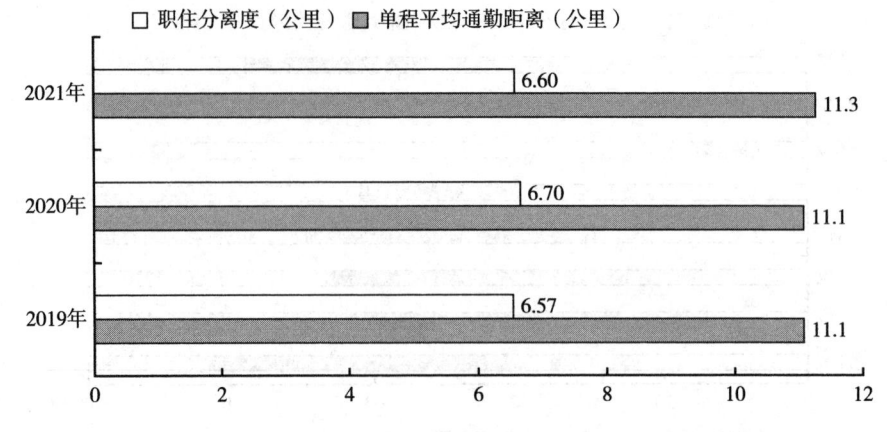

```
           □ 职住分离度（公里）  ■ 单程平均通勤距离（公里）
2021年                          6.60
                                              11.3
2020年                          6.70
                                              11.1
2019年                          6.57
                                              11.1
      0      2      4      6      8     10     12
```

图 35　2019~2021 年北京市职住分离度及单程平均通勤距离变化

资料来源：《2022 年度中国主要城市通勤监测报告》。

《2022 年度中国主要城市通勤监测报告》数据显示，轨道交通是北京市民通勤的重要方式，运营里程已达 783 公里，市郊铁路线路里程增至 365 公里，但城市交通系统服务能力仍难以满足通勤高峰期的出行需求。地面公交在服务末端出行方面仍存在运营速度低、线路站点多、高峰期地铁换乘公交能力不足的情况。在慢行系统建设方面，依然存在缺乏完整的慢行网络，自行车专用道、步行道、非机动车左转过街信号灯等基础设施建设不足等问题，满足"最后一公里"出行需求的能力有待提高。

（二）需求端致因分析

1. 城市规划布局存在不平衡

（1）"居住—产业"用地空间错位

随着城市经济的快速发展，北京出现了显著的职住分离现象，中心城区人口和城市功能集聚。居民对经济效益最大化的追求、过快的城市化进程以及速度不平衡的"居住—产业"用地开发是导致"居住—产业"用地空间错位的主要原因。

居民对经济效益最大化的追求是造成用地空间错位的内部驱动力。中心区与远郊区房地产价格的较大差异，直接导致用地空间错位。如表 8 所示，

2022年北京市16个行政区最高月房价均价与最低月房价均价之间的差距高达6.7倍。较大的房价差异直接影响了居民的郊区购房倾向。

表8 2022年北京市16个行政区月房价均价

单位：元/平方米

行政区	房价均价	行政区	房价均价	行政区	房价均价	行政区	房价均价
西城区	131185	丰台区	65565	大兴区	46724	房山区	31753
东城区	117774	石景山	57740	通州区	45610	密云区	24279
海淀区	105566	顺义区	47131	门头沟	43914	延庆区	21359
朝阳区	81572	昌平区	47056	怀柔区	31777	平谷区	19684

资料来源：中国房价行情网。

过快的城市化进程是造成用地空间错位的外部驱动力。北京城市人口规模加速膨胀，城市化进程加快，住房需求问题备受关注。但非工业化带动的城市化使得就业岗位仍集聚在城市中心，而居住区逐渐向郊区转移。

速度不平衡的"居住—产业"用地开发同样造成用地空间错位。郊区的产业用地开发速度比居住用地开发速度更缓慢，中心城区的就业压力并未得到有效的缓解，导致居住于郊区的人们不得不继续前往中心城区就业，从而引发用地空间错位问题。

（2）城市多中心发展与资源分配存在矛盾

2017年，《北京城市总体规划（2016年—2035年）》出台，从顶层设计层面调整北京的"单中心"旧格局，构建"一核一主一副、两轴多点一区"的空间结构。北京在城市多中心发展方面取得了不小的成就，但仍存在以下几个方面的问题。

一是管理机构尚需完善。城市新区的建设仍未打破原有的行政区划，采用传统的政府管理模式，各单位之间的配合效率不高，导致城市新区建设速度放缓。同时，财政和政策是城市新区发展至关重要的影响因素。在北京房山区、大兴区、昌平区、门头沟区等区域的建设过程中，均存在财政和政策支持不足的问题。

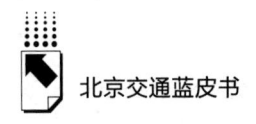

二是公共资源分布不均。轨道交通建设速度与城市新区发展建设步调的不一致问题尤为突出。除此之外，教育、医疗、养老等民生配套资源仍集中在主城区。

三是多中心产业布局尚未统筹，相对独立。产业布局对保证城市新区的可持续发展至关重要，引入优势产业产生的示范效应能够带动城市新区发展。但大多数中心城区不会轻易疏解重要功能，尤其是商务中心功能。

四是交通发展滞后于城市多中心发展需求。中心城区与城市新区之间大运量、快捷交通缺失，城市新区内部交通规划不合理，交通发展滞后于城市多中心发展需求等都将导致城市空间发展主动权的丧失。

2. 住房保障措施体系化建设不足

（1）保障性住房供给存在较大缺口

目前，保障性住房主要包括保障性租赁住房、公租房、廉租房、经济适用房等。对于保障性租赁住房，由于土地价格昂贵，存量房屋改造成本较高。在住房布局上，保障性租赁住房主要分布在郊区。在住房申请上，房屋申请审核效率较低，申请服务的信息化程度仍有较大的提升空间。在市场监管和住房管理上也存在监管、服务不到位的情况。公租房和廉租房重点针对低收入群体，目前存在建设资金不足、房源供应较少、人群覆盖面积较小和规范化管理不足等问题。

（2）房屋租赁市场需要规范化治理

大城市的租房问题一直广受关注，租房需求不断上涨。《2021中国城市租住生活蓝皮书》估计，2030年国内租房人口将达2.6亿人，住房租赁市场规模将达到10万亿元。然而，庞大的住房租赁市场规模和复杂的住房租赁关系引发了大量的矛盾纠纷，成为一大难题。

房屋租赁平台服务能力不足。2017年10月，北京市住房租赁监管平台和服务平台上线运行，采用一个监管平台和N个服务平台的"1+N"模式。但具体的租赁相关服务仍主要依赖第三方交易平台，交易风险较高。

房屋租赁行为不规范。当前，互联网房屋租赁市场存在信息虚假混乱的情况，由于缺少备案和资质认证，后续容易引发虚假房源信息、违规"群租"、租金贷等问题。在线租房平台充斥大量的虚假房源，主要利用其物美价廉的特性吸引租客，套取租客信息。

租金调整频率高，租期不稳定。首先，房屋租金高、上涨快。根据城市房产网的统计，北京住房租金水平整体呈上涨态势（见表9）；贝壳研究院调查数据显示，北京的租金收入比处于压力区间，位居特大城市榜首。其次，房屋租期短、不稳定。租金上涨、工作调动等原因导致频繁搬家，造成了租赁关系的不稳定。最后，经济政策支持不足。目前，私人房主通常选择直接出租以节省租赁机构服务费、获得更多的租金。与国外发达国家相比，我国针对个人与机构租赁的税收减免和抵扣额度仍然较低，在金融政策方面也缺少对机构租赁的贷款贴息支持。

表9 2022年北京市住房租金

单位：元/米^3，%

行政区	平均单价	同比	行政区	平均单价	同比
西城区	160.95	-1.88	石景山区	105.64	+5.49
海淀区	149.70	0.62	昌平区	98.62	+3.53
东城区	147.59	-1.1	大兴区	80.19	+1.4
朝阳区	136.36	+0.39	通州区	81.36	+5.12
丰台区	104.06	+1.06	顺义区	78.69	+5.28

资料来源：城市房产网。

（三）供给侧症结分析

1. 轨道交通服务通勤的主干作用不足

（1）轨道交通系统输送能力不足

一是编组较小。截至2021年，北京轨道交通运营里程已达727公里，运营线路达24条，但大多采用6B编组，运能较低。截至2020年，北京多条地铁间隔时间缩短至2分钟以内，但在通勤高峰时段，轨道交通系统的输送能力仍然不能满足通勤需求。

二是换乘不便。北京各功能区之间联系并不紧密，大部分枢纽换乘站只连接了2~3条线路，导致乘客换乘站点集中、换乘频繁。北京轨道交通还存在乘客换乘时间长的问题。某些站点存在水平和垂直两个方向的换乘，如西直门地铁站，这进一步增加了通勤时间。

（2）轨道交通系统服务范围有限

轨道交通系统服务范围是一个城市轨道交通整体服务水平的体现。轨道交通系统服务范围越大，选择轨道交通出行的乘客就越多。本报告关注以下两个重要指标。

一是轨道800米覆盖通勤比重。该指标反映了轨道交通线网和居民职住空间的匹配度，比重越高，表明轨道交通对职住空间的支撑作用越大。如图36所示，北京的轨道800米覆盖通勤比重仅为21%，反映了北京轨道交通线网与居民职住空间的匹配度不高。

二是市郊端与市郊铁路的结合度。市郊端与市郊铁路的有效结合可以分散客流压力，提高通勤者的通勤效率。截至2022年，北京共有4条市郊铁路，分别为城市副中心线、S2线、怀密线和通密线。分析可知，北京市郊铁路并未辐射到面积较小的居住区域，市郊端与市郊铁路的结合度不高。

2. 地面公交吸引力仍需提高

北京市交通委员会将地面公交的线网层级分为干线、普线、微循环线和定制公交线路，并按照"先干线微循环后普线，先增服务后减重复线路"的原则对规划的线网进行布设。每一层级的公交线网在服务通勤者时均有各自的服务空间范围和功能定位。

北京公交由于运营速度低、可靠性不足等问题，难以发挥集约高效的优势。以上问题的原因总结如下。

（1）未充分构建多层级客流走廊

《北京市地面公交线网总体规划》明确了27条主要公交客流走廊。而实际上，乘客通勤需求不仅分布在大客运量的走廊干线上，普线和微循环线也存在各自的客流走廊，在一定程度上也能缩短通勤时长，因此合理的公交班次和路径方案格外重要。

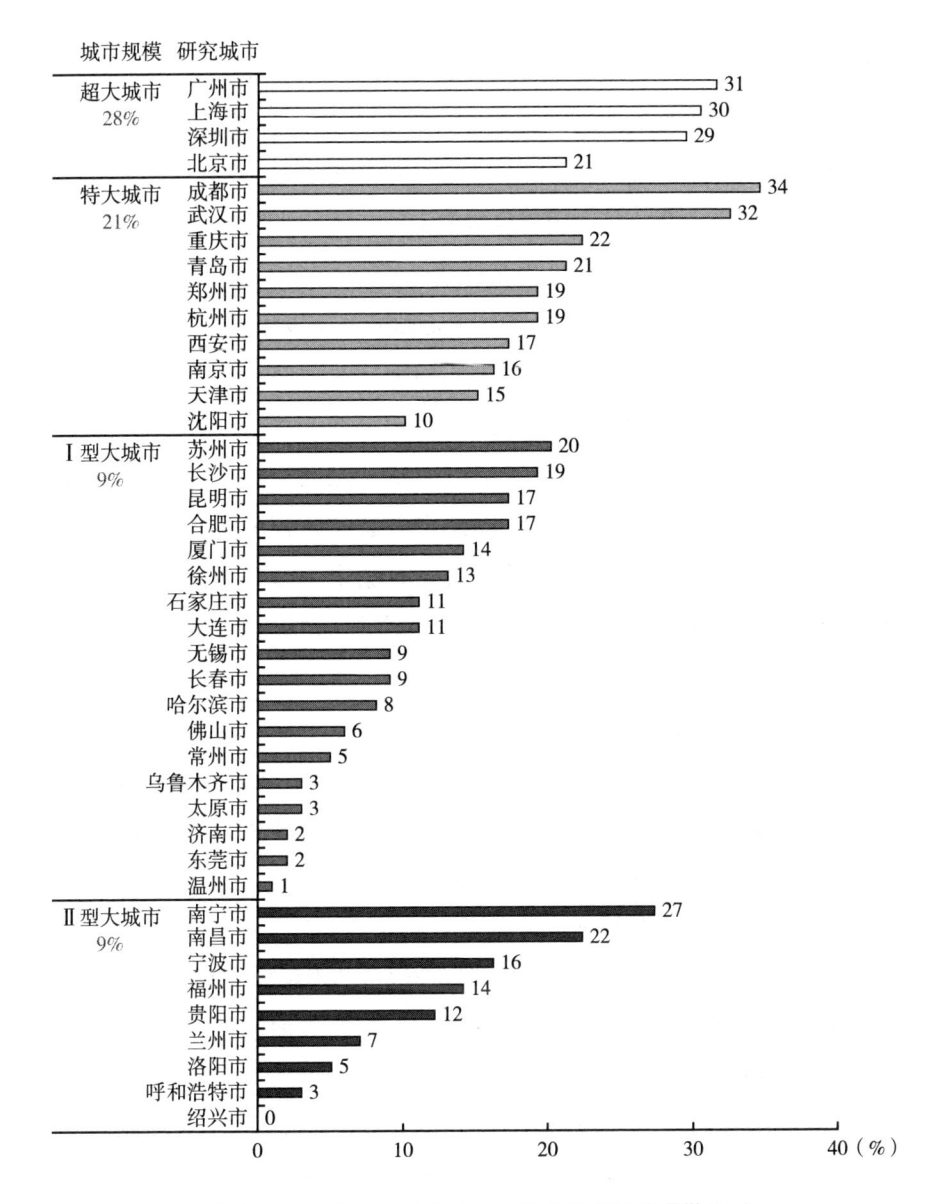

城市规模	研究城市	值
超大城市 28%	广州市	31
	上海市	30
	深圳市	29
	北京市	21
特大城市 21%	成都市	34
	武汉市	32
	重庆市	22
	青岛市	21
	郑州市	19
	杭州市	19
	西安市	17
	南京市	16
	天津市	15
	沈阳市	10
Ⅰ型大城市 9%	苏州市	20
	长沙市	19
	昆明市	17
	合肥市	17
	厦门市	14
	徐州市	13
	石家庄市	11
	大连市	11
	无锡市	9
	长春市	9
	哈尔滨市	8
	佛山市	6
	常州市	5
	乌鲁木齐市	3
	太原市	3
	济南市	2
	东莞市	2
	温州市	1
Ⅱ型大城市 9%	南宁市	27
	南昌市	22
	宁波市	16
	福州市	14
	贵阳市	12
	兰州市	7
	洛阳市	5
	呼和浩特市	3
	绍兴市	0

图36　2021年中国主要城市轨道800米覆盖通勤比重

说明：城市规模下灰色数值为城市规模分类的指标均值。
资料来源：《2022年度中国主要城市通勤监测报告》。

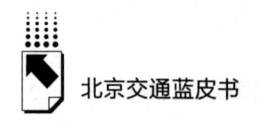

（2）公交专用道的覆盖率不足

建设公交专用道旨在赋予地面公交优先通行权限，减少其他车流的干扰。2022年北京交通发展研究院发布的《关于北京公交专用道发展的思考》指出：北京27条骨干走廊中，公交专用道覆盖率较高的走廊仅有18条，还有超过30%的骨干走廊公交专用道覆盖率不足。

（3）公交专用道综合效益不均衡

公交专用道覆盖率较高的18条骨干走廊的公交专用道在连续性、客流吻合度和线路布设饱和度等方面的效益不均衡。

（4）未及时结合定制公交与轨道交通

为服务在居住地或就业地与轨道交通站点之间有换乘接驳需求的通勤者，北京已在通勤时段开通运营巡游定制公交，但并未形成定制公交和地铁进站一体化预约机制，通勤者需要根据个人预计出行时间分别选择定制公交时间和地铁换乘时间。若未在可进站时间段，乘客将会有更长的等待时间。

3. 慢行系统服务能力有待提升

慢行系统的定位是解决"最后一公里"问题，主要服务短距离通勤。越来越多的人选择"步行+骑行"的出行方式，使慢行系统的问题不断暴露，同时对北京的慢行系统提出了更高的要求。

（1）慢行交通网络和设施有待完善

慢行路权被侵占。如今北京慢行路权被侵占的现象较为明显，机动车停车占用现象尤为突出。机动车停车占用使慢行道路更加紧张拥挤甚至消失，从而再次变成机非混行。

慢行系统安全性较差。慢行道路被压缩导致机非混行、管理和基础设施不足、自行车逆向行驶以及公交站台处停车位与自行车道存在重叠设置等问题，降低了慢行系统的安全性。

慢行系统服务性差异大。服务性主要体现在慢行系统的基础设施上。比如，自行车道是否有区别显示，自行车道的行驶区域是否有物理分隔，自行车道是否和人行横道混用。

(2) 通勤高峰期共享单车秩序管理有待加强

其一，共享单车投放不均衡。共享单车使用的潮汐现象比较严重，在通勤早晚高峰时期，通勤者很难找到可使用的共享单车。其二，共享单车乱停乱放现象严重。很多用户将共享单车停放在人行道、公交站牌附近甚至路边的草丛里，这不仅给通勤者带来找不到车的困扰，还对城市交通和市容市貌造成影响。

4. 私家车通勤出行比例较高

私家车的灵活性及舒适性远高于公共交通，其数量的迅速增长是必然趋势。结合前述问卷分析，笔者了解到有55.38%的通勤者选择将私家车作为日常通勤的首选交通方式。但当大量私家车同时在通勤高峰期出行，道路承受能力就会到达上限甚至瘫痪，同时引发停车难题。因此，只有对私家车出行进行合理管控，才能更好地缓解交通拥堵的现状。

四 提高北京45分钟以内通勤比重的具体对策

（一）通勤改善措施意向调研

1. 调研思路

调研主要从增加通勤交通供给和调控通勤出行需求两方面设计问卷。在增加通勤交通供给方面，结合提出的具体措施，了解人们对于改善通勤状况相关措施的认可程度。在调控通勤出行需求方面，结合保障性租赁住房现状、被调查者对保障性租赁住房的意见，为改善通勤状况的对策建议提供依据。

2. 问卷数据来源及处理

样本数据特征、问卷发放及回收情况同第二部分所述。

3. 改善措施分析

（1）通勤交通

轨道交通方面，被调查者认为非常有效的是开设新地铁线路，如图37

所示。公共交通方面，被调查者认为非常有效的是设置公交专用道，如图38所示。非公共交通方面，被调查者认为非常有效的是高峰期增加潮汐可变车道，如图39所示。

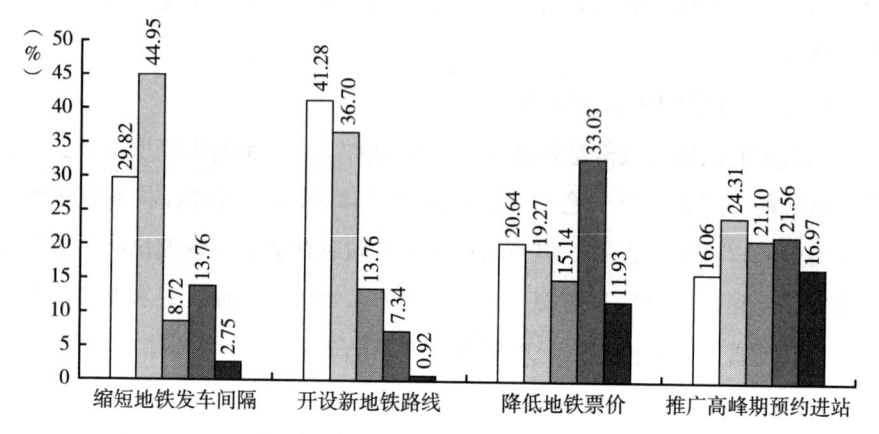

图37 轨道交通方面措施效果评价

资料来源：笔者根据问卷自制。

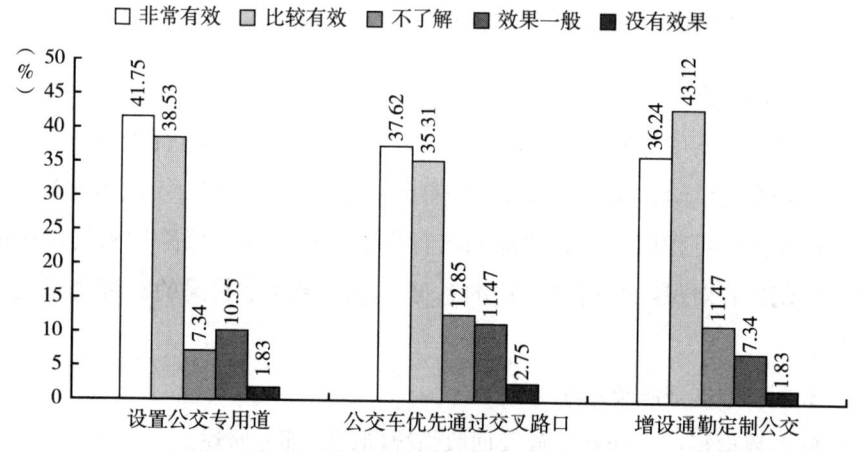

图38 公共交通方面措施效果评价

资料来源：笔者根据问卷自制。

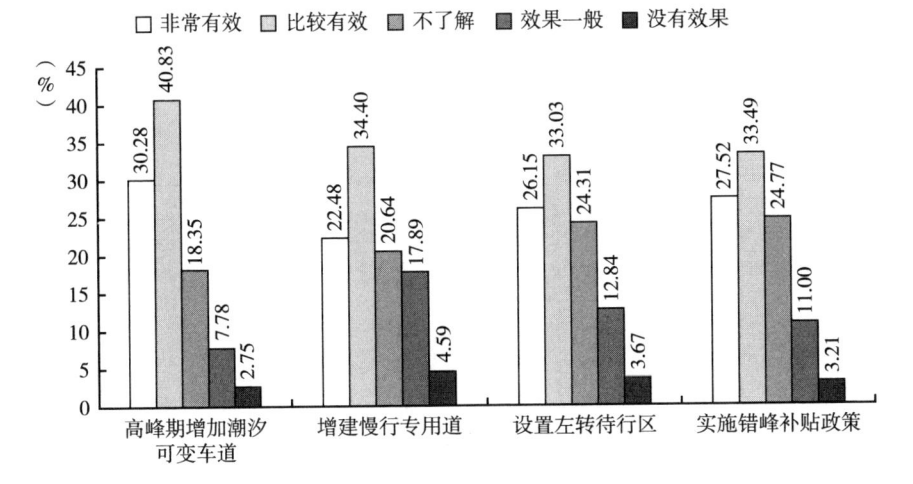

图例：非常有效　比较有效　不了解　效果一般　没有效果

高峰期增加潮汐可变车道：30.28，40.83，18.35，7.78，2.75
增建慢行专用道：22.48，34.40，20.64，17.89，4.59
设置左转待行区：26.15，33.03，24.31，12.84，3.67
实施错峰补贴政策：27.52，33.49，24.77，11.00，3.21

图 39　非公共交通方面措施效果评价

资料来源：笔者根据问卷自制。

（2）保障性租赁住房

如图 40 所示，对于推广保障性租赁住房、提高通勤者住房保障能力的

保障性租赁住房方面措施效果评价：
- 非常有效 32%
- 比较有效 38%
- 不了解 21%
- 效果一般 6%
- 没有效果 3%

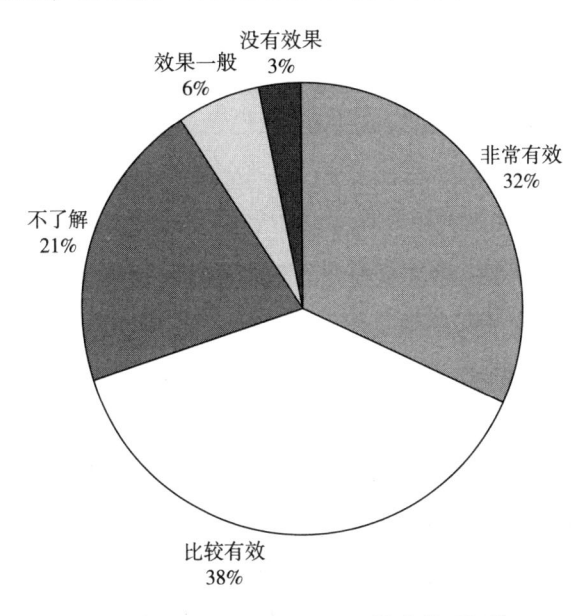

图 40　保障性租赁住房方面措施效果评价

资料来源：笔者根据问卷自制。

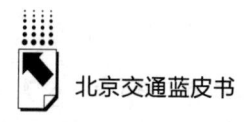

措施，70%的人表示非常有效或比较有效。如图41所示，在朝阳区、东城区、海淀区工作的通勤者在本区内租住保障性租赁住房的意愿最为强烈，分别占74.58%、76.47%、84.81%。

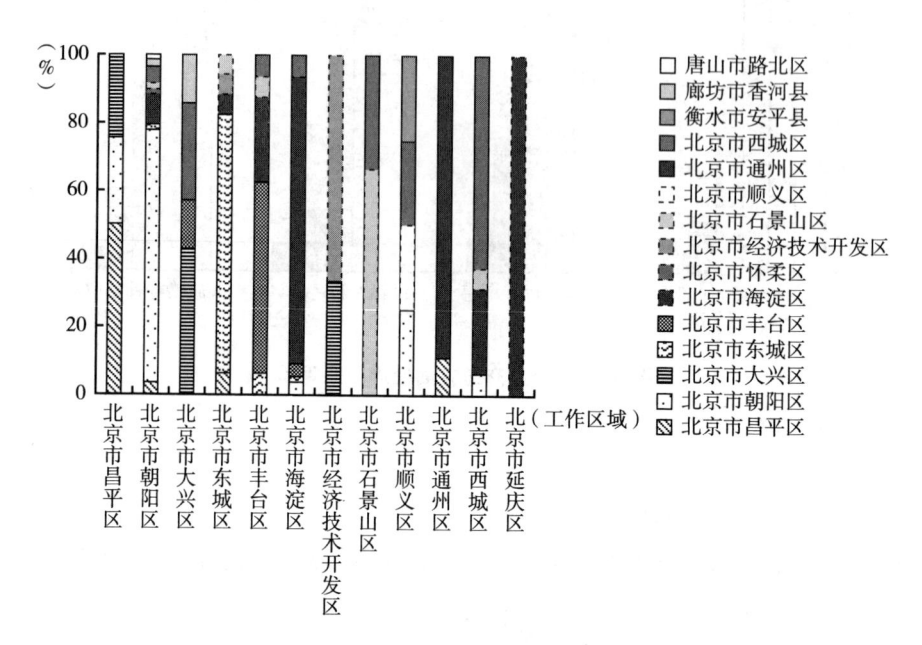

图41　不同工作区域人群租住保障性租赁住房的区域意向

资料来源：笔者根据问卷自制。

如图42所示，通勤者租住保障性租赁住房时最看重租金价格，占比为59.63%。如图43所示，在通勤者对各种保障性租赁住房筹集方式的认可情况方面，排序第1位中，政府集中建设的项目占61.47%，公租房、人才房等项目占11.47%；排序第2位中，企业、产业园区配建的员工宿舍占29.71%，公租房、人才房等项目占25.14%。可以看出，通勤者对于政府集中建设或集体筹建的保障性租赁住房仍然有较高的认可度。

（3）北京通勤改善建议期盼

如图44所示，对于改善北京通勤状况，问卷调研的意见集中在提升轨道交通及公共交通供给水平、改善换乘体验、优化通勤条件、简化通勤流

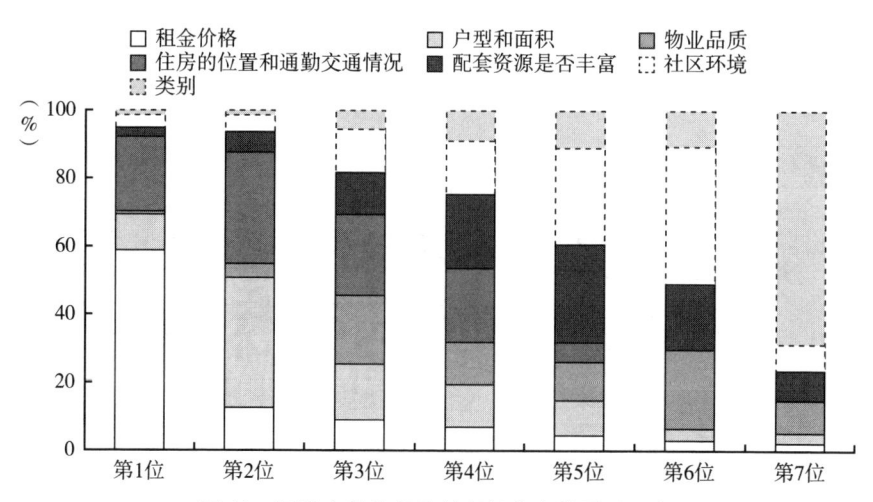

图 42　通勤者租住保障性租赁住房的看重因素

说明：本图展示了通勤者租住保障性租赁住房的看重因素，问卷作答时要求被调查者按照意愿优先级依次选择，第1位是指通勤者最看重的因素，以此类推。

资料来源：笔者根据问卷自制。

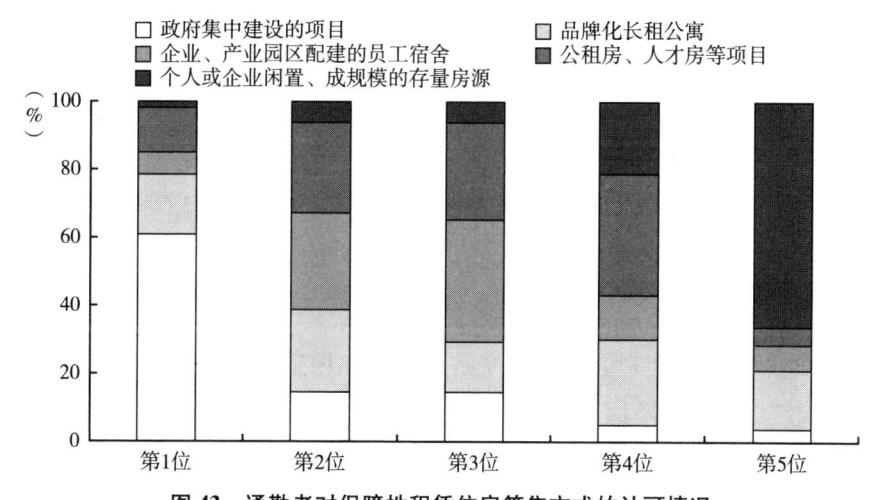

图 43　通勤者对保障性租赁住房筹集方式的认可情况

说明：本图展示了通勤者对保障性租赁住房筹集方式的认可情况，问卷作答时要求被调查者按照意愿优先级依次选择，第1位是指通勤者首选的筹集方式，第2位是指通勤者次选的筹集方式，以此类推。

资料来源：笔者根据问卷自制。

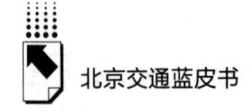

程、推进职住平衡等方面，如降低换乘次数、完善公交专用道、开通更多新地铁线路等。

图44　北京通勤改善建议期盼

资料来源：笔者根据问卷自制。

（二）需求端策略——破解职住分离　调控通勤需求

1. 平衡用地规划配置

"居住—产业"用地空间错位以及住房供应结构和就业岗位不匹配直接导致职住配置不均衡和职住关系不匹配，从而产生了职住分离现象。要达到提高通勤效率的目的，需要划分短期和长期任务。短期来看，在已有城市职住空间结构下，要通过引导居民的"居住—就业"区位选择来缩短城市通勤距离；长期来看，要改变已有城市职住空间结构，通过调整"居住—产业"用地格局以及就业岗位和就业人口的空间分布来缩短通勤距离。

（1）短期引导"居住—就业"区位选择

制定住房政策，保障就近安居。"居住—就业"区位选择现状是居民综合实际需求、收入水平和自身偏好的决策结果。北京市住建委应密切关注各类群体的选择特点，制定住房政策，盘活房产余量资源，调控住房价格，如在科技产业园区和创业园区有偿收回未售房产，改为人才公租房，对接企业员工的住房需求，保障人才回流和就近就业。同时，针对为满足就业需求而租赁第二居住地的员工给予一定程度的补贴。

搭建人力资源平台，鼓励就近择业。人社部门应充分利用高密度人口区域的劳动力优势，引导和鼓励劳动力实现社区化创业就业，助力职住平衡。

（2）长期调整"居住—产业"用地格局

紧抓疏解非首都功能和发展多中心组团式格局的机遇，在宏观层面规划各组团内的产业用地和居住用地，合理安排小尺度单元的混合土地利用模式，同时注重优质医疗、教育、文化等公共服务设施的均等化配置，着力推进产城融合发展。

2. 系统化推进建设城市多中心结构

（1）建立专门的新区管理机构

以亦庄经济技术开发区为例，北京经济技术开发区管委会的设立为亦庄经济技术区的发展提供了快车道。北京经济技术开发区同时享受"国家级经济技术开发区"和"国家高新技术产业园区"双重优惠政策[①]。

（2）推动基本公共资源均等化

一是加强基础设施建设。政府通过对优质公共资源的倾斜性配置改善城市新区综合环境与区域形象，进而影响市场资源的区位选择，带来更多社会资本的转移，提高城市新区发展活力。

二是加强民生服务保障。依据设施服务半径等科学配套公共设施，提高城市新区居民生活便利程度，在基础设施和基本公共资源均等化的基础上推动重大项目以及功能区、优质医疗教育机构在城市新区倾斜性配置。以城市副中心为例，运河商务区、大运河森林公园、中国人民大学东校区的建设已展现较好的示范效应。

（3）建立利益共享和补偿机制

市级政府加强协调，通过建立迁出企业利税共享、旧城保护专项资金等

---

① 《北京亦庄经济开发区是怎么发展起来的？》，"城市丛谈"微信公众号，2022年6月24日，https://mp.weixin.qq.com/s/qgDs7_CSkYMC5w4Y4XU9TQ。

利益共享和补偿机制鼓励次优功能向城市新区转移。规范的利益共享和补偿机制至少应包括以下几点。一是调整财政管理体制，完善转移支付制度，建立均衡性转移支付的稳定增长机制。二是构建促进产业梯度转移的利益共享和补偿机制，迁入和迁出两地政府可以共同协商，达成协议。三是建立土地跨区域使用的指标交易制度。例如，工业用地使用指标通过补偿形式进行交易，或者工业用地通过相应的行政区划进行调整，最终达到异地安置的目的。

（4）加强交通对城市空间结构的引导

形成"组团式"的空间结构，并注重各个中心区域内部交通网络的建设与治理，实现"无缝"换乘、高效联运。

3. 探索体系化住房保障措施

（1）建立保障性租赁住房供给体系

加大多元化房源筹集力度，优化租赁住房供应体系。应吸引社会各界参与投资建设保障性租赁住房供给体系，充分发挥市场配置资源的基础性作用，激发市场活力。

优化保障性租赁住房布局，提供多样化住房结构。保障性租赁住房新项目应毗邻产业园区、功能区、交通枢纽。同时，保障性租赁住房的布局应避免过于集中，防止出现区域贫富差距过大的现象。

提高社会管理能力。在设计保障性租赁住房时，应考虑就业、上学、就医、交通等关联问题。保障性租赁住房的租住群体均为中低收入群体，在规划建设时也要考虑相关社会管理问题。

构建审核分配一体化服务平台。吸引运营机构参与管理，政府应加强长期监督。

（2）完善政府监管下的房屋租赁管理服务平台

完善平台服务功能。虚假房源已成为毕业青年群体最关注的问题。为了给承租人提供更好的服务和更可靠的房源保障，北京市房屋租赁服务平台应完善服务功能，包括提高注册门槛、优化信息展示、加强动态监测等，从而降低承租人在租住房屋过程中的风险。

规范租赁行为。北京市房屋租赁服务平台可以建立租赁资金监管部门，严格把控租户钱款的来源去向。同时，平台可以建立财政专项补助资金。此外，应加强对平台住房来源的严格把控，房屋所有者需提交房产证、空气质量检测报告、房屋实拍图等相关证明。

（3）建立租金监测制度，鼓励就近租房

政府可通过平台采取价格干预措施来稳定租金水平，并及时将相关政策信息在平台上进行公告提醒，在规定时间内出租人不执行的，对其进行警告并扣除诚信分值。

可在平台设置租金变化提示和原因。出租人在变动租金时需填写原因，并在变动后显示价格变动提示。政府可以通过变动原因进行合理调控，及时向公众公布租金信息，针对不同类型房屋设置合理租金上限。

对接入平台或通过平台进行租房交易的出租人和承租人给予优惠和补贴，鼓励平台推广和使用，吸引因租金价格差异而选择不正规中介或房东的租客，减少随意抬高租金等乱象。

基于管理服务平台，鼓励房屋租赁企业与产业园区合作，建立就业和住房对接机制，促进就近租住。

（三）供给端策略——优化交通服务 提升通勤效率

1. 突出轨道交通在通勤交通中的核心地位

促进站城一体化。将轨道交通车站空间与城市开发建设合为一体。北京可进行站城一体化的车站包括北京站、北京西站、北京南站、丰台站等大型综合车站，形成站城人一体化模式。

织密轨道交通网。对于中心城区来说，加大线网密度更加重要。首先需要补充线路，使其在中心城区范围内呈现"双环棋盘+放射"形态。其次应提高中心城区轨道交通与地面公交之间的换乘效率。

推广"大站快车"模式，即仅停靠线路中客流量较大车站。目前，北京地铁19号线采用的就是"大站快车"模式，可与地铁2号线、10号线、4号大兴线、大兴机场线等多条线路进行换乘，乘客从新宫到牡丹园单程用时约为24分钟，大幅缩短了通勤时间。

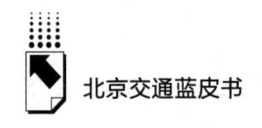

重点推进市郊铁路建设。依托既有的铁路资源，通过改建、扩建局部路线等方法发展市郊铁路。以服务北京外围新城及新城周边地区为重点，进行合理规划与合作，形成完善的市郊通勤系统，充分发挥铁路在解决城市交通问题中的作用。例如，可以利用北京站、北京南站、广安门站、北京西站形成城市铁路内环，覆盖客流量较大的城市中心区域，而东北、西北等市郊区域可利用既有的东北环线、丰双铁路、西北环线等线路。同时，可以通过枢纽中转换乘接驳公交、地铁等其他交通运输方式加强中心城区与周边新城、卫星城的衔接，进一步分担通勤压力。

2. 进一步发挥公交在服务通勤上的补充作用

对于地面公交通勤高峰时无差别停站引发的交通拥堵问题和偏远地区公交覆盖率较低的问题，应进一步发挥公交在服务通勤上的补充作用。下文针对上述两个痛点提出了相应的解决方案。

（1）启用"大站快车"模式

为解决客流分布不均衡的问题，公交在经过部分站点时不停车，仅在部分上下车客流量较大的站点停站。以北京651路公交为例，其运行过程中各个站点的不均衡系数如图45所示。根据图45可知，651路公交下行方向的各个站点中，有7个站点的不均衡系数大于1，让高峰时段部分公交班次仅停靠这7个站点，能大大缩短线路运行时间，提升通勤效率。

（2）推广通勤定制公交专线

截至2022年9月，北京已开通运营376条定制公交专线，节省了30%以上的通勤时间。针对偏远地区，可以开行需求响应型的定制公交专线，以满足通勤需求。以北三县为例，北三县居民进出京主要依靠公交车和小汽车，平均通勤时间超过100分钟。定制公交专线开行后，解决了北三县通勤者早晚进出京交通不便、时间长、成本高等问题。与传统地面公交运营模式不同的是，定制公交专线可以减少中途的停站延误。

（3）全力提升公交专用道服务效能

在公交专用道路口设置公交专用进口道，减少公交专用道施划中断的情况，打通既有公交专用道运行瓶颈。结合实际设计公交专用道，建议骨架公

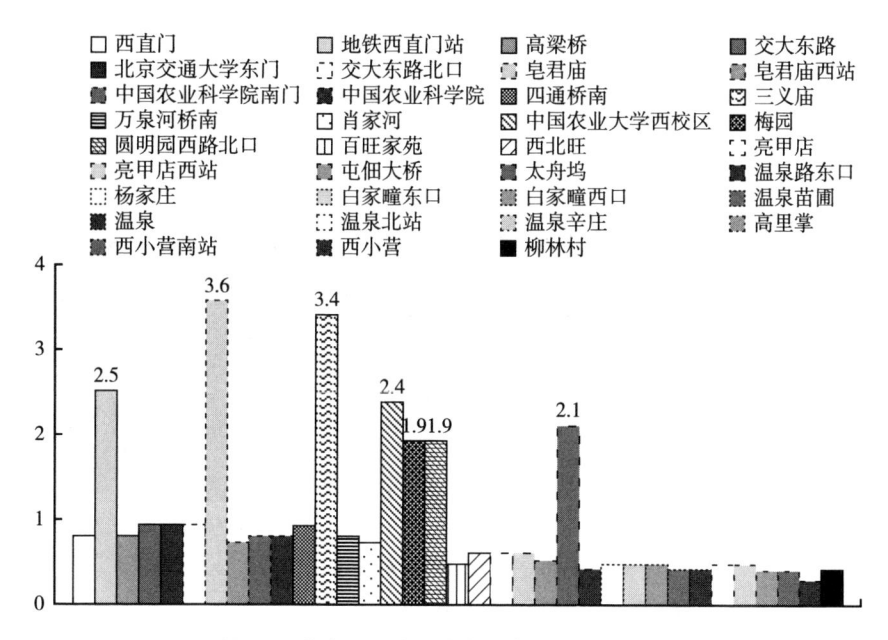

图 45　北京 651 路公交各站点的不均衡系数

资料来源：《在大站快车基础上开行区间车的公交组合调度研究》。

交专用道尽可能采用路中式布置方式，并辅以公交信号优先。同时，以公交信号优先和非现场执法设备维护公交专用道运营秩序，并建立公交专用道长效动态评估机制。

3.优化慢行系统

（1）加强慢行交通网络和设施建设

充分尊重慢行路权。为避免机动车侵占慢行路权，应在人行道、非机动车道和机动车道之间进行物理隔离，可根据道路的实际情况安装隔离带或隔离护栏，或通过设置新型"震荡标线"使机动车和非机动车"各行其道"。例如，丹麦哥本哈根的自行车道比同行的机动车道高出 7~12 厘米，并采用路缘石进行物理隔离。

提高慢行系统安全性。可以在交叉口为非机动车设置等待区域并根据方向进行分离，如图 46（a）为非机动车等待区，（b）为分向非机动车道。还可以考虑在主要非机动车通勤通道的交叉口处前置并扩大非机动车的等待区。丹麦哥本哈根在道路交叉口处的自行车停止线比机动车提前5米，还铺设减速金属条保证安全性；上海也在部分路口后置了机动车停止线，如图47所示。

（a）非机动车等待区　　　　　（b）分向非机动车道

图46　交叉口慢行系统设计

资料来源：《城市慢行智能交通系统发展研究》。

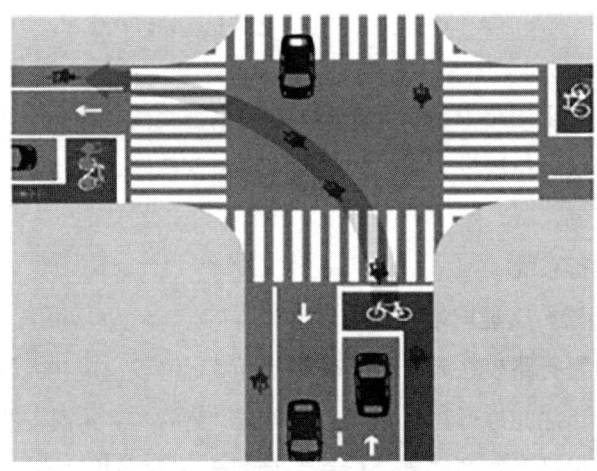

图47　上海市非机动车慢行交通系统

资料来源：《城市慢行智能交通系统发展研究》。

提升慢行系统服务性。慢行交通的参与者多处于弱势，只有提升慢行系统的服务性，才能吸引更多的慢行交通通勤者，改善城市的通勤交通。一方面，提升服务功能。可以加大骑行指示屏的投入使用力度，如图48所示。

另一方面，提升服务质量。建设绿色慢行通道，将慢行系统的建设融入绿色慢行通道的建设，增强通勤过程的体验感和幸福感。

图48　骑行指示屏

资料来源：《北京日报》。

（2）提高共享单车运营管理能力

完善共享单车投放区域，动态调度单车。根据样本数据，共享单车运营企业可以在海淀区、朝阳区、昌平区等大量通勤者居住的地方投放共享单车。

设置共享单车专用道，启用限速装置。政府可以设置公交车专用道和非机动车专用道。对于共享单车与电动车抢占车道的问题，相关企业可以启用限速装置。美国Lime公司就通过强制限速来更好地维护行驶过程中的秩序，缩短通勤时间。

建立信用体系，推广电子围栏技术。政府建立信用体系，并与企业进行信息共享。企业对用户停放行为进行评价，由政府公示共享单车"黑名单"。

4. 减少私家车出行

（1）完善"P+R"停车场建设

推进"P+R"停车场建设及数字化改造，构建统一管理的城市停车资源平台。对现有"P+R"停车场实施智能化升级，将市级"P+R"智慧管理系统接入MaaS平台，实现"P+R"停车场与公共交通出行一体化、智慧化运行。

（2）合理实施道路拥堵收费

通过对城市道路交通流量的分析，明确拥堵收费道路和拥堵收费时间。

充分考虑不同群体之间的差异,制定精细化的拥堵收费体系。同时,合理分配拥堵收费款项,制定相应的监督机制,及时公布征收过程和费用流向。

参考文献

《〈2021中国城市租住生活蓝皮书〉发布:住房租赁市场迎来黄金十年》,新华网,2021年11月16日,http://www.news.cn/2021-11/16/c_1211447876.htm。

《2021北京市通勤特征年度报告》,北京交通发展研究院网站,2022年3月4日,https://mp.weixin.qq.com/s/4xF4NGpkfRtE93T0bWFHiQ。

《2021北京交通发展年度报告》,北京交通发展研究院网站,2021年9月3日,https://www.bjtrc.org.cn/Show/download/id/68/at/0.html。

《2022北京交通发展年度报告》,北京交通发展研究院网站,2022年9月16日,https://www.bjtrc.org.cn/Show/download/id/71/at/0.html。

《从历次交通大调查看东京都市圈出行特征的变化》,北京交通发展研究院网站,2021年6月2日,https://mp.weixin.qq.com/s/CETlkeE6M0mgFsV5hMdzoA。

《关于北京公交专用道发展的思考》,北京交通发展研究院网站,2022年7月8日,https://mp.weixin.qq.com/s/Hb2Udxg5xuk3p3ElZLxhnA。

《2021年北京市道路交通运行特征分析报告》,北京交通发展研究院网站,2022年4月8日,https://mp.weixin.qq.com/s/bOqrwEUZjoVtxHJ31a22SA。

《2021年北京市交通运行状况评价》,罗戈网,2022年3月18日,https://www.logclub.com/articleInfo/NDU3MzM=。

《北京地面公交线网总体规划》,北京市交通委员会网站,2022年3月18日,http://jtw.beijing.gov.cn/dmgj/ghjh/202111/P020211109577467177616.pdf。

《贝壳研究院发布〈2021年毕业季居住洞察报告〉:月入多少才能实现"整租自由"?》,贝壳研究院网站,2021年7月29日,https://research.ke.com/121/ArticleDetail?id=414。

《"大站快车"北京地铁19号线即将开通 首末班车时间公布》,腾讯网,2021年12月29日,https://new.qq.com/rain/a/20211229A0AQ7300。

程梦:《武汉市典型区域居民出行时空间特征与影响因子研究》,硕士学位论文,华中科技大学,2017。

窦延文:《深圳缓解新市民青年人住房困难》,《深圳特区报》2022年1月17日。

高明明、陈燕:《北京市郊通勤铁路发展思路与建议》,《都市快轨交通》2013年第2期。

《第 6 回東京都市圏パーソントリップ調査の集計結果概要について》，东京都政府网站，2019 年 11 月 27 日，https：//www.metro.tokyo.lg.jp/tosei/hodohappyo/press/2019/11/27/documents/02.pdf。

《平成 27 年大都市交通センサス・首都圏报告书》，国土交通省网站，2017 年 3 月，https：//www.mlit.go.jp/common/001179760.pdf。

蒋玉琨：《城市轨道交通线网形态对换乘便捷性的影响》，《中国铁道科学》2010 年第 2 期。

李兴钢、苗苗：《北京西直门交通枢纽设计研究》，《世界建筑》2008 年第 8 期。

李智伟、杨锐：《北京市郊铁路规划建设优化策略研究》，《铁道运输与经济》2022 年第 7 期。

刘敏：《城市通勤交通优化研究》，硕士学位论文，东南大学，2016。

刘盛和、吴传钧、沈洪泉：《基于 GIS 的北京城市土地利用扩展模式》，《地理学报》2000 年第 4 期。

刘思涵：《功能联系视角下上海市多中心城市空间结构，面向高质量发展的空间治理》，《2020 中国城市规划年会论文集（20 总体规划）》，2021。

《北京公交让绿色出行更美好》，首都建设网，2022 年 9 月 27 日，https：//www.bdcn-media.com/a/17802.html。

孟斌、黄松、尹芹：《北京市居民地铁出行出发时间弹性时空分布特征研究》，《地球信息科学学报》2019 年第 1 期。

裴剑飞：《北京地铁最小运行间隔缩至 1 分 45 秒，车站增设时刻表》，新京报网站，2020 年 4 月 8 日，https：//www.bjnews.com.cn/detail/158631392915044.html。

邱阳：《京津冀产业结构演进与调整思路》，《中国集体经济》2022 年第 1 期。

屈明月、黄树明：《城市轨道交通快慢车方案研究》，《铁道运输与经济》2012 年第 4 期。

冉江宇等：《基于通勤大数据的城市职住分离度研究——〈2020 年全国主要城市通勤监测报告〉核心指标分析》，《城市交通》2020 年第 5 期。

《2021 年上海市交通委政府信息公开工作年度报告》，上海市交通委员会网站，2022 年 1 月 28 日，http：//jtw.sh.gov.cn/gknb/20220128/74f56e2c8da14e969a27eb3cc68a18d8.html。

孙斌栋、魏旭红：《上海都市区就业—人口空间结构演化特征》，《地理学报》2014 年第 6 期。

谈光玉：《在大站快车基础上开行区间车的公交组合调度研究》，硕士学位论文，北京交通大学，2020。

《东京都市圈轨道交通系统——大都市区市域铁路案例》，网易网，2021 年 11 月 10 日，https：//www.163.com/dy/article/GODGP8290511T04N.html。

王超等：《北京市发展市郊铁路双环线构想研究》，《铁道运输与经济》2021 年第 6 期。

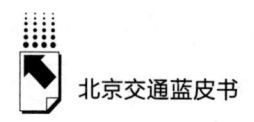

王德利：《关于北京市郊铁路建设的思考》，《北京城市学院学报》2021年第6期。

吴江洁、孙斌栋：《通勤时间的幸福绩效——基于中国家庭追踪调查的实证研究》，《人文地理》2016年第3期。

谢海生：《我国住房租赁市场的主要问题及原因分析》，《中国房地产》2018年第7期。

谢林岐：《基于社区发现的深圳市地铁通勤特征研究》，硕士学位论文，哈尔滨工业大学，2021。

杨婷婷：《基于手机信令数据的城市群居民职住地分布及通勤特征研究——以长株潭城市群为例》，硕士学位论文，武汉大学，2021。

《广东省综合立体交通网规划纲要》，《南方日报》2021年12月30日。

张凡、宁越敏：《上海新城建设研究》，《上海城市规划》2012年第5期。

郑钧天、梁倩：《"保障房"竟成"出租房"好政策屡遭"钻空子"》，《经济参考报》2021年12月23日。

《2022年度中国主要城市通勤监测报告》，"中国城市规划设计研究院"微信公众号，2022年7月29日，https：//mp.weixin.qq.com/s/j3pZMvdmK2dk5_LvXgJ-vQ。

周一星：《北京的郊区化及引发的思考》，《地理科学》1996年第3期。

宗跃光等：《北京城郊化空间特征与发展对策》，《地理学报》2002年第2期。

段婷、运迎霞：《慢行交通发展的国内外经验》，《交通工程》2017年第2期。

Huang J., et al., "Tracking Job and Housing Dynamics with Smartcard Data," *Proceedings of the National Academy of Sciences*, 2018.

The Ins and Outs of NYC Commuting, The Official Website of the City of New York, Sep. 2019, https：//www.nyc.gov/assets/planning/download/pdf/planning-level/housing-economy/nyc-ins-and-out-of-commuting.pdf.

B.4
2022年北京交通智慧化转型发展报告

张文松*

摘　要： 北京市作为我国超大城市，是区域和国家重要增长极。北京交通智慧化转型发展更是建设交通强国的重要组成部分。本报告以北京交通为研究对象，根据DPSIR模型构建具有北京交通特色的指标体系，运用TOPSIS方法探究影响北京市智慧交通发展的关键因素；从思维转型、模式创新、机制改革和平台建设四个方面提出具体转型思路；在技术创新、科学决策、协同治理等方面提出智慧交通赋能北京交通转型的方式；最后提出智慧交通在管理体制、场景应用以及治理体系等方面赋能北京交通的转型途径。

关键词： 智慧交通　DPSIR模型　TOPSIS方法　北京市

一　绪论

（一）北京市智慧交通发展状况

北京市作为中国超大城市，是区域和国家重要增长极（席强敏和李国平，2018）。"十三五"期间，北京市交通领域各项工作按照规划既定的总体目标稳步推进，已经基本建立较为完整的指挥调度体系、运营监管体系、信息服务体系、交通数据体系和网络安全体系，对推进北京市智慧交通高质

---

* 张文松，博士，北京交通大学经济管理学院教授、博士生导师，主要研究方向为战略能力、平台治理等。

量发展，提升交通服务品质，解决公众出行痛点难点问题，促进大数据、人工智能、5G、自动驾驶等新技术在交通行业的创新应用都发挥着重要积极作用，主要取得的成果体现在以下五个方面：一是信息化管理全面普及；二是大数据应用广域铺开；三是智能化探索逐步展开；四是互联网服务持续拓展；五是网络安全体系初步构建。《北京交通发展年度报告（2021）》显示，2020年北京市完成交通领域投资1215.9亿元、轨道交通总里程1127.0公里、机动车保有量达到657.0万辆、城市客运共运送乘客52.6亿人次，基本满足了经济社会发展对空间位移活动的需求。

总体来说，"十三五"时期北京市智慧交通各项工作平稳有序推进，信息化体系建设成效显著，但也应注意到交通行业正处于转型发展的关键时期，交通发展不平衡不充分的矛盾仍旧突出，交通系统仍然存在一些薄弱环节。

（二）北京交通智慧化转型的必要性

党的十九大胜利召开，《交通强国建设纲要》、北京新版城市总体规划以及《北京市"十四五"时期智慧城市发展行动纲要》的发布，对城市交通精细保障和交通行业数字化转型、智能化升级提出了全新要求。

作为中国的首都，北京是一个拥有2000多万人口的超大城市，也是国家的重要增长极。同时，北京作为中国政治、经济和文化的中心，其城市地位不可撼动。为了实现北京市的可持续发展，北京亟须建立一个现代化的城市交通系统。而智慧交通可以通过智能化和网络化的技术手段，提高北京的交通管理和服务水平、改善城市交通状况、减少能源消耗和环境污染，进而提高城市的可持续发展水平。因此，智慧交通对于北京的城市交通转型发展具有非常重要的意义。从民众角度来说，智慧交通体系的完善对于保障和改善民生工作、实现居民出行智能化具有重要意义。从政府角度来说，智慧交通的建设和完善将助推城市战略发展目标的实现。从宏观角度来说，在全国大中城市普遍面临交通问题的形势下，通过分析北京市智慧交通发展现状及存在问题，剖析问题成因，厘清城市交通系统作用机制，评价北京市智慧交通发展水平，谋划北京交通转型的战略定位、发展理念及转型思路，提出智慧交通赋能下的北京交通转型的战略途径与保障体系，不仅对推进智慧交通赋能北京交通转型发展有重要意义，还能通过本课题总结出的一些理论和实践经验，为其他城市智慧交通发展提供一定借鉴。

二 研究梳理

（一）智慧交通文献综述

智慧交通是2009年首先由IBM提出的理念。智慧交通旨在将信息技术、卫星导航和城市交通运输管理相结合，通过人、车、路的协同效应，实现交通的高效性、安全性和环保性。

1.国外研究现状

20世纪70年代以来，欧美发达国家便开始关注城市公共交通问题。虽然对智慧交通的概念没有形成一致观点，但普遍认为其核心在于物联网技术，旨在实现交通数据挖掘、问题预防与解决，最终实现无人干预的高效率智慧交通系统。相关研究主题主要涉及智慧交通系统发展和演进、智慧交通的政策制定、智慧交通的实际应用情况、智慧交通的评价等，特别是在智慧交通的评价方面，国际研究聚焦于智慧交通的经济效益、环境效益、交通安全、技术性能和投资成本效益等方面（Juan et al., 2006；Ma et al., 2008；Murthy et al., 2013；Tang et al., 2014），这些研究有助于更好地理解智慧交通系统的效用和影响。

2.国内研究现状

中国对智慧交通的相关研究起步较晚，研究内容大致可分为理论层面和实际应用层面两大类。具体研究主题聚焦于智慧交通概念与内涵的界定（陈琨和杨建国，2014；张盈盈等，2014；邓玉勇等，2015；刘艳锐等，2018）、智慧交通系统的架构与实现方式（赵俊钰等，2013；张志宇，2014；苑宇坤等，2015；刘士珺和赵彦杰，2015；黄宇和王妍颖，2016；张晏铭，2017；杨娟，2017）、智慧交通的应用（鲁剑和欧乾，2018；杜琳，

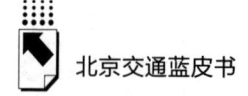

2018；宋波，2018；李文胜，2018；周绍景等，2019；孙雨超和李忠军，2019）、智慧交通的评价体系（王筱芳，2014；贾兴无，2018；余豫新等，2010；刘云翔等，2014；郭大智，2017；麦伟男，2018；赵正松，2019）、智慧交通的对策建议（蔡翠，2013；谢学慧和樊茗玥，2015；陈艾卉，2016；徐魁，2017）等方面。

3.国内外研究综述

国内外学者对智慧交通的研究成果为本报告的撰写提供了许多思路与借鉴，但仍存在一些不足。在研究内容上，既有研究主要集中于阐释概念性的过程、新一代信息技术在交通领域的应用、自上而下的总体规划等，对策略的探讨并不丰富，也缺乏创新性和针对性。在研究方法上，现有研究大多数局限于理论和规范的分析，缺少对城市智慧交通发展水平的综合性测度。在研究理论上，智慧交通赋能交通转型还需要与时俱进，巧妙结合数字经济、共享经济等角度展开讨论。

综上所述，本报告以北京交通为研究对象，首先，深入剖析北京智慧交通建设取得的成绩、存在的问题及制约瓶颈；基于技术创新、市场模式、组织管理等战略生态位管理要素耦合，总结发达国家智慧交通可资借鉴的关键成功要素。其次，根据DPSIR（Driving，驱动力；Pressure，压力；State，状态；Impact，影响；Response，响应）模型构建具有北京交通特色的指标体系，运用TOPSIS方法探究影响北京市智慧交通发展的关键因素。再次，在技术、决策、治理等智慧赋能与北京交通使能方面开展系统研究，在思维、模式、机制、平台等方面提出转型思路；最后，综合考虑交通行业价值链，提出智慧交通赋能下的北京交通转型的战略途径与保障体系。

（二）国外典型智慧交通案例总结

美国在开展智慧交通建设工作时非常重视整体规划。美国在1992年便制定了全美国未来20年的智能交通系统整体发展战略，随后相继规定了智能交通的服务功能、应用领域、数据传输标准、技术规范标准等。欧洲的智慧交通发展以构建智能交通系统（ITS）基础平台为中心。1986年起，西欧国家就以交通运输行业信息化为主要目标开展学术研究、系统开发与实际应用工作,其中ITS的开发与应用是最重要的一环。欧盟针对ITS研发项目的投资也十分可观。日本的智慧交通发展侧重政企合作,通过与本土汽车行业公司合作开发了集成功能的智能化车载装置。在资金投入方面,日本政府遵循"一九法则",即将汽车行业税收的10%用于ITS研发,剩余90%用于ITS的实施。这种政企合作方式极大调动了市场活力,推动了智慧交通的快速发展。

从总结国外发展经验来看,智慧交通发展较好的国家或城市都不约而同地积极建立智慧交通系统,不断强化交通基础设施建设,并形成了多部门协作的高效联动机制,打破部门间的信息壁垒,实现数据的互通共享,为出行者提供便利,缓解交通压力。结合北京市智慧交通发展现状及未来形势判断,北京市智慧交通在建设中还需解决以下几个关键问题:一是感知体系布局不完善,交通基础设施数字化缺乏统一的标准体系;二是信息系统不够集约,数据云脑能力不够强;三是技术和业务融合不充分,智慧交通缺少新技术场景应用;四是网络安全体系不健全,管理工作需进一步打牢基础。

三 基本概念及理论基础

(一)概念界定

智慧交通利用新一代信息技术,通过对交通数据的收集、整合、分析、决策与共享,实现人、路、车、地等交通要素的积极交互,目的是提升交通运输的效率、安全性、服务质量,减少拥堵和环境污染,实现可持续发展。

新一代信息技术在交通行业的应用与融合,使智慧交通不断展现新趋势和新特征。第一,物联网技术的应用使交通要素的互联互通更加便捷有效,使智慧交通技术展现全面感知与泛在互联的特征。第二,通过分析出行者的

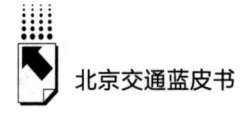

交通数据，为其提供个性化服务，展现智慧交通以人为本的理念特征。第三，利用信息技术实现对交通数据的准确抓取、深度挖掘、快速处理和智慧决策。第四，智慧交通关注解决城市交通的拥堵和污染问题，通过推广清洁能源和绿色出行方式，减少环境污染，同时采取智能措施加强交通安全，使智慧交通出行展现安全、绿色的特征。

智慧交通的发展目标：为市民提供高效、环保、安全的出行体验，提高交通管理的精细化水平；通过科学决策和管理引导，缓解交通供需压力，提升交通运行效率；不断完善交通人才培养机制，保障交通发展软实力；积极建立高水平技术标准和应用标准，提高交通技术国际竞争力和综合影响力（雷志鹏，2016）。

（二）相关理论概述

1. 可持续发展理论

可持续发展理论起源于可持续发展概念，该理论强调了在不损害后代利益的前提下同时满足当代和未来需求的发展方式。它是涵盖了经济、社会和生态三个领域的协调统一发展模式。可持续发展理论应用十分广泛，包括环境、资源和生态等领域（李明阳等，2020）。可持续发展理论考虑环境和资源承载能力，关注代际公平，强调均衡发展。

智慧交通的建设与发展不仅是对城市交通资源的整合与利用，还是改善市民生活和城市环境的不二之选。智慧交通一方面，通过推荐低碳交通工具，减轻城市环境负担；另一方面，通过多样化的公共交通出行方式，提高公共交通的分担率，减少污染排放，推动城市经济的绿色健康发展。

2. 新公共服务理论

新公共服务理论不以交通管理的单项改革为目标，主张从管理者视角出发，注重"以人为本"，开展政策治理（韩惊盈，2019）。该理论为智慧交通的建设与发展提供了理论支持，而智慧交通服务水平的提高也有利于实现更高水平的公共服务。一方面，政府可以借助智慧交通为市民提供实时路况，满足出行者个性化需求，提高市民的出行体验和效率，助力建设服务型政府。另一方面，智慧交通的发展需要协调多方参与主体，绝非一日之功，所以急需政府的政策帮扶和资金支持。

3.综合评价理论

综合评价是一项全面、客观、公正的评估方法，旨在分析和评价复杂的经济、技术和社会问题。该方法运用数学模型对研究对象的各个方面进行量化分析，如历史演变过程、功能间的区别和联系以及具体架构等。综合评价包括评价者、评价目的、评价对象、评价指标、权重系数和综合评价模型等多个关键要素。这些要素协同合作，构成了综合评价体系。

四 北京市智慧交通发展水平评价

（一）评价模型选择

DPSIR模型是由欧洲环境署（EEA）提出的概念模型。DPSIR模型包括五个要素，即社会、经济、政策、资源、环境。它不仅揭示了经济发展和人类行为对环境的影响，还描述了环境的状态对人类和社会的最终反馈。模型主要解决三个问题：发生了什么？为什么发生了？人类怎么做？在吸收PSR模型优点的前提下，DPSIR模型的五种评价指标可以根据研究需要进一步细分为若干个子指标，这有利于将研究领域内分散的各项指标联系在一起，从系统分析的角度描述多重指标间的因果与制约关系，并得到全面、科学的评价报告。同时该模型对于指标间的变化较为敏感，能够快速且连续地反馈指标体系的波动，具有较强的灵活性以及关联性。而北京市智慧交通系统的发展与地区资源利用、环境保护、经济发展以及政策等影响因素密切相关，且影响因素间存在相互作用力，关联性较强。综上，DPSIR模型的特征较符合评价北京市智慧交通发展水平的研究需求。

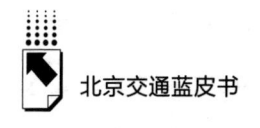

（二）指标设计

1. 评价指标的选取

国内学者在进行指标筛选时，比较注重统计学分析，常用的指标筛选方法有相关性的分析方法、层次分析法、专家法、基于区分度的分析方法和基于回归方程的筛选方法等。本报告在进行指标筛选时主要遵守两条要求：一是参考部分省份的交通强国方案、智慧城市相关方案以及"十三五"规划和"十四五"规划等内容；二是参考已有的关于智慧交通、平安交通、绿色交通、低碳交通等方面的评价内容。通过统计分析，总结出能够对北京市智慧交通建设产生影响的因素，并从中筛选出具有代表性和指向性的内容作为指标，进而基于DPSIR模型对指标进行分类和汇总，最终构建出北京市智慧交通发展水平评价体系。具体指标选取如表1所示。

（1）驱动力

驱动力指标具体选择：人均国内生产总值（人均GDP）、GDP增长率、交通运输行业总产值、城市化水平、人口密度等。

（2）压力

压力指标具体选择：年货运运输量、年客运运输量、民用汽车保有量、城市公共交通客运量、每万人拥有公共交通车辆数、人均城市道路面积、交通运输业占能源消耗总量、道路交通噪声年均声级等。

（3）状态

状态指标具体选择：日均轨道交通客运量占城市人口的比重、日均公交车客运量占城市人口的比重、高峰期平均车速、高峰交通拥堵延时指数等。

（4）影响

影响指标具体选择：第三产业占GDP比重、道路交通事故发生数、道路交通事故死亡人数、可吸入颗粒物平均浓度、空气质量优良天数比例等。

（5）响应

响应指标具体选取：交通运输支出占财政支出比重、节能环保支出占财政支出比重、建成区绿化覆盖率等。

表1　DPSIR模型框架下的指标体系

准则层	指标层	代码	单位	指标性质
驱动力	人均GDP	D1	元	正向
	GDP增长率	D2	%	正向
	交通运输行业总产值	D3	亿元	正向
	城市化水平	D4	%	负向
	人口密度	D5	人·Km^{-2}	负向
压力	年货运运输量	P1	万吨/年	正向
	年客运运输量	P2	万人次/年	正向
	民用汽车保有量	P3	万辆	正向
	城市公共交通客运量	P4	万人次/年	正向
	每万人拥有公共交通车辆数	P5	标台/万人	正向
	人均城市道路面积	P6	平方米/万人	正向
	交通运输业占能源消耗总量	P7	%	负向
	道路交通噪声年均声级	P8	dB	负向
状态	日均轨道交通客运量占城市人口的比重	S1	%	正向
	日均公交车客运量占城市人口的比重	S2	%	正向
	高峰期平均车速	S3	$Km·h^{-1}$	正向
	高峰交通拥堵延时指数	S4	—	负向
影响	第三产业占GDP比重	I1	%	正向
	道路交通事故发生数	I2	起	负向
	道路交通事故死亡人数	I3	人	负向
	可吸入颗粒物平均浓度	I4	ug/m^3	负向
	空气质量优良天数比例	I5	%	正向
响应	交通运输支出占财政支出比重	R1	%	正向
	节能环保支出占财政支出比重	R2	%	正向
	建成区绿化覆盖率	R3	%	正向

资料来源：作者根据相关资料自制。

2.评价等级划分

为了更好地对北京市智慧交通发展水平进行评价，依据北京市实际情况，结合既有研究的划分标准，本报告采用等间距的划分方法将评价对象的相对接近度划分为五个层次，具体的分区情况如表2所示。

表 2　北京市智慧交通发展水平评价等级划分及其依据

相对接近度(C)范围	智慧评价	等级
[0,0.2)	非常不智慧	Ⅴ
[0.2,0.4)	不智慧	Ⅳ
[0.4,0.6)	一般智慧	Ⅲ
[0.6,0.8)	较智慧	Ⅱ
[0.8,1)	理想智慧状态	Ⅰ

资料来源：作者根据相关资料自制。

（三）数据来源与处理

为科学评价北京市智慧交通发展水平，进一步探究影响北京市智慧交通发展的关键因素，结合 DPSIR 模型的特点，研究选用具备多指标、多处理特征的熵权 TOPSIS 方法对所有数据进行分析。熵权 TOPSIS 方法的实际操作程序为：先用熵权法计算得出各指标的客观权重，继而对原始数据进行加权得出新数据，最后使用 TOPSIS 方法对评价对象进行排名。本报告相关指标数据来源于 2014~2020 年《北京统计年鉴》、EPS 数据库以及由高德地图主办发布的《中国主要城市交通分析报告》等资料。

1. 研究数据标准化

研究所选取的指标数量众多，且指标中既存在正向指标，又存在负向指标，为了保证研究结论的有效性和可比性，本报告对所有指标进行标准化处理。正向指标进行归一化（MMS）处理，负向指标进行逆向化（NMMS）处理，已进行逆向化处理的指标不再进行归一化处理。指标标准化处理公式如下所示。

当指标为正向指标时，其标准化公式为：

$$Z_{ij} = \frac{X_{ij} - X_{j\min}}{X_{j\max} - X_{j\min}} \tag{1}$$

式中，$i = 1, 2, \cdots, n$；$j = 1, 2, \cdots, m$。

当指标为负指标时，其标准化公式为：

$$Z_{ij} = \frac{X_{j\max} - X_{ij}}{X_{j\max} - X_{j\min}} \tag{2}$$

式中，$i=1, 2, \cdots, n$；$j=1, 2, \cdots, m$。

其中，Z_{ij}为指标进行标准化处理后的值，X_{ij}为指标j在i年的值，$X_{j\min}$以及$X_{j\max}$分别为第j项指标下所有样本的最小值和最大值。

2. 熵权法计算指标客观权重

依据前期标准化处理后的数据计算出指标j的信息熵值，具体公式如下所示，其中P_{ij}为指标j在i年所占比重的大小。

$$E_j = -K\sum_{i=1}^{n} P_{ij}\text{Ln}(P_{ij}) \tag{3}$$

式中，$i=1, 2, \cdots, n$；$j=1, 2, \cdots, m$。

依据前面计算出的指标j的信息熵值计算其信息熵冗余度，即信息效用值，具体计算公式如下所示。

$$D_j = 1 - E_j \tag{4}$$

最后计算各项指标权重，具体计算公式如下所示。

$$W_j = \frac{D_j}{\sum_{j=1}^{m} D_j} \tag{5}$$

3. TOPSIS方法计算接近程度

利用欧氏距离计算出评价对象与正理想解以及负理想解之间的距离，同时乘以权重，具体计算公式如下所示。其中D_i^+越小表明评价对象与正理想解的距离越近，评价效果越好。D_i^-越小表明评价对象与负理想解之间的距离越近，评价效果越差。

$$D_i^+ = \sqrt{\sum_{j=1}^{m} W_j(Z_{ij} - Z_j^+)^2} \tag{6}$$

$$D_i^- = \sqrt{\sum_{j=1}^{m} W_j(Z_{ij} - Z_j^-)^2} \tag{7}$$

依据计算出的D_i^+值和D_i^-值，进一步测算出各评价对象与正理想解之间的接近程度，具体计算公式如下所示。

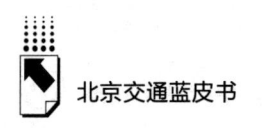

$$C_i = \frac{D_i^-}{D_i^+ + D_i^-} \tag{8}$$

（四）数据测度结果与分析

1. 指标权重

依据上述测算标准计算得出各项指标的权重系数，具体权重分布情况如表3所示。从单个指标层来看，权重系数由大到小排名靠前的五个指标分别是高峰交通拥堵延时指数S4、人口密度D5、道路交通事故死亡人数I3、高峰期平均车速S3、交通运输行业总产值D3。从准则层来看，权重系数由大到小依次是压力层P、驱动力层D、影响层I、状态层S以及响应层R。通过上述分析可知，当压力层维度下的指标发生变化时，北京市智慧交通发展水平评价结果会更加显著的随之转好或变差，因此压力层相关指标是北京市智慧交通发展过程中的关键性指标。但指标权重系数的大小仅仅是过程结果，要想进一步评价北京市智慧交通发展水平，则更多地依赖于后续TOPSIS方法的分析结果。

表3 北京市智慧交通发展水平评价体系各指标权重系数

指标	信息熵值(e)	信息效用值(d)	权重系数(W)	指标	信息熵值(e)	信息效用值(d)	权重系数(W)
D1	0.8444	0.1556	4.28%	S1	0.9193	0.0807	2.22%
D2	0.9248	0.0752	2.07%	S2	0.9047	0.0953	2.62%
D3	0.8058	0.1942	5.34%	S3	0.8014	0.1986	5.46%
D4	0.8781	0.1219	3.35%	S4	0.7311	0.2689	7.39%
D5	0.7616	0.2384	6.55%	I1	0.9100	0.0900	2.47%
P1	0.8112	0.1888	5.19%	I2	0.9116	0.0884	2.43%
P2	0.9251	0.0749	2.06%	I3	0.7741	0.2259	6.21%
P3	0.8137	0.1863	5.12%	I4	0.8826	0.1174	3.23%
P4	0.9232	0.0768	2.11%	I5	0.8632	0.1368	3.76%
P5	0.8497	0.1503	4.13%	R1	0.8269	0.1731	4.76%
P6	0.845	0.155	4.26%	R2	0.8881	0.1119	3.08%
P7	0.8247	0.1753	4.82%	R3	0.9185	0.0815	2.24%
P8	0.8234	0.1766	4.86%				

资料来源：作者根据相关资料自制。

2. 指标接近程度分析结果

依据熵权法测算出的权重值对数据进行更新形成新数据集，在保证研究指标均为正向（指标值越高效果越好）的情况下，利用公式（6）、（7）、（8）计算出评价对象与其正负理想解的距离以及评价对象与正理想解的接近程度，具体结果如表4所示。

表4　TOPSIS方法计算结果

年份	$D+$	$D-$	C	排序
2014	0.156	0.132	0.458	3
2015	0.156	0.098	0.386	6
2016	0.162	0.078	0.325	7
2017	0.145	0.108	0.428	5
2018	0.138	0.11	0.443	4
2019	0.116	0.146	0.558	2
2020	0.111	0.166	0.599	1

资料来源：作者根据相关资料自制。

在时间序列下评价北京市智慧交通发展水平的相对接近度，C值从2014年的0.458增长到2020年的0.599，整体呈上升态势。其中2014年以及2017~2020年描述北京市智慧交通发展水平的C值均大于0.4，小于0.6，处于一般智慧状态。而2015~2016年的C值均大于0.2，小于0.4，处于不智慧状态。在图1中可以明显看出，北京市智慧交通发展水平的相对接近度在2016年出现了第一个拐点，拐点前（2014~2016年）北京市智慧交通发展的进程缓慢且水平较低。因为在此阶段，北京市城市化进程不断加快，人口密度逐年上升，人均城市道路面积有下降趋势，交通资源紧缺，道路拥挤，交通行业承载的压力巨大。虽然在2015年出台了《京津冀协同发展交通一体化规划》，但基于此开展的计划措施都处于萌芽阶段，效果甚微，并不能立刻缓和交通矛盾。拐点后（2017~2020年），这一阶段属于北京市智慧交通发展的加速阶段，此阶段在《北京市"十三五"时期交通发展建设规划》的指导下，北京市建成了一批重点工程项目，提高了交通供给能力和服务水平，实施了一系列交通执法措施，整治了停车秩序。同时以创新推动交通转型，重视交通智能化建设，推进数据信息赋能交通发展，利用"互联网+交通"的模式实现数据跨部门共享，积极治理城市交通拥堵，提升交通管理水平。

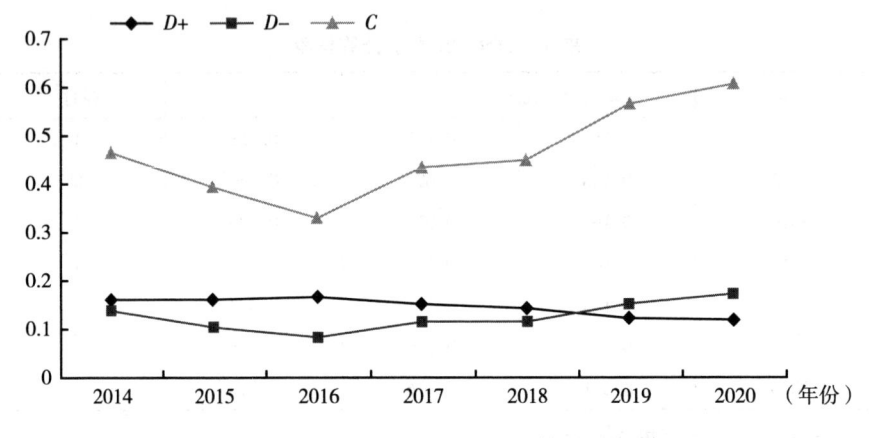

图1 正负理想解的距离趋势和相对接近度结果

资料来源：作者根据相关资料自制。

为了更好地分析北京市智慧交通发展水平的具体情况，本研究分别对五个准则层内各评价指标标准化处理后的数据进行了单独的TOPSIS方法分析，具体分析结果如表5所示。

从驱动力层来看，2014~2019年驱动力层C值整体呈"V"字形走势，先下降，后稳步上升，驱动力层C值最低的是2016年，为0.300。但到2019年时驱动力层C值达到0.540。2016年作为驱动力层相对接近度拐点的主要原因可能在于国家统计局调整了GDP的核算方式，相应地使分析结果受到影响。另外，2020年驱动力层C值有显著的下降趋势，主要是新冠疫情导致经济、社会等发展缓慢甚至停滞，进而对智慧交通的发展产生不利影响。结合前期在时间序列下分析结果的讨论，不难发现北京市智慧交通自身的发展能力较弱，其对地区经济发展质量有较强的单向依赖性，与地区经济发展之间尚未形成彼此赋能、相互促进的良性发展态势。

从压力层来看，C 值整体呈现波动式上升的态势，C 值由 2014 年的 0.516 增长到 2020 年的 0.729。其中，年货运运输量以及民用汽车保有量是影响北京市智慧交通发展水平的重要因素，权重值分别达到 15.95% 和 15.73%。因此可知，北京市交通需求的上升是智慧交通不断发展的推动力。但激增的交通需求压力也会带来城市土地占用、环境污染等问题，所以在提升北京市智慧交通发展水平时要更加注重需求管理，持续优化出行结构。

从状态层内指标的相对接近度表现来看，2014~2019 年 C 值整体呈稳定上升趋势。由于状态层的相关指标代表着北京市智慧交通的实际运行状况，不难看出在研究期间，北京市在满足城市交通需求、提升城市智慧交通服务质量等方面取得了较好的成绩。从指标来看，高峰交通拥堵延时指数和高峰期平均车速二者的权重占比较大，分别达到了 41.79% 和 30.87%，因此北京市交通通畅程度是影响智慧交通发展水平的关键性因素。另外，相较于 2019 年，2020 年状态层整体的 $D+$ 值突然增长至 0.194，$D-$ 值降低为 0.515，即在一定程度上远离了正理想解，靠近了负理想解，可观测的原因主要是不可控的新冠疫情波动影响了北京市 2020 年智慧交通发展水平。

从影响层来看，2014~2020 年 $D+$ 值呈波动式下降趋势，$D-$ 值呈波动式上升趋势，C 值整体也呈现波动式上升趋势，这说明北京市智慧交通的发展虽然给社会、环境等带来了积极的影响，但这种正影响并不稳定，智慧交通发展水平仍然有待提升。从单个指标权重值来看，道路交通事故死亡人数以及空气质量优良天数比例对北京市智慧交通发展水平的影响较大，权重值分别为 34.31% 和 20.77%。因此，在后期进一步开展智慧交通建设工作时，要积极制定交通安全措施，倡导绿色交通，减轻环境污染。

从响应层来看，观测期内 C 值的波动较大，2014~2017 年呈稳定上升态势，2018~2020 年小幅度下降，跨时空来看 2014~2020 年 C 值整体有上升迹象，这说明北京市为发展智慧交通而制定的一系列规划以及措施是符合发展规律的。在响应层指标选取过程中，研究主要从投资和建设两个角度来衡

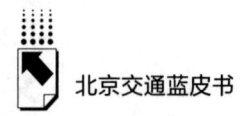

量，通过对数据的挖掘不难发现，C 值的波动轨迹与指标 R1 和指标 R2 的变化不谋而合。所以在某种程度上也说明，北京市智慧交通发展规划的制定以及执行在较大程度上依附于地区财政状况，交通发展反哺经济发展的力量较为薄弱，有许多可以改进的地方。

表5 各准则层 TOPSIS 方法分析结果

准则层	年份	$D+$	$D-$	C	排序
驱动力 D	2014	0.317	0.354	0.528	2
	2015	0.357	0.185	0.341	6
	2016	0.388	0.166	0.300	7
	2017	0.322	0.220	0.406	5
	2018	0.282	0.312	0.525	3
	2019	0.275	0.323	0.540	1
	2020	0.326	0.234	0.418	4
压力 P	2014	0.228	0.243	0.516	2
	2015	0.292	0.148	0.337	7
	2016	0.267	0.136	0.337	6
	2017	0.225	0.194	0.463	4
	2018	0.254	0.165	0.393	5
	2019	0.231	0.219	0.486	3
	2020	0.121	0.327	0.729	1
状态 S	2014	0.521	0.170	0.246	7
	2015	0.445	0.159	0.263	6
	2016	0.441	0.169	0.277	4
	2017	0.444	0.159	0.264	5
	2018	0.403	0.187	0.317	3
	2019	0.088	0.522	0.855	1
	2020	0.194	0.515	0.726	2
影响 I	2014	0.292	0.355	0.549	3
	2015	0.225	0.357	0.613	2
	2016	0.385	0.155	0.287	7
	2017	0.372	0.200	0.349	6
	2018	0.314	0.220	0.411	5
	2019	0.282	0.257	0.477	4
	2020	0.205	0.384	0.652	1

续表

准则层	年份	$D+$	$D-$	C	排序
响应 R	2014	0.525	0.129	0.197	7
	2015	0.372	0.262	0.413	5
	2016	0.280	0.336	0.545	3
	2017	0.083	0.579	0.874	1
	2018	0.171	0.450	0.724	2
	2019	0.364	0.262	0.418	4
	2020	0.562	0.222	0.283	6

资料来源：作者根据相关资料自制。

（五）北京市智慧交通发展水平提升策略

通过对北京市智慧交通发展水平的测算发现，2014~2020年北京市智慧交通发展状态良好，水平稳定小幅提高，整体达到了智慧水平，但处于一般智慧状态。其主要存在以下问题：在驱动力层方面，对地区经济发展有较强依赖性，智慧交通的反哺能力较弱；在压力层方面，交通供给无法满足交通需求，且北京市智慧交通发展对压力层内各指标的变动较为敏感；在状态层方面，道路建设工作持续跟进，但交通拥堵问题仍然突出存在，交通管理水平有待提升；在影响层方面，交通安全问题值得重视；在响应层方面，政府资金支持效果单一，需进一步引入社会资本。

北京市智慧交通发展水平提升策略汇总如图2所示。

1. 推进智慧交通产业化发展，提高自身造血能力

首先，持续推动5G、大数据、云计算、人工智能、自动驾驶等技术与智慧交通深度融合，大力发展新能源汽车、无人驾驶以及自动化等产业，加快实现交通产业转型；其次，以政府为主导，加快成立由智慧交通建设相关企业、金融机构、高校和科研院所等参与的非营利性社会团体，协助组织内成员进行技术沟通和业务合作，保证技术前沿、理念前沿；最后，利用优惠政策引导、规划和帮扶相关企业入驻北京，通过资源整合逐步形成完整产业链，释放企业潜能，提高交通产业价值。

驱动力层（D）	→	对经济发展依赖性强	→	推动智慧交通产业化发展
压力层（P）	→	交通供给小于交通需求	→	提高智慧交通供给能力
状态层（S）	→	交通管理水平有待提高	→	加强交通部门间协作
影响层（I）	→	交通安全问题值得重视	→	布局智能交通管控系统
响应层（R）	→	政府资金支持效果单一	→	优化智慧交通投资结构

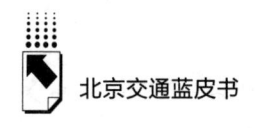

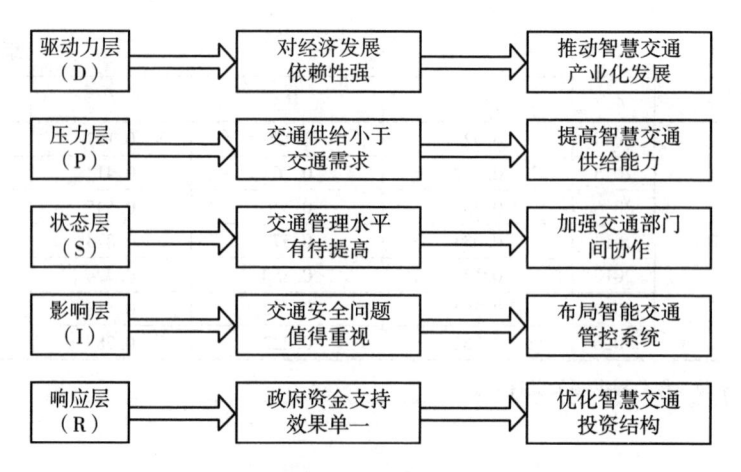

图2　北京市智慧交通发展水平提升策略汇总

资料来源：作者根据相关资料自制。

2. 科学规划基础设施，提高智慧交通供给能力

首先，将交通基础设施建设与地区城市规划相结合，不断完善交通基建项目的事前评估和事后评价机制，提高交通基础设施的使用效益；其次，优化城市交通结构，保障公共交通设施的有效供给，满足多样化的出行需求，避免出现交通布局空白地带；最后，优化对停车场以及停车位的规划布局，推动智慧停车系统的研发与应用，解决"停车难"问题。通过部门联动、技术更新等手段，增加智慧交通供给侧的技术发力点，实现智慧交通的有效供给。

3. 加强交通部门间协作，提高交通管理水平

首先，推动形成跨部门的全方位协调沟通联动体系，打破各级交通部门间的利益壁垒，推动协同办公，提高工作效率；其次，规范各部门间的数据资源，逐步建立统一的交通信息交换和共享平台，整合分散信息资源，减少信息脱节，加强信息服务基建，不断提高城市道路以及交通设施布局的合理性；最后，形成拥堵路段预警机制，并及时将预判数据与高德地图、百度地图等App对接，全面布局信息扩散渠道，确保交通信息及时、准确地传递给出行者，帮助出行者选择合适的出行方式以及路线，提高出行满意度。

4. 布局智能交通管控系统，保障出行安全

首先，全面布局智能信号灯管控系统，强化电子设备抓拍功能、人脸识别功能等，加强对出行者的监督管理，对交通违法行为进行准确捕捉和记录，在约束出行者自身行为的同时，规范交通秩序；其次，加强指示类基础设施的研发和推广应用，如在重要路口安装行人过街提示、在斑马线旁安装"人行道智能光雾道闸系统"以及车载出行安全检测系统等，对出行者的身体状态和交通行为进行实时监测，并通过技术手段将该系统应用到机动车组装环节，保障出行安全。

5. 优化智慧交通投资结构，落实资金保障

当前，智慧交通相关人才培养、技术研发、基础设施建设等都需要投入大量资金，所以需要积极开拓更多融资渠道。一方面，发挥好政府财政性资金、专项资金和科研资金等政府投资的引导和杠杆作用，保证对智慧交通重点项目的持续投入；另一方面，在市场经济条件下，不断探索公共服务和公益性领域建设的多元投融资机制，积极引入社会资本参与运营管理，降低公共服务供给成本，提高智慧交通建设效率和水平。

五 智慧交通赋能北京交通转型的思路

近年来，随着各种信息技术手段在交通运输领域的应用，北京市在交通信息化体系建设方面取得了较大的进步。但在"互联网+"背景下，北京市智慧交通工作仍存在以下问题：感知体系布局不完善，交通基础设施数字化缺乏统一的标准体系；信息系统建设不集约，数据云脑能力建设缺乏统筹；技术和业务融合不充分，智慧交通缺少新技术场景应用；网络安全体系不健全，管理工作需进一步打牢基础；等等。大数据时代，海量信息冲击着社会发展的方方面面，不仅推动着城市的快速发展，还给城市规划带来了新的挑战，北京市交通发展也进入全新"转型期"。因此，需要从思维转型、模式创新、机制改革、平台建设等几个方面对北京交通转型思路进行多角度、宽视野的探讨。

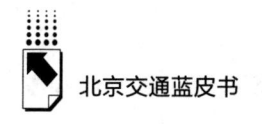

(一)思维转型

第一,从产品思维到用户思维的转变。交通发展要转变原有重速度、重规模的"以物为本"发展思维,换位思考,从细节出发,以用户为中心,满足出行者的个性化出行需求,最大限度提升"用户体验"。第二,从封闭思维到开放思维的转变。北京交通转型必须坚持市场化方向,充分调动一切市场资源融入交通建设工作,同时以开放的理念提供包容性更强的交通服务,扩大北京交通的辐射范围。第三,从系统思维到平台思维的转变。平台模块化、标准化、共享化和服务化的特征,可实现北京交通领域的生态共融、资源共享和价值共创,在数字化、智能化的支撑下构建北京交通新的治理形态,可以增强北京交通运输行业的辐射能力和承载能力。第四,从管理思维到服务思维的转变。智慧交通建设归根结底是为出行者提供更好的服务,特别是在互联网极高渗透率下,出行者的需求更加多元化,北京交通必须以"服务思维"为导向,以满足出行者需求为目标积极布局、统筹规划,进一步提高交通服务水平。第五,从个体思维到生态思维的转变。交通发展过程中任何一环的变化都不是独立演进的,而是由它所处的生态系统共同推动的,在北京交通转型发展过程中必须用生态思维谋划发展,逐步打破行政区划的限制,拓展交通发展的边界,构建参与者互促共赢的交通生态圈。

(二)模式创新

人民群众不断个性化、多样化的出行需求,使交通服务的供给模式由原来的供给追随需求向需求引导供给转变。依赖于新一代信息技术在交通行业的应用与融合,智慧交通的建设与发展不仅能为出行者提供个性化出行服务,还能满足出行者即时需求,实现对出行需求的实时动态响应,推动交通服务供给模式创新。立足于出行者多样化需求,基于共享经济理念,通过平台化运营、定制化服务模式、智能化管理模式,吸引更多行业利益相关者参与智慧交通建设,提高北京交通反哺能力和可持续发展能力,推动商业模式创新。伴随互联网技术的不断革新，智慧赋能、数字转型成为北京交通转型的具体方向，但技术研发和装备制造企业等市场力量一直是交通领域技术创新的中坚力量，作为以营利为目的的经济组织，其经营战略与交通发展战略难免出现错位。因此"十四五"期间，北京交通技术创新必须重视发挥政府这双"看得见的手"。通过发展战略和政策的制定，协调智慧交通上下游企业，保证关键技术的研发，推动技术模式创新。为解决北京交通拥堵和环境污染问题，交通运输结构调整"公转铁"工作必须持续开展，继续推进大宗以及远距离运输货物向铁路有序转移，实现合理分流，不断优化交通运输结构，推动北京交通业务模式创新。

（三）机制改革

第一，强化北京市交通综合治理领导小组的统筹协调作用。北京市交通部门要紧密联合其他单位，通过加强沟通和协作，建立部门间联动机制，确保信息的及时流转和共享，提高规划实施的协同性，确保各部门在交通领域的决策和行动相一致。合理确定重点任务年度安排和行动计划，确保各项工作的有序推进。第二，强化沟通对接与协同规划。建立路市联席工作机制，促进交通部门与市政府的高效协作。通过定期会商、联席会议等形式，就交通规划、项目实施、政策制定等事项进行沟通和协商，推动任务的同步实施。固化高层交流机制，使高级领导层之间能够定期交流，就交通与邮政融合发展等重要事项进行战略性讨论和决策。这将有助于加强领导层之间的理解与合作，推动交通与邮政融合发展的顶层设计和整体推进。第三，在智慧交通建设资金保障方面，着重突出政府在项目全流程中的主导作用，通过加强政府监管，确保交通建设项目的顺利进行，保障项目质量和进度。积极引入私人资本参与交通基建项目，通过公私合作的方式共同投资和运营项目。与优质企业、优质资本建立合作关系，利用其资金实力和管理经验，提高交通基建项目的融资能力和运营水平。通过制定多样化的资金筹措方式，包括发行债券、吸引社会资本投资、引入金融机构参与融资等，不断优化融资结构，确保智慧交通建设资金的稳定供应。

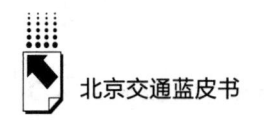

（四）平台建设

智慧交通平台建设是我国工业和信息化部制定的十大物联网示范工程之一，它不仅为城市的道路状态、气象信息、出行路线、路线导航、道路救援等相关信息服务提供可靠的技术支持，还为外部用户（如交警、出行者、保险理赔人员等）提供及时有效的信息服务。这不仅有利于提高城市管理效率，还有利于提升用户的体验，但目前北京市在智慧交通建设方面仍然存在诸多问题，如"数据海洋"与"数据孤岛"现象并存，智能设备单点强、全局弱现象突出，科技新、落地少导致的"科技孤岛"现象显著，等等。因此，必须着力建设在线服务平台、云计算平台、大数据平台等智慧交通统一的共性支撑平台，通过平台建设实现数据共享、信息互联，消除"数据孤岛"现象，提高数据的集成和应用能力。利用平台模块化、标准化、共享化和服务化的特征，促进交通基建的联通、技术的兼容、资源的共享和制度的衔接，提升交通运输的效率、安全性和用户体验，为城市的可持续发展和居民的出行提供更便捷、环保的解决方案。同时，通过迭代创新、融合创新、群体创新，全面推进北京市交通数字化转型和智能化升级，实现交通行业的价值再造。

六 智慧交通赋能北京交通转型的方式

在 SNM 理论的运作过程中，有关智慧交通的技术、市场和组织之间的关系会不断从纵向发展变化为横向促进，通过城市交通的技术生态位、市场生态位、组织生态位的形成和耦合推动城市交通变革，即城市交通转型。在交通强国背景下，智慧交通对智慧城市建设的作用逐步从"提高新技术应用"转变为"提高交通问题的解决效率和质量"，智慧交通的发展被赋予更多含义和期许。因此，在智慧交通赋能北京交通转型的过程中必须始终坚持以交通技术创新为根本动力、以形成科学决策为最终目标、以构建交通协同治理体系为主线，实现综合交通体系和谐有序运转，不断提升出行者满意度，推动北京市交通运输领域降本增效、高质量发展。

（一）交通技术的智慧赋能

第一，在交通运输行业积极引入新一代信息技术，加快实现设备的数字化转型和智能化升级，使交通基础设施具备更高的智能化水平。例如，利用人工智能技术分析交通数据，可以更好地预测交通状况，提前做出调整，以提高交通网络效应和运营效率。5G技术可以为车辆提供更高速的网络连接，实现车联网的应用，提高驾驶安全性。第二，通过构建交通治理云脑、交管执法云脑、出行服务云脑，推动交通数据的共享和开放，实现智慧交通基础设施和应用场景的灵活连接，为市民提供高品质出行服务，并通过整合大量交通数据和智能算法，为城市交通运行、交通管理和出行服务提供强大支持。第三，通过车联网、自动驾驶等技术的应用，逐步推动道路的智能网联化改造，在改善城市交通拥堵的同时，提高交通基础设施的使用效率，降低相关的资源消耗，助力实现碳中和。例如，自动驾驶技术可以通过智能巡航和优化行驶路线，实现更高效的燃油利用和减少交通阻塞时不必要的怠速等，从而减少车辆的能源消耗和碳排放。

（二）交通决策的智慧赋能

在交通运输业与大数据深度融合的背景下，智慧交通建设过程通过对交通运输信息资源分级分类、脱敏、溯源标识技术和综合交通大数据中心建设与互联互通技术进行规范，对交通领域原始数据进行整合、挖掘、清洗、建模和分析，构建决策原始数据库，以实现交通运行特征识别、发展趋势研判、政策效果评估等功能，充分发挥"数据说话、数据决策"的作用。在此基础上通过为交通行业各类组织和行为主体提供准确且清晰的交通信息查询、判定和分析等服务，帮助决策者了解全局数据变化趋势，提高其对交通状态变化的感知、分析和预测能力，支持其情报决策过程，进而达到引导行动决策，改变行为模式的效果。

为了实现这些目标，智慧交通建设需要采用先进的技术手段，例如分布式存储、流计算、人工智能等，其中，分布式存储技术能够实现对海量数据

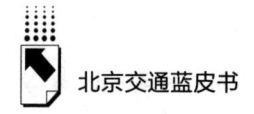

的高效存储和管理，确保数据的可靠性和安全性；流计算技术可以实时处理数据流，快速提取和分析交通数据中的关键信息，支持实时决策和响应；人工智能技术则可以通过机器学习和深度学习算法，挖掘交通数据中的隐藏模式和规律，提供更准确的预测和决策支持。这为智慧交通的发展构建了高效、可靠的数据处理分析平台。

（三）交通治理的智慧赋能

在以移动互联为代表的新一代信息技术"互联网+"时代，智慧交通发展的理念、技术内涵、应用场景和服务对象等都发生了巨大变化。智慧交通已经不再是单一技术或单一产业的发展，而是集成了多个领域和学科的技术和理念，实现了跨领域的集成创新和融合发展。而"互联网+"技术作为一种综合性的信息技术，能够实现跨平台、跨领域、跨行业的数据共享和交互，从而推动智慧交通的整体发展。因此，智慧交通赋能北京交通转型过程中必须依托"互联网+"技术。

"互联网+"技术为智慧交通赋能提供了丰富的工具和手段。例如，通过互联网平台和应用，交通管理部门、交通运输企业、车辆驾驶员和市民等可以实现信息的共享和沟通，形成良好的合作机制，共同参与交通治理和优化、共同推动交通系统的协同发展。通过"互联网+"技术，政府可以跨界整合政府和社会资源、跨时空动员企业和市民力量，推动北京市智慧交通共建共治共享，形成社会合作的基础环境。此外，智慧交通的跨领域、多学科特征，也为城市交通治理提供了更多的思路和创新。

七 智慧交通赋能北京交通转型的途径

"十三五"时期，北京市交通运输服务、交通行业管理、交通管理和执法等方面，都建立了信息化管理系统，基本实现了业务流程管理信息化覆盖；建立了行业大数据中心和数据共享开放机制，在公交线网优化等决策管理领域、一体化出行等社会服务领域，开展了大数据驱动的数字化应用；启动了自动驾驶道路测试、京礼智慧高速建设等工作，开始了智能化、网联化探索。这对推进北京市智慧交通高质量发展，提升交通服务品质，解决公众出行痛点难点问题，促进大数据、人工智能、5G、自动驾驶等新技术在交通行业的创新应用，都发挥着重要积极作用。"十四五"时期，随着大数据、5G、人工智能、区块链等新技术的发展，以及其与交通行业的深度融合，北京市交通行业将进入一个数据驱动、智慧赋能、转型升级、融合发展的新阶段，亟须把握新机遇，统筹规划智慧交通基础设施，深化数据开放共享应用，通过对新技术的创新应用推动制度创新和场景拓展，从而实现高品质的出行服务供给和交通精细化治理。结合北京市交通发展现状及未来形势判断，目前在智慧交通赋能北京交通转型过程中应做到以下几点。

（一）完善智慧交通管理体制

随着智慧交通建设的不断深入，为保证交通运输信息的准确性和一致性，应在坚持交通综合治理工作机制的基础上，积极制定、执行和监督北京市智慧交通建设项目的统一标准和规划。同时，北京市应建立智慧交通管理系统，将各个交通部门的后台数据相互链接，实现数据的共享和交换，并借助大数据、云计算等技术，对原始数据进行精细化处理，以提高数据的准确性和可用性。此外，应根据不同用户的需求，形成异质性、标准化的数据集，并在统一数据平台上发布，方便用户获取信息。为了确保交通信息及时、准确地传递给出行者，还需要积极推广统一的交通数据发布平台，可以通过公益广告、社区宣传等方式，向广大市民宣传交通数据发布平台的使用方法和注意事项。另外，还可以与知名的社交媒体平台如微信、抖音等合作，全面布局信息扩散渠道。这样可以让更多的人获取交通信息，提高出行效率，进而促进城市交通的快速发展。

（二）推动智慧交通创新型场景应用建设

北京市在推动智慧交通应用场景创新时，需要从企业运营、社会出行和交通治理三个方面开展活动。首先，要重点推进智能调度、自动驾驶、信息服务、预约服务、支付服务、管理决策、秩序管控、行政执法和指挥调度等九大领域的应用场景建设，不断优化运输资源供给，调节控制交通需求，提高交通精细化、科学化管理水平。其次，需要建立健全智慧交通新技术场景创新政策机制，不断提升算力、算法和算量，强化大数据平台建设，打造智慧城市数据底座。在应用场景建设的推进过程中，也需要积极开展产、学、研合作，强化与科研院所、大学、企业的研发合作，以技术创新带动智慧交通应用场景建设。同时，需要完善相关的法规政策和标准规范，为智慧交通应用场景建设的推进提供有力保障。

（三）推进交通运输治理体系现代化

在推进北京市交通运输治理体系现代化的过程中，要加强市区两级联动，实现市区协同发展。一方面，要加强各交通分管部门之间的协同合作，建立和完善跨部门、跨领域的工作机制和沟通协调机制，推动京津冀交通一体化合作，实现交通资源共享、信息共享、技术共享、服务共享，从而提高整个地区的交通运输水平和服务质量。另一方面，进一步明确社会参与主体的类型，明确居委会、物业公司、居民在交通治理中的责任，增强其主动参与和责任意识。同时，应积极鼓励企业、社会组织和个人等各类社会力量参与交通治理，为城市交通管理和服务提供更多的智慧、经验和资源。在这个过程中，政府及社区可以通过举办以智慧出行为主题的展览、研讨会、培训等教育活动，积极帮助和引导市民朋友树立智慧出行、文明出行、安全出行的意识。

参考文献

陈艾卉：《秦皇岛市智慧交通发展研究》，硕士学位论文，天津工业大学，2016。

蔡翠：《我国智慧交通发展的现状分析与建议》，《公路交通科技》（应用技术版）2013年第6期。

陈琨、杨建国：《智慧交通的内涵与特征研究》，《中国交通信息化》2014年第

9期。

杜琳：《智慧交通中智慧照明技术探析》，《中国交通信息化》2018年第11期。

邓玉勇等：《我国城市智慧交通体系发展研究》，《城市》2015年第11期。

郭大智：《城市智慧交通发展水平评价指标及方法研究》，《时代金融》2017年第26期。

Murthy, G., Lu, J.J., Rajaram, L., "Evaluation of Intelligent Transportation System Operations Using Logistic Regression Models," *Ite Journal-Institute of Transportation Engineers*, 2013.

韩惊盈：《登哈特新公共服务理论对我国建设服务型政府的启示》，《现代商贸工业》2019年第25期。

黄宇、王妍颖：《基于"互联网+"的智慧交通顶层设计架构》，《水运工程》2016年第10期。

Juan, Z.C., Wu, J.P., Mike, M., "Socio-Economic Impact Assessment of Intelligent Transport Systems," *Tsinghua Ence and Technology*, 2006.

贾兴无：《智能交通安全系统建设规范与评估方法研究》，《道路交通管理》2018年第8期。

鲁剑、欧乾：《浅谈智慧交通前沿与发展趋势》，《四川水泥》2018年第4期。

李明阳等：《城市轨道交通经济可持续发展潜力研究》，《都市快轨交通》2020年第1期。

刘士珺、赵彦杰：《基于车联网技术的智慧交通系统设计与实现》，《互联网天地》2015年第12期。

李文胜：《构建智慧交通应用场景实现高效能治理》，《道路交通管理》2018年第10期。

刘艳锐等：《中国智慧交通的内涵、发展目标与建设思路》，《现代管理科学》2018年第12期。

刘云翔等：《基于模糊区间的智能交通中信息融合性能评估方法研究》，《计算机测量与控制》2014年第6期。

雷志鹏：《试论发展智慧交通的任务和措施》，《新丝路》（下旬）2016年第5期。

Ma, Y., Fries, R., Chowdhury, M., et al., Valuation of Integrated Application of Intelligent Transportation Systems (ITS) Technologies Using Stochastic Incident Generation and Resolution Simulation, 15th World Congress on Intelligent Transport Systems, 2008.

麦伟男：《城市智慧交通评价系统研究》，《江苏科技信息》2018年第14期。

宋波：《新一代智慧交通路侧单元应用技术》，第十三届中国智能交通年会，天津，2018。

孙雨超、李忠军：《新时期基于5G网络的智慧交通建设探究》，《通讯世界》2019年第8期。

Tang, S., Kawanishi, N., Furukawa, R., et al., "Experimental Evaluation of Cooperative

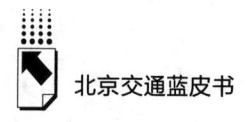

Relative Positioning for Intelligent Transportation System," *International Journal of Navigation and Observation*, 2014.

王筱芳：《智能交通系统ITS的评价方法研究》，《科技视界》2014年第11期。

徐魁：《国内城市智慧交通发展探讨》，《西部交通科技》2017年第1期。

席强敏、李国平：《超大城市规模与空间结构效应研究评述与展望》，《经济地理》2018年第1期。

谢学慧、樊茗玥：《智慧交通系统发展的现状分析及建议——以镇江市为例》，《中国集体经济》2015年第18期。

杨娟：《基于物联网的四川高速公路智慧交通系统设计》，硕士学位论文，西南交通大学，2017。

苑宇坤等：《智慧交通关键技术及应用综述》，《电子技术应用》2015年第8期。

余豫新等：《智能交通评价系统中DEA方法的优化》，《山东交通学院学报》2010年第1期。

赵俊钰等：《智慧交通顶层架构研究》，《邮电设计技术》2013年第6期。

周绍景等：《动态路径推荐算法在城市智慧交通技术中的应用》，《昆明冶金高等专科学校学报》2019年第5期。

张晏铭：《基于宽带移动互联网的智慧交通应用研究》，硕士学位论文，湖北工业大学，2017。

张盈盈等：《智慧交通的定义、内涵与外延》，第九届中国智能交通年会，广州，2014。

赵正松：《智慧城市交通评价指标体系研究》，《信息技术与标准化》2019年第8期。

张志宇：《智慧交通系统设计与实现探究》，《计算机光盘软件与应用》2014年第12期。

专题篇
Special Topics

B.5 北京交通领域平台经济监管对策研究

郑 翔*

摘　要： 当前，交通领域平台经济的发展对现有监管制度提出新的挑战。平台的公共性、"准政府"职能以及平台公共性与资本私利性的冲突是平台经济监管需求的根本原因。北京市交通领域平台经济监管制度建设滞后于实践发展需要、地方政府对全国性经营平台的监管能力不足，以及监管工作协调机制、数据共享机制的不完善影响监管效率。因此，应创新数字交通协同管理以防范平台企业无序调动交通资源，提升数字交通监管能力以应对聚合平台对监管制度的挑战，深度融合应用现代技术以推进智慧执法。

关键词： 交通领域平台　平台经济监管　北京市

---

* 郑翔，博士，北京交通大学法学院教授、博士生导师，主要研究方向为经济法、交通法、老龄法律等。

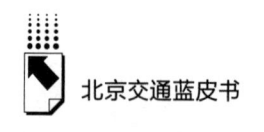

一 交通领域平台经济相关理论界定

交通是经济的脉络、文明的纽带，是既关乎经济又关乎民生的一个领域。随着5G、人工智能、大数据、云计算等创新科技走向成熟，数字交通建设在国家政策的加持下，迎来关键发展期。

（一）平台经济的概念及经济逻辑

互联网平台（简称"平台"）的兴起是数字革命的三大标志性事件之一。[1] 平台作为一种市场组织形式，很早就已经产生。[2] 但当前平台发展已经不可同日而语，在本质和表现形式等多方面产生巨大变化。互联网平台的发展不仅改变了经济发展的形态，而且深刻改变了当前政治、文化、社会发展的样貌。

国家相关法规已经对互联网平台给出明确定义[3]，说明平台整合资源的基础为互联网技术，并且承载着双边或多边主体交互。从法律层面来看，平台、平台内经营者和消费者之间形成错综复杂的法律关系。从《反垄断法》角度来看，互联网平台具有经济价值，该经济价值是由参与主体共同创造的。当然，在实践中还存在着公益性质的平台，但不在本报告讨论的范畴。

平台经济的独特性主要体现在具有多边市场和网络效应、双侧垄断定价和特殊的价格结构以及由此形成的特殊的市场结构，这也是平台经济监管的

---

[1] Andrew, M., & Eric, B., *Machine, Platform, Crowd: Harnessing Our Digital Future*, W. W. Norton & Company, 2017, p. 14.
[2] 平台并非一种新的商业模式，而是一种早已存在的市场组织方式，例如古时的集市、近代的报纸以及现代的超级市场、信用卡组织、互联网平台等。参见王磊《互联网平台竞争监管研究最新进展》，《价格理论与实践》2020年第2期，第25页。
[3] 互联网平台是指通过网络信息技术，使相互依赖的双边或者多边主体在特定载体提供的规则下交互，以此共同创造价值的商业组织形态。参见《国务院反垄断委员会关于平台经济领域的反垄断指南》（国反垄发〔2021〕1号）第2条。

经济逻辑。其形成"强者愈强""赢家通吃"的竞争态势，更容易形成垄断。为了形成良好的交易秩序和行为模式，平台通常制定使用的各项交易规则，形成对平台秩序的控制管理。例如对于拟加入平台的司机，要求其提供充足的相关信息，包括个人信息，平台对这些信息进行审核验证，即对服务提供方进行资质审核；对于平台的用户，要想参与交易，需要按照平台要求去提供相应的信息，包括个人信息，平台会依据这些信息对用户进行"精准画像"，对其进行信用评价。平台企业借助网络技术汇聚大量社会资源，同时利用大数据、人工智能和算法等技术，使其垄断行为及不正当竞争行为表现形式更为多样，与合法行为之间的边界越来越模糊，并且互联网的放大效应，使其危害性极易增强。

（二）平台经济监管需求的原因分析

1. 平台的公共性

根据新治理理论，判断一个组织是否具有公共性，已然"从身份公共性标准转化到行为公共性标准"[①]。虽然平台企业往往是一个私主体，但是由于平台的本质决定其能够促进信息搜集、交易匹配、市场反馈的高效化和精确化，经济关系由简单的买方、卖方变为加入平台匹配的三方主体，具有多重法律关系。平台凭借其市场优势，制定内部规则，控制经营者市场准入、控制资源分配，成为三方关系中的控制方。

2. 平台的"准政府"职能

从实践来看，平台依托市场优势，对处于双边市场两侧的交易方进行控制，通过制定严苛的内部管理规则对其进行行为调整、秩序维护，甚至违规行为的处罚，例如警告、扣分、限流、屏蔽、下架、封号等。这意味着平台实际承担着公共管理之责。这种平台事实上的支配力和影响力，来源于参与交易双方，甚至是对政府的依赖。随着互联网深入交通领域，交通平台已经

---

① 夏志强、谭毅：《公共性：中国公共行政学的建构基础》，《中国社会科学》2018年第8期，第97页。

嵌入交通的各个环节、各个层面，难以摆脱。

3. 平台公共性与资本私利性的冲突

平台经济的市场支配地位使其成为公平竞争的核心环节。实践中已经出现平台利用大数据技术和算法，改变竞争规则以获得额外利润，改变特定行业的竞争态势，甚至重塑传统产业。资本利用平台开展无序扩张、滥用自己的权利和权力，已经引发人们的关注。在实践中，往往出现平台的开放性与其利益最大化相冲突，从私利性出发，平台经营者可能采取"平台二选一"等封闭策略。一旦抛弃了互联网的开放性和正向协同性，就会影响资源的最佳配置，扭曲市场机制的正常作用。

（三）交通运输平台经济的基础理论

互联网在交通运输领域的深入应用催生了网约车、共享单车、共享汽车、无车承运等新交通业态、新交通模式，也促进了交通运输平台经济的发展。交通运输平台经济精准匹配交通资源和交通需求，有效地提高了交通运输服务满意度。随着交通运输平台经济的蓬勃兴起，部分平台业务和运营已暴露出一些明显问题，如低价倾销、欺诈、算法定价，侵害用户个人信息权益，非法经营资金支付结算，侵害新型交通业态参与人劳动保障权益，危害公众利益、网络安全，等等。最严重的是一些超大型平台企业的错误决策会引发系统性风险，甚至扰乱社会秩序、侵害国家信息安全。

交通运输网络平台作为被监管主体和自我监管主体，其信息化技术的发展对行业监管提出挑战。由于平台经济大量采用大数据和人工智能技术，其非法业务和运营往往具有较强的隐蔽性，现有监管措施存在明显技术局限性，难以及时发现和获取违法证据、防范违法行为风险。交通运输行业主管部门应充分运用信息化技术提高监管能力，引导平台经济网络空间和数字社会生产的发展方向，及时介入交通运输平台数字经济基础设施建设，密切跟踪研判数字技术创新应用发展趋势，运用新一代信息技术完善数字中介服务，推进交通运输平台经济生态融合。

（四）交通运输平台经济的监管理念

1. 安全第一、生命至上原则

任何科技发展都是为了造福人类，为人类服务。对交通领域平台经济的监管应当将人类生命权和健康权摆在首要考虑的位置，"安全为首，生命第一"应当是监管中首先需要具备的理念。应坚持以人为本的基本理念，对个人的保护优先于对所有其他功利主义的考量。交通运输平台经济在方便生活的同时，确实带来了诸多的安全隐忧，例如网约车司机侵害乘客人身安全、平台对消费者"大数据杀熟"、平台泄露使用者个人数据等。因此，有效维护社会公众的人身安全、个人信息安全是交通运输平台经济监管需要贯彻的基本理念。

2. 包容创新监管原则

对交通运输平台经济的监管，一方面应避免过度监管导致新业态新技术发展寸步难行，对自动驾驶汽车的发展构成制度障碍，需要为新的技术方法和网络安全对策的实施留出空间；另一方面要避免疏于履行监管职能，损害社会公众利益。

包容创新是指监管者对交通运输平台的发展要持宽容的态度，明确实施监管的目的是促进，既要让新交通运输业态规范发展，也要为其创新提供空间。政府实施监管的目的是鼓励创新。[①] 因为经济发展的核心推动力是创新，鼓励创新也是我国社会治理的根本原则。政府对交通领域平台经济的监管应使其获得生存和发展的空间，并且防范其他力量去扼杀创新。保护创新的空间，推进交通领域的发展，防范扼杀创新，是政府监管应该承担的根本之责。监管要以宽容的态度去鼓励创新，创新往往意味着打破旧的规则，形成新的秩序，只要符合社会发展的潮流、保障社会公共利益，就应该允许存在各种不足，给初创的平台经济成长的可能。

---

① 《优化营商环境条例》第55条规定："政府及其有关部门应当按照鼓励创新的原则，对新技术、新产业、新业态、新模式等实行包容审慎监管。"

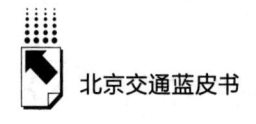

3.有效监管原则

有效监管是指政府对交通运输平台经济的监管必须坚持守住底线，特别是法律底线、人身安全底线和系统性风险底线。人身安全是人民群众最基本的切身利益。对人身安全造成的损害往往是不可挽回的，也是不可完全弥补的。要关注平台经济创新领域可能产生的损害，特别是人身安全方面的损害。交通领域平台企业的经营行为，必须遵守法律规定，这是最基本的行为规范。系统性风险是指能够对政治、经济和社会安全造成不可接受损害的可能性。对于交通领域中的系统性风险，政府应及时预判、规制、应急响应，并给予有效监管。

4.多元共治的公共监管原则

交通运输平台经济的安全性涉及公共安全层面，对交通运输平台经济的监管不仅需要依赖政府的力量，还需要将社会和其他组织联系起来，形成多元化的公共监管模式。通过共建共治凝聚社会资源，实现资源的集约使用和有效利用、实现治理效果的最大化。政府对交通领域平台经济监管的能力和专业水平都是有限的，因此需要尽可能地调动非政府组织的力量维护社会公众的合法权益，消除其发展中的负面影响。

二 北京市交通领域平台经济的现状及监管制度框架

（一）北京市交通领域平台经济的发展态势

1.网约车平台

2016年出台的《国务院办公厅关于深化改革推进出租汽车行业健康发展的指导意见》（国办发〔2016〕58号），是我国出租汽车深化改革的顶层设计方案，明确改革的目标是"逐步实现市场调节"。通过网约车合法化撬动的出租汽车行业市场化改革，引来巨量资金的投入；依托移动互联网"一点接入、全网通行"的特性，网约车行业的全国"一超多强"品牌已经形成，"一超"为滴滴出行，"多强"有T3出行、享道出行、曹操出行、如祺出行等，提供聚合打车服务的高德地图、美团、百度地图、携程以及聚合平台旗下的及时用车、妥妥E行、风韵出行、阳光出行等。企业有了品牌，也就有了进一步提升出行品质的动力。为出行而生、定制车辆产品不断涌现，从最初的D1到东风风神、一汽奔腾、上汽大通等，甚至B端的换电车型，也有正在研发的专用车型；网约车市场的人才队伍不断壮大，如网约车协会的网约车政策智库专家团队日渐壮大，还有逐渐放开的网约车司机从业资格户籍证与居住证限制，人力资源要素在全国流通，助力全国统一网约车大市场的形成。

截至2021年8月，全国325个地级以上城市均有网约车运营，全国网约车行业日均订单2000万单以上。截至2023年2月28日，全国共有303家网约车平台公司取得网约车平台经营许可；各地共发放网约车驾驶员证517.7万本、车辆运输证219.1万本。2021年，全国网约车月均订单6.98亿单，截至2022年10月，月均订单5.95亿单；从2023年7月开始，网约车监管信息交互平台加入了聚合订单的统计与发布；全国每月网约车订单规模在7亿单以上。[①]

网约车兴起时，新老业态之间的矛盾突出，中央政府通过出台改革文件与行政立法，启动了融合网约车、巡游车在内的，以实现市场调节为目标的出租汽车行业深化改革顶层方案，通过严谨的科学民主决策程序，依法推进，下了大决心，也有了一个很好的开端。改革进程中，经国务院批准，由交通运输部牵头，建立交通运输新业态协同监管部际联席会议机制，通过行政检查、行政指导、行政约谈等方式，发挥中央主管部门的协同监管作用，并依托中国交通通信信息中心公布的网约车市场数据、城市企业合规率排名，形成了新业态的新型监管体制机制与方式。各级地方主管部门也纷纷开展新业态新监管方式的探索，如线上检查、信息预警、联合约谈、信用评级等，部分地方如杭州、广州、深圳等率先通过地方性法规进一步强化法治引领，为全国城市探索新路，取得了较好的效果。可以说，引领出租汽车深化

---

① 资料来源于网约车监管信息交互系统。

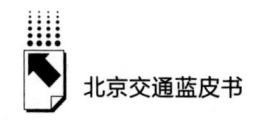

改革的"有为政府"在中国已经日渐成熟。

2. 网约车聚合平台

随着互联网经济的发展，网约车运营模式也在发生变化。2017年，高德地图率先推出网约车聚合模式，随后百度地图、美团等也陆续上线了网约车聚合服务。从2019年上半年开始，网约车聚合平台运营模式盛行，使得中小型网约车出行平台企业在全国各地异军突起。2021年以来，出行市场格局开始发生变化，网约车聚合平台的快速发展，搅动了这个行业的一池春水。2022年，华为、腾讯也先后入局。

相较于其他商品或者服务，网约车需要一个较大的初始规模才可以提供服务，这是网约车经营极为重要的特征。聚合平台作为轻资产运营模式的代表，为其他网约车平台企业提供流量，被称为"平台的平台"，被众多企业接受和推崇。聚合平台则通过聚合的方式解决了供给的规模问题，积少成多、抱团取暖，满足了供给的初始规模要求，这是比所谓的"流量"更重要的需求，也就是说平台内的小型网约车企业既是竞争对手也是合作伙伴。聚合平台有极大的动力去扩充更多的小型网约车经营企业，以扩大平台的供给规模。因为供给的规模是网约车行业经营的竞争优势，规模越大，服务的可靠性越高，竞争优势就越大，可靠性是服务质量最重要的内容。

网约车行业的特点促进了聚合平台的发展，也凸显了聚合平台的价值，聚合平台有以下三大价值。

第一，大大降低了网约车经营门槛，优化了行业结构，特别是避免了行业少数企业独占市场，高度垄断的问题，这是聚合平台最大的价值。

第二，小型网约车企业承担风险的能力较弱，聚合平台在理论上可以提高行业整体抗风险的能力。聚合平台的出现确实在丰富流量导入、完善客户结构、优化资源配置等方面，弥补了自营平台的不足。尽管现在聚合平台的客单价可能比自营平台略低，但司机的流水贡献占比，已经完全不容小觑。恰恰是聚合平台的发展模式，能够有效地解决特殊客群用车中的痛点和难点。一站式的流量入口、海量数据的交叉匹配、超强算力的平台系统、更多场景的应用体现，这些优势远非传统的自营平台可以匹敌。网约车行业已经进入一个中盘阶段，出现了中小平台辐射的城市地区数量不多、车辆类型相对有限、难以满足"快考全优"等问题，存在差异化的诉求。而聚合平台则可以集全网资源来满足高频乘客的各项合理诉求，尤其是在不改变各自营平台现有资源的前提下，聚合平台能够进一步提升自营平台的运力价值。

第三，聚合平台可以帮助监管部门管理众多的小型网约车企业，相较于管理部门，聚合平台管理的方式更多、更灵活、更有效。因为对于聚合平台而言，虽然不直接参与司机的招募及管理，也不直接参与运力服务平台的定价，但是聚合平台依旧可以利用其平台的推荐机制和算法对系统的派单服务进行选择。聚合平台符合《电子商务法》对电子商务平台的定位，提供的就是经营场所、交易撮合、经营服务，它的基本性质是经营者的平台。中国城市公共交通协会于2023年9月颁布的团体标准《网络预约出租汽车信息聚合平台运营服务规范》（T/CUPTA 037—2023）将聚合平台定性为"电子商务平台"，重点在安全运营保障、相关方安全建设、线上服务能力、投诉和纠纷处理、资金安全与损失赔偿等方面提出行业自律规范，也提供了很好的行业第三方参与治理及监管参考依据，有利于聚合平台高质量发展。

3. 共享自行车平台

"共享自行车"是近年来创新的自行车租赁运营模式，又称为"共享单车""互联网公共自行车"。共享自行车提供了更加便捷的接驳出行服务，深受广大市民欢迎，也有效抑制了"黑摩的"等非法营运现象，助力节能减排。

共享自行车的起步发展阶段为2016年8月到2017年2月，这期间摩拜单车开始进入北京，OFO也从校园出行走向城市公共出行。2017年3~9月是共享自行车的快速发展阶段，小蓝单车、酷骑、永安行等企业相继进入北京运营并大量投放共享自行车，2017年9月，进入北京运营的企业有16家，投放车辆数峰值达到235万辆。2017年9月开始，单车的大量"淤积"，出现了一些负面影响，北京市交通委员会及时叫停了一些投放，同时有些企业由于经营或资金问题陆续退出了市场，运营车辆有所减少。2018年，在京运营的共享单车企业有9家，运营车辆总数约191万辆。在北京

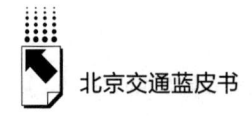

市运营互联网租赁自行车的企业共3家，北京摩拜科技有限公司、上海哈啰普惠科技有限公司、广州骑安科技有限公司已按规定将运营车辆信息接入北京市互联网租赁自行车监管与服务平台，并接受市、区、街道（乡镇）管理部门的监督管理。2022年累计骑行量9.68亿人次，比2021年增长1.66%。[①]

截至2022年底，北京市核心区所有轨道站点均已实现电子围栏监测管理，朝阳区、海淀区、丰台区、石景山区轨道站点电子围栏覆盖率达到50%以上，其他区启动建成区全区域入栏管理工作。市级管理部门组织各区开展停车设施规范性核查，及时整改未按标准施划的停放区，引导市民文明有序停放，车辆停放秩序有明显改善。

共享自行车在发展的同时出现了过量投放、无序停放、行业监管难等一系列问题，引发了社会公众和媒体的广泛关注。直到现在，共享单车在北京也是舆情关注的一个热点。

4. 网络货运平台

网络时代下，各行各业都纷纷运用互联网技术，物流行业也不例外。随着无车承运人试点的完美收官，2022年初国家正式颁布的管理办法把无车承运人改为"网络货运"。网络货运发展至今，优势越来越明显，在未来物流行业的发展进程中，网络货运有不可替代的价值。物流企业通过转型网络货运，可以有效地合理优化自己的运力结构，实现运力资源池的高效运营。物流企业可以通过优米拉网络货运平台，将自身的物流数据进行整合，梳理企业长期的合同运力、临时运力和自由运力，从而优化运力结构；可以通过标准化的作业流程来搭建完善的运力体系，从而提升车货匹配的效率；可以拥有自有运力、合同运力以及临时运力等多种运力资源，完成智慧化的总调度。

网络货运可以理解为是采纳"线上撮合交易、线下安排货源"的方法。由此，企业可开展大宗产品贸易事务：一是依托高速公路、港口、航电、机场建设项目，并通过所需的钢材、水泥、河沙、工程设备等大宗物资，扩展

---

① 《关于互联网租赁自行车行业2022年下半年运营监管情况的公示》。

"会集采购、统一配送"的范围，降低建设成本；二是依托大宗物资上下游需求客户和资金本钱优势，通过渠道公司不断拓展粮食、煤炭、矿石、化工品、轿车、机械设备、电子产品、农产品、建材等大宗物资内外贸事务，逐步形成大宗产品买卖市场。网络货运平台具有整合资源、提高物流效率和降低成本的作用，为直采运力提供了条件。但要想帮助客户消除众多障碍，只依靠平台的客观、先天条件还不够，质量好的运力的实现还需要平台的方案服务能力，这也是平台经营者的竞争力之一。网络货运平台要把信息流、商流、物流、资金流以及票据流数字化，通过数字化成为整个物流产业链的枢纽。平台在实现多方面数字化后，可进一步拓展供应链金融服务，开展后续增值业务。

我国主要的网络货运平台包括以下几个。

（1）货拉拉

货拉拉（Lalamove）2013年成立于香港，2014年进入中国内地和东南亚市场，是一家互联网物流服务平台，创始人兼CEO为周胜馥。用户可以通过手机App，一键呼叫在平台注册的附近车辆，完成同城即时货运。货拉拉致力于整合社会运力资源，为个人、商户、企业提供物流解决方案，搭建专业的互联网物流服务平台。

（2）运满满

运满满成立于2013年，隶属于江苏满运软件科技有限公司，是国内知名的货运调度平台和智慧物流信息平台，一方面推动物流行业降本增效，另一方面联合生态伙伴，搭建基于重卡全生命周期和整个公路战线物流的全产业链消费服务生态体系，致力于推动公路物流更快、更好地向自动化、智能化发展。

（3）货车帮

货车帮——中国较大的公路物流互联网信息平台，建立了覆盖全国的货源信息网，并为平台货车提供综合服务，致力于做中国公路物流基础设施。满帮集团——2017年11月27日，江苏满运软件科技有限公司（运满满）与贵阳货车帮科技有限公司（货车帮）联合宣布战略合并，共同成立满帮集团，由张晖担任集团 CEO。满帮集团坚持以技术为导向，以交易、金融服务、车后、智能驾驶为核心业务布局。借助互联网、大数据及人工智能技术，满帮集团改变了传统物流行业"小、乱、散、差"的现状，被誉为中国干线运力的基础设施。

(4) 快狗打车

五八到家旗下核心平台，专注于打造迅速、实惠的同城货运服务，提供搬家、配送、拉货等整车同城货运服务的物流解决方案。快狗打车（原58速运）于 2014 年 9 月正式上线，是以短途货运为切入点，实现基于用户位置下单、司机系统派单、在线支付及服务评价的全流程交易闭环的同城货运交易服务平台。快狗打车以全流程闭环的线上交易平台和海量社会化运力为基础，有效满足个人、小商户、大中型企业客户的不同类型短途货物运输需求。

快狗打车作为同城货运交易服务平台，通过智能运力调配，整合货运供需信息，迅速匹配车辆，推动短途货运服务的标准化升级。目前，快狗打车的业务范围已覆盖 6 个国家及地区 339 个城市的近 800 万名用户。快狗打车于 2017 年 8 月与 GoGovan 合并，GoGovan 专注于中国香港、韩国、中国台湾、新加坡市场的同城短途货运服务，并在中国大陆服务多家企业客户。合并后，快狗打车会继续巩固在短途货运服务方面的优势，并在企业服务和海外市场方面持续发力。

(5) 唯捷城配

唯捷城配成立于 2014 年，2015 年 7 月在上海成立管理和运营总部。唯捷城配以仓配一体化为主要服务产品，聚焦餐饮和商超两条主线，服务品牌商、渠道商和连锁终端三类客户群，是国内城配行业领先服务商。截至 2021 年 7 月，唯捷城配在上海、厦门等 48 座城市开展业务运营，助力数百家全网与区域性的客户高速良性发展；唯捷城配拥有丰富的仓储和车辆资源，其中多温仓储面积 460000 平方米，核心运力车辆 4000 余台，外协车辆 20000 余台；唯捷城配自主研发"天穹"智能城配系统，已迭代至 3.0 版本，该系统经过市场验证，可有效助力客户物流信息化水平升级。

（6）滴滴货运

滴滴出行旗下同城货运平台，于 2020 年正式推出，依靠滴滴出行的品牌影响力，成为国内发展较快的同城货运品牌。滴滴货运主要开放的车型有小面、中面、小货车、中货车、依维柯五类，均面向同城配送市场，首批落地成都和杭州，随后又进入上海、重庆、南京、苏州、宁波和金华等多个城市。

（7）福佑卡车

专注于整车运输的互联网交易平台，致力于提供整车运输服务的在线车货匹配的物流 O2O 平台。福佑卡车是专注于城际整车运输的科技物流公司，以大数据和 AI 驱动整个运输节点的智能化重构，为货主企业提供质优价优的阳光整车运输服务。福佑卡车是国家无车承运人试点企业，与京东物流、顺丰速运、德邦快递等企业达成整车业务合作。

福佑卡车获得了中银集团投资有限公司、经纬中国、京东物流、君联资本、钟鼎创投、普洛斯等投资机构逾 7 轮股权融资。2015 年 3 月上线以来，福佑卡车沉淀了大量真实的交易数据，涵盖整车价格、线路、车辆信息、司机信息等维度。以海量数据为基础，用机器学习、运筹优化等技术，对询价、调度、运输、结算等业务节点进行 AI 赋能，提升行业效率。

目前，福佑卡车整车运输业务覆盖 30 个省（区、市）（除港澳台、西藏），平台整合多元化运力，包括自有车队、外协车队、个体司机等，以海量的运力资源满足货主的多样化需求。在全国 30 个省（区、市）93 个大中型城市设有分支机构，运行线路覆盖全国 90% 以上的地级市，服务的货主企业已突破 8 万家，包括顺丰速运、京东物流等企业。

（8）驹马

专注城市物流专车配送，为货主提供同城物流配送、冷链配送、商超配送、食品配送、家具家电配送、落地配等一系列服务。四川驹马企业管理有限公司（以下简称"驹马"）自 2011 年起从事城市物流配送服务，并于 2015 年启动全国战略，2016 年启动互联科技驱动战略。目前，已成为国内覆盖范围较广、自有车辆较多的城市配送服务商。

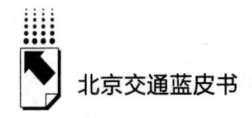

服务型租赁是驹马针对各类直客和物流企业开发的全新运力整租模式，区别于市场上传统卡车租赁方式，驹马创新性地将车辆租赁业务和货运代驾业务进行合并，形成完整的运力单位进行租赁。除了提供租赁车辆外，还将配套提供司机、标准化管理以及车辆相关的维养、年审、保险、油卡、系统支撑等服务，在通过服务型租赁保障客户充足运力的同时有效降低客户运营成本，真正让用户使用无忧。目前，该业务已在成都、贵阳、长沙、上海、天津、武汉、南京、西安、郑州、杭州等多地同步上线，为货主企业和城配同行带来前所未有的运力体验，助力现代物流行业高效发展。

(9) 易货嘀

"城市物流专家"易货嘀是上市公司杭州传化智联旗下的大型城市物流平台，是定制化一站式城市物流解决方案提供商，定位为公路物流平台整合服务商。易货嘀拥有固定车队和司机，平台注册司机10万+，通过定制化一站式城市物流解决方案，帮助客户有效降低运输成本超过40%。

针对细分行业属性，为企业级客户提供定制化一站式城市物流解决方案，为小微货主和个人用户提供网约货车同城货运服务，"轻松一嘀，速达全城"。根据客户需求灵活建仓，有效运营，通过智能化的管理模式，为客户提供仓配服务。集结社会运力、个体司机，为其提供培训、信息化管理、增值服务，并为优质车队提供稳定货源。面向物流企业、3PL、车队运力等，提供城市加盟业务，共享优质资源和收益。企业增值服务包括应收账款保理、保险、代收货款、融资租赁、车队管理、API对接、定制化SOP等金融及技术支持。

(10) 中国物通网

成立于2008年的物流信息网，是货运物流公司、货车、快递公司、搬家公司、托运公司、海运公司、空运公司、发货商的汇聚地，是拥有丰富的中国物流信息、社会需求面广、实用性强的物流行业网站，是免费提供物流信息发布及货运信息查询、物流查询服务的一站式发货平台。北京物通时空网络科技开发有限公司成立于2008年9月，是一家致力于物流行业信息化服务的国家高新技术企业、国家发改委专项资金支持企业。

经过多年的发展壮大，北京物通时空网络科技开发有限公司已成为国内物流信息化服务领域的企业，针对物流行业信息化实施的各个方面，公司构建了成熟的产品服务体系，主要包含中国物通网物流信息平台、WTBDS 物通北斗车联网智能管控平台、中国物通网定位管控智能配货终端、中国物通网多式联运一站式在线发货服务平台、物通 WTMS 物流管理系统、物通移动智能终端软件等产品。凭借技术力量和丰富的物流经验，北京物通时空网络科技开发有限公司为广大物流企业提供业务推广信息化、运输过程信息化、企业管理信息化的全套成熟信息化解决方案，让物流企业随时随地都可以通过互联网和移动互联网轻松地开展业务与在线掌控货物运输全过程，提升物流企业的信息化程度。

为切实保障货运物流特别是重点物资、邮政快递等快速通行，2022 年 4 月 30 日起，北京市启用了全国统一式样的《北京市重点物资运输车辆通行证》，并同步上线北京市智慧货运综合服务平台，该平台可为企业提供通行证线上申请、审核、发放、下载、核验、回收等全流程服务。截至 2022 年 5 月，该平台共注册企业 2974 家，审核企业重点物资运输需求 2595 单，审批通过车辆总数 21827 辆。北京市智慧货运综合服务平台为行业用户提供货运信息查询、信息上报、在线办理等一站式服务，服务覆盖危险货运道路运输电子运单、网络货运信息监测、新能源补贴数据接入、通行证件在线办理等多项内容。

（二）北京市交通领域平台经济监管的制度

为促进数字经济高质量发展，助力打造中国数字经济发展"北京样板"和全球数字经济发展"北京标杆"，积极发挥新兴领域地方立法的试验性作用，北京市加快推进数字经济地方立法，相关内容也涉及交通领域平台经济的监管适用。

1. 与平台经济相关的制度

（1）《北京市优化营商环境条例》

2020 年，北京市第十五届人民代表大会常务委员会通过《北京市优化营商环境条例》，该条例于 2022 年修正，共六章八十三条。该条例明确优化

营商环境应当坚持市场化、法治化、国际化原则，以市场主体需求为导向，持续深化简政放权、放管结合、优化服务改革，构建以告知承诺为基础的审批制度、以信用为基础的监管制度、以标准化为基础的政务服务制度、以区块链等新一代信息技术为基础的数据共享和业务协同制度、以法治为基础的政策保障制度。

(2)《中国（北京）自由贸易试验区条例》

2022年3月31日，北京市第十五届人民代表大会常务委员会第三十八次会议通过《中国（北京）自由贸易试验区条例》。该条例明确了自贸试验区的发展定位和管理体制，并规定了推动投资开放与贸易便利、促进数字经济发展、完善金融服务等方面内容，于2022年5月1日起施行。从制度探索到产业发展、从投资便利到人才保障，该条例将自贸试验区设立以来已落地的制度性措施上升为法规条文，对正在试验的改革事项做出指引性、前瞻性规定，为自贸试验区建设发展按下"加速键"。

(3)《北京市城市更新条例》

2022年11月25日，北京市第十五届人民代表大会常务委员会通过《北京市城市更新条例》，该条例自2023年3月1日起施行。为了落实北京城市总体规划，以新时代首都发展为统领推动城市更新，加强"四个中心"功能建设，提高"四个服务"水平，优化城市功能和空间布局，改善人居环境，加强历史文化保护传承，激发城市活力，促进城市高质量发展，建设国际一流的和谐宜居之都，根据有关法律、行政法规，结合北京市实际制定该条例。该条例明确充分利用信息化、数字化、智能化的新技术开展城市更新工作，依托智慧城市信息化建设共性基础平台建立全市统一的城市更新信息系统，完善数据共享机制，提供征集城市更新需求、畅通社会公众意愿表达渠道等服务保障功能。实施低效产业园区更新的，应当推动传统产业转型升级，重点发展新产业、新业态，聚集创新资源、培育新兴产业，完善产业园区配套服务设施。

(4)《北京市数字经济促进条例》

2022年11月25日，北京市第十五届人民代表大会常务委员会通过《北京市数字经济促进条例》，该条例于2023年1月1日起施行。该条例共九章五十八条，分别为总则、数字基础设施、数据资源、数字产业化、产业数字化、智慧城市建设、数字经济安全、保障措施和附则。该条例将数字经济界定为以数据资源为关键要素，以现代信息网络为主要载体，以信息通信技术融合应用、全要素数字化转型为重要推动力，促进公平与效率更加统一的新经济形态。

2.与交通网络平台监管相关的制度

（1）《网络预约出租汽车经营服务管理暂行办法》

2016年7月27日，由交通运输部、工业和信息化部、公安部、商务部、工商总局、质检总局、国家网信办发布，2019年第一次修正，2022年第二次修正。该办法的制定是为了更好地满足社会公众多样化出行需求，促进出租汽车行业和互联网融合发展，规范网络预约出租汽车经营服务行为，保障运营安全和乘客合法权益。

（2）《北京市人民政府办公厅关于深化改革推进出租汽车行业健康发展的实施意见》

2016年12月21日，该实施意见由北京市人民政府办公厅发布，主要内容包括明确出租汽车行业定位、深化巡游车改革、规范网约车发展等。

（3）《北京市网络预约出租汽车经营服务管理实施细则》

该细则于2016年12月21日，由北京市交通委员会等部门联合发布，细化了网约车平台公司、车辆、驾驶员的相关许可和要求，鼓励巡游车转型升级。按照"统筹、规范、有序发展网约车，鼓励巡游出租汽车企业转型提供网约车服务，实现网约车与巡游出租汽车错位发展、差异化经营"，对网约车平台公司、车辆和驾驶员实行许可管理，规范网约车平台经营行为，建立多部门的联合监管机制，加强事前事中事后全过程监管，并且明确了法律责任。

（4）《北京市私人小客车合乘出行指导意见》

该意见于2016年12月21日，由北京市交通委员会等部门联合发布，提出了平台从事私人小客车合乘服务的要求。从保障乘客安全出发，明确了开展私人小客车服务驾驶员的条件和合乘信息服务平台应履行的义务，明确了网约车平台公司不得以合乘、顺风车名义提供网约车服务，也不得以顺风

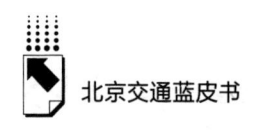

车名义进行其他非法营运活动的意见。

（5）《网络预约出租汽车车辆技术要求》

2017年7月25日，北京市交通委员会运输管理局和北京市交通标准化技术委员会发布《网络预约出租汽车车辆技术要求》，明确了网络预约出租汽车的技术规范。

（6）《北京市非机动车管理条例》

2018年9月28日，北京市第十五届人大常务委员会通过该条例，共七章三十五条，自2018年11月1日起施行，旨在加强非机动车管理和保障道路交通有序、安全，维护公民、法人和非法人组织的合法权益。对共享自行车实施总量控制，明确提出不发展电动自行车租赁。该条例对共享自行车明确了几项重要规定：一是明确实施总量调控，引导规范企业开展互联网自行车的租赁服务；二是明确企业义务，明确企业履行经营数据的接入、车辆质量、承租人管理、维护车辆停放秩序、押金管理等八个方面的义务，并由交通行政主管部门实施监管和进行处罚；三是明确交通行政管理部门的职责，制定行业发展政策、规范和标准，建立监管平台；四是对共享自行车实施制度管理。

（7）《北京市互联网租赁自行车服务质量信用考核办法》

为规范互联网租赁自行车行业发展，落实互联网租赁自行车运营企业主体责任，2018年10月26日，北京市交通委员会印发《北京市公共自行车区域服务质量考核办法（试行）》，该试行办法对互联网租赁自行车行业实施考核管理。2020年3月，北京市交通委员会制定出台《北京市互联网租赁自行车行业管理与考核办法（试行）》，进一步明确了总量调控与考核管理的相关规定。为加强北京市互联网租赁自行车行业管理，规范企业运营服务，提高企业管理水平和行业服务质量，根据《北京市非机动车管理条例》等有关规定，2021年4月4日，北京市交通委员会研究制定了《北京市互联网租赁自行车服务质量信用考核办法》，将运行监测、秩序管理、用户管理、企业服务等纳入考核。依据年度车辆运行监测，在次年第一季度开展区域车辆投放总量评估。在总量需要增加的情况下，优先核增服务质量较好、符合该市政策鼓励方向的企业；在总量需要减少的情况下，重点核减服务质量较差的企业。

（8）《北京市互联网租赁自行车服务质量信用考核标准及评分细则》（修订版）

为进一步做好北京市共享单车行业运营服务质量考核工作，依据年度工作安排，北京市交通委员会印发了《北京市互联网租赁自行车服务质量信用考核标准及评分细则》（修订版），结合已完成的考核实际，本着更优化考核流程，更体现公平、公正原则，对《北京市互联网租赁自行车服务质量信用考核办法》（京交停车发〔2021〕6号）附件（《北京市互联网租赁自行车服务质量信用考核标准及评分细则》）中部分指标考核内容、计分方式进行了修订完善。该修订版本自2022年5月1日起施行。

（9）《道路货物运输及站场管理规定》

2005年6月16日，交通部发布《道路货物运输及站场管理规定》，根据2008年7月23日《交通运输部关于修改〈道路货物运输及站场管理规定〉的决定》第一次修正，根据2009年4月20日《交通运输部关于修改〈道路货物运输及站场管理规定〉的决定》第二次修正，根据2012年3月14日《交通运输部关于修改〈道路货物运输及站场管理规定〉的决定》第三次修正，根据2016年4月11日《交通运输部关于修改〈道路货物运输及站场管理规定〉的决定》第四次修正，根据2019年6月20日《交通运输部关于修改〈道路货物运输及站场管理规定〉的决定》第五次修正，根据2022年9月26日《交通运输部关于修改〈道路货物运输及站场管理规定〉的决定》第六次修正。

（10）《网络平台道路货物运输经营管理暂行办法》

2019年9月9日，交通运输部、国家税务总局在系统总结无车承运人试点工作的基础上，制定了该办法。将"无车承运"更名为"网络平台道路货物运输经营"，并对其定义和法律地位进行了明确界定。同时，贯彻落实"放管服"改革要求，以不增设许可、不突破既有法律法规为基本原则，确定了网络货运经营条件，放宽了市场准入限制，鼓励发展新业态。

2019年9月24日，交通运输部办公厅组织编制了《网络平台道路货物运输经营服务指南》、《省级网络货运信息监测系统建设指南》和《部网络货运信息交互系统接入指南》等相应的配套制度。

（三）北京市交通领域平台经济监管存在的主要问题

1. 监管制度建设滞后于实践发展需要

作为一种新业态和新模式，交通领域平台经济具有技术更新快、影响范围广、跨领域运营等特点，使现有的交通监管制度滞后性的问题突出。北京市现有关于交通领域平台经济监管的制度主要是对网约出租车平台进行规范，并没有对后出现的聚合平台、货运平台等进行规范。

2. 地方政府对全国性经营平台的监管能力不足且角色混同

交通运输监管部门对交通领域平台经济的管理不仅是监管者，还要承担市场促进职能。从北京市交通管理部门来看，地方交通管理机构很难去监管跨区域经营的平台经济，相关信息的获取和处罚职权的限制都使地方交通管理机构很难作为。此外，北京市地方行政监管机构需要考虑北京作为首都，具有特殊性，针对平台经济具有的"一点运营、全国服务"的特征进行监管的能力还不足。

3. 监管工作协调机制不完善

交通领域平台经济虽然是交通管理部门承担主管职责，但是交通领域平台经济具有跨领域、跨地区经营的特点。交通领域平台经济的监管，不仅是交通管理部门的职责，还涉及市场监管等诸多部门，各部门之间的权责范围容易混淆，也容易出现不协调的问题。北京市监管部门还未建立有效的联动和协同机制，既因难以形成监管合力而影响监管效果，也给平台企业造成困扰。

4. 数据共享机制不完善影响监管的效率

政府要想对交通领域平台经济进行监管，就需要准确了解交通平台日常经营活动的具体状况，特别是反映交通需求和交通资源的相关数据。但是交通平台掌握的这些数据不能及时准确地与政府监管部门进行共享，影响了监管的有效性。从平台企业的角度看，交通管理部门在日常工作中生成、采集和保存了大量交通领域数据。这对于交通平台而言，是可以利用和深入挖掘的，有利于提高与完善企业运营效率和治理机制。这些数据之间的共享机制还不完善。

三 北京市交通领域平台经济监管对策的完善建议

（一）创新数字交通协同管理，防范平台企业无序调动交通资源

当前，北京正全面加快全球数字经济标杆城市建设，数字交通是数字经济发展的重要领域。随着城市一体化交通向着"智慧、数字、绿色、韧性"的方向发展，交通领域平台经济这一新业态快速壮大，在为市民带来出行便利的同时，对现有城市治理提出了新挑战。专家建议通过完善交通平台协调监管机制、约束交通平台垄断行为、实施大型商业活动备案审批，推进交通领域平台经济健康有序发展。

交通平台可以采集、汇聚交通数据，调集和使用大量交通资源，在为市民带来出行便利的同时，对城市交通和社会经济安全造成前所未有的影响，未来甚至可能被资本及其他利益主体裹挟，给交通管理和城市安全带来系统性风险。北京交通大学北京综合交通发展研究院郑翔、王超、陶杨研究认为，北京在积极推动交通领域智慧化、数字化发展的同时，应防患于未然，就规范平台企业管理、防范交通资源无序流动引发的交通管理风险及早制定应对之策。

1. 平台企业无序调动交通资源造成的城市管理难点

（1）平台企业调动交通资源的巨大潜力不容小觑

数字交通平台可以通过网络收集大量交通数据信息，调动和聚集大量交通资源，并通过信息技术精准地匹配交通资源和社会交通需求，提高交通资源利用率。但若是出于自身商业目的，通过大规模促销等活动，在短时间内制造出额外的交通出行需求，调动没有必要的交通服务供给，就会给道路交通设施带来难以承受的压力，严重影响区域正常交通秩序。例如 2022 年 8

月，滴滴平台推出的"猜地点来回免单"活动，造成西单地区交通长时间拥堵，引发社会高度关注。

(2) 平台企业滥用市场优势行为难以界定和规制

在互联网与城市交通深度融合的交通领域平台经济中，几家大型网约车平台和大型货运服务平台已经摆脱"野蛮生长"阶段，形成网约车和货运物流平台寡头垄断市场。大型交通平台拥有的车辆更多、服务的地域更广、乘客的等待时间更短，因而对乘客更有吸引力；拥有更多乘客的平台进而能吸引更多的车辆加盟，这种双边市场模式加快与扩大了交通资源集中的速度和规模。平台企业利用数据优势和大数据技术对用户和从业者利益造成挤压：一方面，用算法定价"大数据杀熟"，侵害交通参与者权益；另一方面，在入驻时要求"二选一"，利用算法层层加大交通新业态劳动者的工作强度，使其成为"困在算法的人"。

(3) 聚合平台引发的社会性系统风险跨领域监管难度大

除了各类单一交通平台外，高德地图和百度地图等聚合平台也一站式接入多个交通平台提供的同类服务。从网约车监管信息交互平台发布的2022年9月网约车行业运行基本情况看，聚合平台完成的订单达到1.35亿单，占当月全部网约车订单的近1/4。聚合平台由于体量巨大，撬动的交通资源更加庞大，并且可以将其交通领域优势扩展到其他领域，进一步加大系统性风险，加剧跨领域监管难度。另外，聚合平台打通不同经济领域用户数据，使用大数据技术更为精准地对用户画像，容易造成不敏感数据经聚合后形成敏感数据。一旦被不当使用，会造成严重后果。

2. 创新数字交通协同管理应对措施的建议

(1) 完善交通平台协调监管机制

一是完善三类主体（交通运输人员及车辆、交通平台企业和聚合平台企业）的资质审查标准和程序。制定相关规范明确交通运输平台对依托平台经营人员及车辆的内部审查机制，明确聚合平台对接入的网约车平台内部审查机制。二是建立交通管理、市场监管、信息监管、网络安全管理等多部门的协调监管机制。这种机制不能仅限于形式审查，也不能局限于地方经济影响层面，而应将平台撬动的交通资源归位于国家经济体系发展整体层面，对平台经济整合资源能力和发展规律做提前预判，通过对经济整体安全防控数据的深层次挖掘和应用，增强交通资源无序流动的风险感知和化解能力。三是依托信息化技术，提升数字交通的监管能力。可以改进当前交通平台分类监管方法，按照数据、算法和交通平台等不同类型实施定制化和个性化监管。平衡交通需求与供给，推动城市交通精准治理，实时动态调整监管的目标方向。

（2）针对交通平台垄断行为制定反垄断熔断条款和纾解机制

大型交通平台往往以技术特性、市场创新等名义从事垄断行为，这种垄断行为具有一定的隐蔽性，但其本质是对垄断利益的追求。从切断利益激励的角度来看，应建立垄断行为的熔断条款，针对交通平台调动交通资源流量设定明确指标，例如以网络平台特定区域和时间内接单数、特定区域和时间内下单数等为指标，设定相应标准，如超过10%则停止相关交易活动，确认资源流动平缓后，再恢复相应的交易行为。此外，通过大数据技术分析交通需求的真实性，利用现有的城市轨道、定制公交等交通需求预约机制，将刚性交通需求和弹性交通需求区分开来，设立交通交易熔断条款对应的纾解机制，提高交通供给的精准度和有效性。

（3）建立大型促销等商业活动事先备案制和审批制

建议建立平台企业大型促销等商业活动事先备案制度，尤其是针对特殊地理区域（如首都核心区、敏感地区等）的活动方案，需要提前申报获得交通管理部门、市场监管部门审批许可。要求交通平台明确说明总量规模，如促销手段、补贴规模、参与车辆、人数规模等，并提供商业营销行为的影响力评估预测报告和相应的应急预案以申请许可。在许可审批时，设置紧急状况触发点，当交通需求和服务外溢占用城市其他公用资源，例如造成交通拥堵、挤占道路资源、增加交通管制等情况时，立即启动应急预案，暂停或取消相关商业活动。2023年3月14日，河南省南阳市交通运输局发布《关于加强网约车聚合平台经营服务管理的通知》，加强网约车聚合平台的监督管理。该通知明确聚合平台应对拟接入的网约车企业平台许可、车辆许可和驾驶员

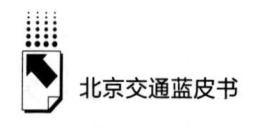

许可等信息进行核验登记；保障驾驶员和乘客的知情权和监督权；落实企业安全生产主体责任，并为接入的网约车企业及其提供的网约车服务建立安全监督管理制度；不得以聚合平台名义从事或变相从事网约车经营服务活动。这是目前国内交通运输主管部门发布的第一个网约车聚合平台管理政策文件。

处于市场支配地位的数字平台，其滥用行为则由《反垄断法》规制。但传统《反垄断法》的事后规制模式及宽松的救济措施缺乏及时性和有效性。此外，数字平台市场形成数据垄断是必然趋势，通过阻止并购以防止结构性垄断形成的规制模式违背了数字平台市场发展的"自然规律"。因此在数字平台领域，事前监管与《反垄断法》的联系正在不断增强，事前监管模式有其存在的必要性。通过对大型数字平台企业的主体规制解决消费者福利保护问题，从根本上避免消费者个人数据权益因平台企业占据市场支配地位而被侵害的情况出现。

（二）提升数字交通监管能力，应对聚合平台对监管制度的挑战

党的二十大报告提出，加快建设交通强国。交通运输部发布的《数字交通"十四五"发展规划》以先进信息技术赋能交通运输发展，强化交通数字治理。作为数字交通典型形态——网约车平台的迅猛发展打破了网约车寡头垄断格局，促进了网约车行业市场竞争。但是作为超级网络平台，网约车聚合平台的野蛮扩张会增加交通资源无序调动的系统性风险，给城市交通安全和城市经济安全带来不利影响。因此，需要建立聚合平台专业监管机构，明确聚合平台的地位和责任义务，运用数字监管技术完善协同监管和安全保障体系，促进数字交通高质量发展。

1. 聚合平台的特点及其对监管制度的挑战

网约车纯聚合平台本身并不从事线下实际的运客服务，不直接管理司机和车辆，主要是通过自己的主营业务获得用户并将流量分发给所接入的中小网约车平台，由获得分发的网约车平台提供运客服务，即"打车平台的平台"。聚合平台在网约车市场逐渐占据越来越多的份额。从网约车监管信息交互平台发布的2022年9月网约车行业运行基本情况看，聚合平台完成的订单达到1.35亿

单，占当月全部网约车订单的 24.4%，接近 1/4。网约车聚合平台被视为创新型的商业模式，能够促进网约车行业市场竞争，其为众多单靠自身无法与头部网约车平台展开竞争的中小网约车平台提供了流量入口，以聚合的角色重构了网约车行业的竞争格局，使之前生存发展空间被压缩的绝大多数中小网约车平台重新获得了发展机会，打破了已经强化的网约车寡头垄断格局，大量的网约车运力资源得以保留，为网约车司机提供了更多就业机会。

需要警惕的是，网约车聚合平台作为超级网络平台，携其他领域的竞争优势进入交通领域，存在功能异化风险，对现有交通监管形成挑战。

（1）聚合平台对监管机构划定监管对象的标准提出挑战

按照现有监管规则，网约车平台应履行审核网约车司机及其车辆相应的资质资格要求的主要义务，并由网约车平台对网约车司机所可能存在的损害消费者人身财产安全的行为履行安全保障义务，聚合平台的品牌并不意味着网约车平台的质量有保证，这将引发道德风险。为吸纳更多网约车平台，聚合平台天然地会倾向于保护网约车平台的利益。网约车平台因为可以依托聚合平台服务，则会倾向于以低价倾销方式与其他平台抢夺市场份额，而不愿意投入资本去保障服务质量，维护自身品牌。同时当消费者权益受损时，聚合平台会故意规避自身责任，将纠纷转给网约车平台处理。

聚合平台经营范围往往跨多个领域，例如高德地图、百度地图，其主营业务并不是交通领域，交通管理部门的监管对其许多行为都是鞭长莫及，特别是在聚合平台有意利用多个监管机构的监管空白或监管矛盾之处所实施的行为，单个监管机构难以正确履行监管职责。

（2）聚合平台大数据技术隐蔽垄断行为对监管技术和监管能力提出挑战

聚合平台进入交通领域，其竞争的关键是凭借数据优势进行算法定价以获得垄断利润。聚合平台往往同时掌握消费者多种个人信息，如家庭住址、出行习惯、消费记录、收入与支付能力、选择偏好等。其可以更为精准地对用户画像，了解消费者对交通服务的购买意愿并据此实现精准营销和差异化定价以获取垄断利润。由于聚合平台大量采用大数据

和人工智能技术，其非法业务和运营往往具有很强的隐蔽性，现有监管措施存在明显的技术局限性，难以及时发现和获取违法证据，防范违法行为风险。

（3）聚合平台加大了交通资源无序调动的系统性风险

聚合平台由于体量巨大，可以采集、汇聚交通数据，调集和使用大量交通资源，并且可以将其交通领域优势扩展到其他领域，对城市交通和社会、经济安全造成前所未有的影响，未来甚至可能被资本及其他利益主体进行有意裹挟和操控，进一步加大国家经济安全系统性风险，加剧跨领域监管难度。

与单纯的网约车平台相比，聚合平台拥有跨领域、跨地区的，更为庞大的各种数据，可以打通不同经济领域用户数据，使用大数据技术对数据挖掘、整理后会形成对数据安全的威胁。例如滴滴研究院基于实时生成的移动出行大数据对国家各部委出行数据进行监测，2022年7月国家互联网信息办公室认定其行为违法，并给予行政处罚。而聚合平台比网约车平台拥有更多的数据，更容易造成不敏感数据经聚合后形成敏感数据，一旦不当使用，后果非常严重。

2. 完善聚合平台监管机制的建议

（1）形成聚合平台专业监管机构和完善协同监管机制

聚合平台网络化特征，使事件发展和扩散迅速，难以实时有效监管。因此，首先应针对这类超级平台设立专项监管机构，以专业化的措施来应对新经济业态的挑战。授予专业监管机构前置性、全面性与穿透性监管超级平台的权限，在审查环节进行更多事前控制，并针对其竞争行为设定事前义务，敦促平台企业开展竞争合规自查，监管机构可以借助大数据工具等科技监管手段，实现对这类平台违法行为的回溯式调查、全景式评判与综合性处罚。

其次，考虑聚合平台跨领域、跨地区的特点，应在交通管理部门、市场监管部门、网络安全管理部门之间形成有效的部门联合监管机制，强化信息交换和执法互助。在实施过程中加强沟通，注意不同环节监管的综合效果，避免"合成谬误"(例如经济监管和安全监管制度的冲突)和"分解谬误"(例如过度追求分阶段指标化导致整体无序)。

(2) 强调聚合平台"守门人"地位并且要求其履行相应义务

以聚合平台在经济整体领域中所具有的市场力量为标准,认定其为"超级平台",即赋予其"守门人"的身份,明确其具有显著的市场影响力。为了维护与强化自身的市场地位,在物联网、大数据、区块链等技术加持下,高效而精确地完成信息搜集、交易匹配以及市场反馈。聚合平台对内部交易进行管理,其本身的规则制定和执行展现了其超越私主体的地位。为防范聚合平台滥用平台市场支配地位,特别是数据优势地位,要强调其在使用数字资源和调动社会资源中应履行的积极义务和消极义务。

在积极义务中强调其报告义务,每年度向主管部门提交一份相关报告,说明其年度交易情况,并且根据管理部门的需要,及时报告特定商业活动的相关信息。

在消极义务中,主要是防止聚合平台利用与其他主体之间巨大的数据差,限制其他主体竞争,损害其他主体权益。聚合平台应履行维护平台中立的义务,不得使用从网约车平台获得的数据与之竞争,不得限制其用户在聚合平台之外获取服务,开放网约车平台对其终端使用者传达推广的免费信息路径。同时应维护消费者个人数据和数据开放,不得阻止消费者卸载任何预装软件或应用程序。

(3) 形成落实审慎监管原则的具体措施

聚合平台经济发展产生新的执法手段,现有的执法手段难以适用,那么为了及时反馈,临时性措施或者非正式执法手段应主动适用,例如可以通过座谈、约谈、告诫会、谈判和合同解决争端等非标准的监管方式,进行法律法规提醒告诫并发放提醒告诫函。对聚合平台的监管是一项长期工作,需要持续跟踪聚合平台行为,进行精准监测对比,注重分析研判,深挖问题根源,以问题为导向实施靶向监管,针对聚合平台行为设定观察期,为其预留自查自纠时间,并明确提出规范整改意见。

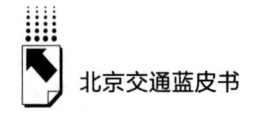

(4) 运用数字监管技术

监管机构应密切跟踪数字经济领域的技术进步和业态变化趋势,针对技术发展伴生的新问题,提升应用新技术强化数字化监管能力。通过新技术,例如大数据、人工智能等来支撑常态化监管,形成对交通领域平台经济系统性风险的预判能力。聚合平台经营涉及公共交通秩序和交通参与人公共利益,聚合平台实际控制人、主要决策者应接受更为严格的监管,禁止其利用平台获取非法收入并将非法所得转移或浪费。

(5) 明确事后处罚程序和相应的法律责任

针对聚合平台制定严厉的惩罚措施,以罚款为主要手段,将拆分或剥离平台等结构性手段作为最后选择。设定极高额度的罚款,并且明确以全球营业额而非仅在国内的营业额为依据进行计算,提高平台违法成本,形成利益损害威慑。为避免交通平台跨领域、跨业务部门形成严重后果,可以要求其业务隔离,建立"防火墙"。聚合平台的违规行为具有极强的隐蔽性,应该设置适当的激励机制,鼓励平台经营人员,特别是参与算法决策人员举报聚合平台违规行为,对举报人给予适当奖励,例如给予处罚金额的1%作为奖金。

总之,交通管理部门应运用信息化技术提高监管能力,引导交通领域平台经济发展方向符合国家产业政策,同时通过新交通信息基础设施建设,及时跟踪研判数字技术创新应用发展趋势,运用大数据、云计算和人工智能等新一代信息技术完善数字中介服务,推进交通领域平台经济生态融合。

(三)深度融合应用现代技术,推进智慧执法

当前,以5G、大数据、云计算、物联网、区块链、人工智能、车路协同为代表的新一代信息技术迅猛发展。交通领域平台经济成为具有独特运行规律的新经济形态。北京市交通领域平台经济的监管已经进入常态化阶段,应借力交通新基建发展政策、资金、支持力度集中的窗口期,促进监管体系信息化技术支撑转型升级,以技术手段实现交通领域平台经济监管能力和水平的跨越式发展,实现互联网与政务服务深度融合。

1. 交通领域平台经济对交通监管提出信息化转型的新需求

（1）交通领域平台经济存在的现实问题

随着交通领域平台经济的蓬勃发展，部分平台业务和运营已经暴露出一些明显的问题，如低价倾销、欺诈、算法定价，侵害交通参与人的信息权益、侵害新型交通业态参与人劳动保障权益、逃税偷税、危害交通安全和社会安全等。最严重的是一些超大型交通运输平台的错误政策会引发系统性风险、扰乱社会秩序，甚至会削弱地方政府对经济的管控力度、影响社会安全稳定、挑战国家权力边界。

（2）交通领域平台经济监管措施中信息化技术运用存在明显不足

交通网络平台作为被监管主体和自我监管主体，其信息化技术的发展对交通管理部门的监管措施提出挑战。由于平台经济大量采用大数据和人工智能技术，其非法业务和运营往往具有很强的隐蔽性，现有监管措施存在明显的技术局限性，难以及时发现和获取违法证据，防范违法行为风险。

2. 以智慧交通发展助推交通领域平台经济监管能力的提升

北京市应借力智慧交通新基建，夯实提升监管能力的技术支撑。

（1）依托北京市智慧交通发展，完善平台经济数字化监控措施

《北京市"十四五"时期智慧交通发展规划》提出北京市智慧交通总体架构，提出打造北京市智慧监测、智慧研判、智慧调度、智慧监管、智慧评价"五位一体"的首都交通大脑，交通领域平台经济监管体系应依托智慧交通建设，进行信息系统全面整合。

整合分散在多个应用系统中的交通政务服务相关功能，构建事项全口径、内容全方位、服务全渠道、用户全参与、资源全共享、过程全监控的一体化在线交通运输政务服务平台，将综合交通大数据中心体系、综合交通运输信息平台和智慧出行平台数据共享，为平台经济监管决策提供支撑保障。通过建立大数据模型，运用人工智能技术在海量的数据中发现异常和自动报警，实现服务平台从"人力监管"到"数据监管"的根本变革。

将平台经济的各要素归位于北京市经济体系发展整体层面，围绕应用聚合提高数据整合归集、共享交换、分析挖掘和深度应用能力，对平台经济整

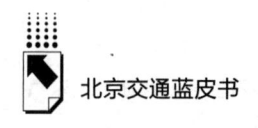

合资源能力和发展规律做实时预判；通过强化实时监控数据的自动化智能处理，提高北京市经济安全监测和协同管控能力；通过对北京市地方经济整体安全防控数据的深层次挖掘、应用，增强地方经济安全风险感知和化解能力。

（2）提升基于大数据的交通领域平台经济全链条监管能力

实现从市场准入、市场运营和市场退出对平台经济进行全过程、全网络监管，全面提升事前预警、事中监管和事后追溯能力。

在市场准入环节，依托信息化技术，对不同交通平台实施定制化和个性化监管。平衡交通需求与供给，推动城市交通精准治理，实时动态调整监管的目标方向。

在市场运营环节，支撑交通平台资源有序流动，使交通服务规范便捷。利用交通平台基础数据和新一代信息技术开展交通流分析、交通供给需求匹配分析、交通拥堵特征分析、交通需求机理分析和智慧交通指标分析，对交通平台资源流动进行准确预判，防止个别交通平台开展未经报备的商业活动，例如促销、并购、"大数据杀熟"等造成交通资源无序流动、对公共资源掠夺性使用，为交通平台服务质量优化、服务质量评价提供支撑。

在市场退出环节，考虑交通领域平台经济的公共性、社会性，防范平台退出造成的社会风险。例如网约车司机、人工智能标图员的社会保障问题，依托平台经营的网络技术服务经营者破产后数据资产的处置问题，平台消费者隐私保护问题。运用大数据技术分析资源退出的可能途径，制定完善的退出规则，形成衔接机制，避免引发次生社会矛盾，甚至造成社会动荡危害地方经济安全。

（3）依托智慧交通新技术，推进交通平台企业的信用建设

充分利用北京市已经收集的智慧交通数据，提升行业信用信息共享平台一体化集成水平，推动交通平台数据与行业经济管理系统贯通，全面汇集交通平台人流、物流、数据流的动态监管数据。

加强"信用交通北京"与全国交通运输信用信息共享平台以及北京市社会信用信息共享平台的对接。将北京市交通主管部门履职过程中形成的行政许可等管理信息进行关联整合，实现信息共享和实时查询，加快从业企

业、从业人员信用数据上链，实现各节点实时同步共享信用数据，运用新一代信息化技术完成监管和处罚工作，减轻相对人负担。

推进交通行业的信用评价和分级分类监管，依法依规对失信主体予以惩戒。完善信用评价指标标准化体系，利用大数据、人工智能等技术进行用户画像，开展信用风险预警和分级分类监管。

（4）推进交通执法全过程数字化，支撑"一体化+智慧执法+信用监管"的交通执法新模式建设

实现智能执法感知。以外场感知设备和现场终端装备为核心，大力推广各类智能化采集装备应用，形成先进、标准的交通智慧执法装备体系，提升对执法对象全域、实时、准确的"智能感知"能力。加快各类新型智能化技术在行政执法、养护巡查、应急救援等业务中的推广应用，实现人脸、车牌、事件智能识别，快速完成现场精准执法、快速巡检取证等。提高高清视频、车辆动态称重设备的覆盖率，全面提升交通运输安全生产态势实时监测能力和非现场电子证据采集水平。

完善监管后台支持系统。着力打造北京市"一体化"的以数据为驱动、以算力为支撑、以算法为核心的智慧执法后台支持系统，形成对各类违法行为特征、发生规律和变化趋势的"智慧认知"能力，及时发现苗头性、普遍性执法问题，为开展执法监督和政策法规评估提供跨时空、多维度、深层次的辅助解决方案。构建"泛在执法智网"，保障前端感知体系采集的数据高速、可靠、安全地汇聚至后端认知体系的监管后台支持系统，通过大数据、物联网、云计算等技术实现数据综合关联应用，实现交通执法全流程信息化跟踪、监督、审核，加强执法信息归集，确保所有执法活动有据可查、可回溯式管理。

参考文献

王磊：《互联网平台竞争监管研究最新进展》，《价格理论与实践》2020年第2期。

B.6 北京市郊铁路与城市轨道交通数字化运营研究

吴亦政*

摘　要： 在大数据、云计算、人工智能等新一代信息技术与交通行业深度融合的发展趋势下，探寻市郊铁路与城市轨道交通的数字化转型已成为交通领域实现智慧化运营的迫切需求。而当前轨道交通与市郊铁路仍存在数字化程度低、协同发展滞后等弊端，无法充分发挥推动轨道交通网络融合衔接、带动都市圈交通体系发展的骨干作用。基于此，本报告开展市郊铁路与城市轨道交通数字化运营方法研究，深入挖掘轨道交通出行个体精细化特征，分析乘客出行方式选择及客流转移影响因素，进一步探索轨道交通线网融合布设技术。最后，提出了优化逻辑构架、升级智能运维、发展智慧客服、精准客流预测、建立数字化评价体系等市郊铁路与城市轨道数字化运营发展建议，为提升轨道交通服务水平和出行效率提供理论支持。

关键词： 市郊铁路　轨道交通　数字化运营　客流特征

一　绪论

（一）研究背景

《中华人民共和国国民经济和社会发展第十四个五年规划和2035年远

---

* 吴亦政，博士，北京交通大学交通运输学院副教授、博士生导师，主要研究方向为可持续交通、交通管理与控制和交通规划等。

景目标纲要》中明确表示，城际铁路和市郊（域）铁路等轨道交通是连接市内外的交通主干，能够推进城市间的有效衔接，促进轨道交通四大网络融合，增强都市圈基础设施的连通性及完整性。《"十四五"现代综合交通运输体系发展规划》中提出超大特大城市轨道交通要加快成网，建设多层次的城市轨道交通网络，对于实现城际、干线、城市轨道和市域（郊）铁路的融合衔接，推动轨道交通系统的跨织运营具有重要的现实意义。

此外，新一代信息技术正在引发前所未有的变革，科学革命将深入推动交通行业的发展。《城市轨道交通蓝皮书：中国城市轨道交通运营发展报告（2021~2022）》《中国城市轨道交通智慧城轨发展纲要》等均强调了数字化、智能化运营管理的重要性。新技术如云计算、人工智能、大数据等将与交通产业深度结合，在交通发展中激发数据资源潜能，并构建先进的交通信息基础设施与数据中心。在这一趋势下，探寻适合市郊铁路与城市轨道交通自身发展的数字化转型之路是响应国家战略的需要，是技术发展革新的必然，也是网络化、智慧化运营的迫切要求，更是两网融合发展的前提。

准确掌握客流规律是在市郊铁路与城市轨道交通融合发展的大背景下，相关部门制定运营计划与发展规划的前提，是协调各部门完成运输工作的基础，也是科学指导二者融合发展的关键。当前，数字化与智能化新技术的出现，为实现市郊铁路与轨道交通数字化运营管理提供了技术保障，有助于解决在轨道线网规模不断发展扩大的背景下，乘客出行特征愈加复杂多样这一难题，从而实现对客流特征提取分析、准确预测，有助于为管理者提供更准确的客流信息，对运营管理提供更加科学准确的指导。

为此，本报告从北京市郊铁路和城市轨道交通的客流特征出发，提出出行者全链条出行行为分析与出行特征挖掘方法，有助于把握北京市郊铁路与轨道交通出行的精细化需求，对二者规划和运营具有重要意义。此外，以大数据、人工智能等新技术与轨道交通的交互发展为背景，开展市郊铁路与城市轨道交通的数字化运营方法研究，有助于激活数据全要素动能、破除数据壁垒，为构建轨道交通建设运营决策模型、获取最优解奠定基础；同时，本报告的研究成果有助于进一步整合铁路和城市轨道系统，实现二者在功能、线网、运营等多方面的深度融

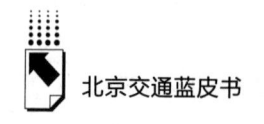

合，最终建立起市域快速轨道系统，在新一轮城市空间结构的优化调整中，为其提供有力支撑，从而实现轨道交通服务水平和出行效率的提升。

（二）国内外研究综述

1. 市郊铁路

（1）市郊铁路运营定位

市郊铁路，又称通勤铁路，在连接城市与郊区、中心城市与卫星城镇方面起着至关重要的作用，在研究者的共识中被认为是城市通勤领域的一种重要交通方式。John 等人归纳了自 1950 年以来美国城市人口和交通方式的变迁，发现随着人口从郊区涌入城市，市郊铁路成为通勤拥堵程度较小、通行效率较高的选择之一。徐行方研究了上海市金山地区的轨道交通客流特征，指出市域铁路在减轻中心城市与卫星城之间的交通压力、提高通勤效率等方面具有积极作用。

此外，市郊铁路在健全城市内与城市间的交通体系和促进城市空间扩展方面也扮演着关键角色。杨珂指出，都市圈内的交通方式主要包括城际铁路、市郊铁路、地铁以及中低运量的轨道交通。其中，市郊铁路能够为连接二环内近郊新城和三环外远郊新城提供便捷服务，以满足不同圈层的客流规模和需求特征。

城市轨道交通是都市圈形成和发展的重要基础，为使其功能最大化，需要明确其空间布局和服务对象。然而，在当前中国的城市轨道交通系统中，市郊铁路的定位仍不够清晰，尚未充分发挥其应有的长距离通勤优势。

（2）市郊铁路运营方法

随着城市化进程的加快，国内外各大城市逐渐开始重视市郊铁路的建设，并对提升市郊铁路运行水平进行了许多探索。Juliette 等发现市郊铁路和城市地铁在运行原理、约束条件等维度存在不同之处，并针对市郊铁路交通，提出了一种适用于市郊铁路的 CBTC 列车控制策略。Shrivastav 通过使用遗传算法，制定了与市郊铁路预定运行计划协调的最佳接驳公交车时刻表，以促进公交车和市郊铁路之间的融合。

在市郊铁路自身的运营定位下，许多学者还提出了公交化的运营组织模式。甄小燕等提出一种新型市郊铁路，具有高密度发车、缩短车站间距、提高设计速度等公交化运营的特点，同时还具有地铁化的交通方式与乘车流线设计。孙雷对市郊铁路与其他城市轨道交通的特殊性进行了分析，并在现有线路的基础上提出了公交运营模式的市郊列车运行方案。

（3）市郊铁路客流特征

市郊铁路的客流吸引能力取决于郊区通勤人群对市郊铁路出行的偏好程度。一项关于美国北卡罗来纳州埃蒙特地区通勤人员交通方式选择行为的研究表明，在这一地区，通勤者更倾向于选择私家车出行，而不是乘坐市郊铁路。Ghoneim 等根据通勤客流的向心特征，将具有"一对多"OD 运输方式的线路划分为多个运行区间，并在不同市郊区域和市中心车站之间开通直通车。马超群的研究中发现市郊线的平均运距较长，大约是市区线路的两倍左右。此外，市郊客流还存在潮汐现象，并表现出明显的向心特征。

城市轨道交通的乘客出行行为特征应与运行方式和乘客出行特点相匹配。四兵锋等人指出，在考虑路网阻抗成本的情况下，客流分配实质上是对线网内不同路径进行出行选择。汤莲花和赵欣苗等在市郊铁路公交化运营的背景下，通过构建广义的出行费用模型来估算各路径的选择概率，考虑了乘客对快车和慢车感知时间的差异。目前，国内外对于市郊铁路客流分布的研究还比较薄弱，且大多仅针对快慢车，对于其他停靠方式的市郊列车客流分布的研究较少。

2. 轨道交通

（1）轨道交通运营定位

轨道交通是一种利用轨道进行人员和货物运输的方式。城市轨道交通包括地铁、轻轨等，在城市或大都市区范围内运行，以轨道导向、电力驱动、高速高密度列车编组等形式，实现大运量的旅客运输。近年来，城市轨道交通快速发展，成为缓解交通压力和满足客流需求的重要手段，并发挥了其导向优势。城市轨道交通运营定位主要体现在其引领城市发展方向、满足和引导城市客运需求以及优化城市客运交通网络三个层面。

（2）轨道交通运营方法

城市轨道交通未来的主要发展趋势是网络化运营，当前国内外常见的城市轨道网络化运营组织方法主要包括多交路技术、快慢车技术、多编组技术、过轨技术、时刻表协调以及车站限流。

赵欣苗等以轨道列车追踪时间间隔为约束，对不同类型轨道越行情况下的快慢车运行技术条件进行了探索，为轨道运营组织方案的制定提供了一定的参考。杨安安提出列车跨线运营能够实现轨道基础设施的共享，提升了轨道各线路之间的相互联系并且在一定程度上增加了轨道运营组织的优化手段。

运营时刻表优化层面，Assis通过分析城市轨道交通出行中的乘客候车时间、车辆运行时间以及换乘时间，提出了分时段的列车运营时刻表。Wong等人通过研究城市轨道不同线路之间的换乘问题，并以此为基础提出了一种以最短换乘时间为目标的列车发车间隔优化算法。Yang等通过分析轨道AFC刷卡数据，将轨道列车开行方案优化问题转化为一个凸二次规划问题，并对列车开行方案及列车运行速度区间进行了进一步的优化。

（3）轨道交通客流特征

客流作为运营组织的基础，是轨道交通服务的重要对象，其分布状态以及网络内动态变化特征均与运营组织密切相关。通过客流分析和预测能合理地优化轨道交通网络化运营，最大限度地满足乘客的出行需求，使轨道交通在服务出行群众时发挥最大效用。

国内外研究人员通过对城市轨道交通客运数据进行分析，进一步探讨轨道交通的客流特征。王玉萍在分析国内外一些典型案例的基础上，归纳出城市轨道交通客流增长的规律；之后通过对我国现有线路客流的统计，进一步探索轨道交通客流在时间、空间上的分布特点，并对平均运距、换乘客流特征等进行了深入分析。Gan等以轨道交通客流数据为基础，构建了OD间的直接客流量模型，为研究客流量与建成环境特点之间的非线性关系提供了一种数据分析方法。

随着通信技术的发展，轨道刷卡数据在客流出行特征挖掘中得到了广泛应用，主要因其具有时间连续性、较大的覆盖范围和大量数据等优点。既有研究对刷卡数据进行了深入探究，主要包括旅客出行模式与行为挖掘、站点功能识别及客流特征挖掘等三个方面。

3. 市郊铁路与轨道交通融合发展现状

近年来，轨道交通在我国新型城镇化建设中起着至关重要的作用，引导城市群空间结构的形态布局，并推动城市群的形成和发展。随着我国经济社会的快速发展以及科技水平的提高，轨道交通正朝着网络化的方向发展。《国家发展改革委关于培育发展现代化都市圈的指导意见》指出，要加强对都市圈的整体规划，构建以轨道交通为主干的城市通勤圈。中国城市轨道交通协会与中国国家铁路集团也相继发布了有关规划，提出了建设现代化综合枢纽、实现轨道交通多网融合的设想。轨道交通的多网融合已然成为我国轨道交通建设和发展的重要趋势。目前，国内外针对推进轨道交通融合发展开展了大量研究，并将其应用于实践。

（1）构建多功能多层次轨道交通系统

全球经济发达的大城市或城市群已建立了多制式多标准的轨道交通系统，并实现了此类轨道交通的协同融合和一体化综合服务，这些举措取得了显著成效。以巴黎为例，巴黎政府自1965年便开始规划城市郊区的轨道客运网络，并建设了巴黎区域快速线。目前，由法国国铁与巴黎交通总公司共同运营，并与巴黎的其他市郊铁路线组成了完整的市郊铁路网络。

（2）优化换乘与衔接模式

在国际范围内，许多城市的城轨和市郊铁路往往在城市的郊区（尤其是环线附近）进行换乘。这种模式的优势在于将市郊线路直接引入城市中心，利用城市轨道交通实现客流分流。同时，这一举措能够有效缓解直接进入市区的线路给城市中心带来的巨大客流压力。此类模式使得城市轨道交通与城郊铁路相对独立地承担城市交通的职责，并且可以使城郊铁路分担城市轨道交通的部分运力，从而减轻城市轨道交通的拥堵压力。以北京为例，为实现市郊铁路与城市轨道交通和地铁之间的紧密衔接，减少换乘时间，北京西、清河两个车站分别布设了城市副中心线

和怀密线,实现与城际轨道交通和地铁的双向安全检查与双向互信,大幅减少乘客的换乘时间。

4.市郊铁路与轨道交通数字化运营现状

21世纪,信息技术蓬勃发展,全球对城市数字化转型已达成共识。轨道交通主要从两个方面展现其数字化运营,一是加快数字基础设施建设,升级轨道交通智能运维体系。通过数字化的方式对设备的运行状态进行实时监控,并结合历史数据和算法分析,预测设备未来的状态和维修需求,提升轨道交通运营的可靠性和风险预测能力,并降低维护费用。二是利用数字资源挖掘轨道交通基础设施的潜力,提升轨道交通系统的运行效率和服务质量。发展智慧客服,为乘客提供实时的信息查询、出行规划、票务服务等,在提升乘客的出行体验和满意度的同时提高轨道交通运营效率。

(1)智能运维

近年来,国内外许多学者都对智能运维系统开展了相关研究。2010年,瑞士进行铁路多维度数据的收集工作,将大数据、数据驱动的运营维护方法应用到运行管理中。2014年,日本提出"智能维护计划",旨在通过物联网和大数据等技术,实现城市轨道交通运营维护智能化,提升运营效能。2016年,为实现报警预测的目的,美国一级铁路开展了大范围的数据预测和失效分析。

国内学者研究则多聚焦于智能运维系统的探索和建设。杜时勇、施聪构建了关于城轨信号和通号系统的智能运维平台;李军基于"前端监测+后台管理+过程管控"体系,构建了城市轨道交通供电设备运维智能管控系统;张义鑫等研究了轨道交通线网智能运维系统的框架,将其分成大数据平台建设、信息化管理、智能运维3个部分。从实际应用的角度来看,目前的研究多聚焦于对各个专业领域内的智能运维模式的探索,而对综合性智能运维系统缺乏深入探究,且未形成成熟的理论体系。

综上,国内外学者在智能运维领域取得了显著的研究成果,为智能运维的发展指明了方向。目前,国内城市轨道交通智能运维系统尚处于起步阶段,且各子系统独立运行,缺乏必要的关联性,仍有诸多问题亟待解决。

（2）智慧客服

建设信息化、智慧化的轨道交通系统是一项浩大的工程。未来智慧轨道交通系统的主要发展方向为建设智能化车站管理系统，以提升车站工作效率，同时致力于打造满足旅客需求的人性化的智慧车站，以此提高乘客对服务的满意程度。

2019年，欧洲联盟Shift2Rail项目提出将"未来智慧车站"作为其未来3年的关键研究内容，并设立了Future Secure and Accessible Rail Stations（FAIR Stations）和Innovative Solutions in Future Stations，Energy Metering & Power Supply（In2Stempo）两项研究课题。FAIR Stations主要聚焦车站客运量预测模型、复杂站点交通引导控制以及基于实时三维模拟的拥挤度防控等方面的内容；而In2Stempo则专注于智能站场客运量数字化管理、车站应急决策、风险与抗毁性评估、乘客出行、信息安全和站场节能降耗等领域的研究。

国内学者主要聚焦于从智能服务、智能设计等不同角度提出智慧车站设计与建设的建议。袁奕涵提倡整合车站内部各区间的PIS屏幕，以提高公共交通的服务质量；杜琦骏则主张在新建城市的轨道交通中，将广播系统和PIS系统融合，构建一种新的信息服务一体化系统。

当前，城市地铁交通的服务智能化已初见成效，有示范车站、试点列车等，应用主要集中于咨询服务、票务服务、客流管理等领域，助力提高乘客出行服务体验。但是，各子系统产生的海量信息并未被完全利用，造成数据堆积，且各子系统之间仍存在壁垒，因此，建立综合一体化的平台级应用策略是必要的。

5. 客流特征研究

（1）用户画像

用户画像，即将用户信息标签化，主要应用于病毒式营销、推荐系统和个性化服务等领域。早期用户标签的获取以用户调研为主，存在数据来源渠道有限、数据量不足等缺陷。Syskill和Webert提出基于用户对推荐网站的评价来建立他们的兴趣模式，随着数据收集及存储技术的进步，数据来源多

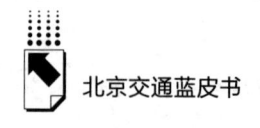

元化，可获取数据量大幅增加。

目前，对乘客出行的画像研究主要集中于构建系统框架和可视化或进行潜在用户价值分析。张宇豪利用百度地图大数据创建了一个用户画像系统分析框架，分析在各种安装方式下，百度地图用户的社会经济特性、活跃程度以及功能使用状况。张继水通过分析航空出行数据来建立用户画像和意向模型，从而发掘潜在高价值用户群体，推动业务扩展。

（2）乘客个体出行规律研究

城市公共交通出行乘客均具有显著的个体异质性，出行行为复杂多元，在研究中不能仅局限于对乘客整体出行规律的分析，因此国内外学者开始着眼于对乘客个体出行时空规律的挖掘。

起初，诸多学者致力于研究以个体乘客活动为基础的非集计模型，并将出行方式选择、实时交通政策等多项条件融入模型，根据不同的出行方案计算广义费用，基于随机效用函数和效用最大化理论构建模型。由于通信技术的迅猛发展丰富了城市公共交通乘客的出行数据来源，学者们基于交通大数据对城市公共交通乘客个体出行规律进行研究。Utsunomiya 等基于伊利诺伊州芝加哥市的刷卡记录，对出行相似度、乘客日常出行频次及出行地区变动情况展开了研究；Marta 基于为期 6 个月的手机话单数据，分析得出居民出行轨迹普遍具有高度时空规律性的结论。

随后，研究人员针对通勤乘客的个体出行时空规律展开了更为精细的研究。龙瀛等基于整周公交卡数据，分别使用规则方法和决策树法推测出通勤乘客的办公地点和居住地点；Hasan 等对交通站点访问次数进行排序，根据站点首/末次访问概率推测出其职住属性，进而识别出通勤乘客出行活动的时空分布模式；梁泉等从个体角度出发，构建了一个可视化，且能反映个体出行时间和空间特征的图谱，并选取出行方式、时间、线路和方向等指标，基于结构相似度分析法，对通勤乘客个体出行特征图谱进行了相似性判定。

（3）基于个体出行行为的乘客分类研究

城市公共交通乘客个体出行行为的研究关键点是出行特征指标的量化提

取和出行乘客分类算法研究。根据乘客个体出行特征的获取来源，既有国内外研究可大致分为两类：一是从交通调查数据中获取出行乘客的社会经济属性，据此识别不同属性乘客的出行特征；二是基于现代交通大数据获取乘客出行时空记录，根据量化提取出的出行特征指标实现个体乘客分类，进而细化研究各个类别乘客的出行规律。

基于乘客社会经济属性的出行特征分析与乘客分类研究已得到广泛关注，主要围绕 SP/RP 问卷调查数据展开。Ewing 和 Cervero 基于 SP/RP 调查数据，揭示了乘客出行频次与其个体经济属性之间存在强相关性。李彦瑾等借助 SP/RP 调查问卷获取高铁乘客经济属性与出行目的，构建基于 Logistic 回归方法的分类模型，对样本数据进行处理，并将其划分为三种类型：外出务工型、非经济出行型以及商务出行型。这些研究虽然取得了一定进展，但基于人工调查数据的研究过程受限太多，研究结果稳定性较差，研究工作不易深入开展。

近年来，学者们多集中于研究基于城市交通大数据的乘客分类问题。LEMK 等选择出行起讫点以及出发时间作为特征指标，使用密度聚类法将乘客划分为通勤乘客、出发时间稳定型乘客、出行起讫点稳定型乘客和不规律出行型乘客四类。邹庆茹等则基于北京地铁连续整月 AFC 刷卡数据，从"消费行为"视角构建客观分类指标，将乘客划分为典型通勤乘客、高/低频乘客、弹性乘客和日常乘客五类。

随后，又有学者将人工调查数据和交通大数据进行有机联结，以此实现个体出行行为分析及乘客分类研究。梁泉等将 RP 调查数据、北京市公共交通连续整月的刷卡数据及线站信息进行关联匹配，从中提取出确定度不一的通勤个体出行链，构建了面向出行目的地及个体出发时间影响关系的结构方程模型，分析并阐述了不同确定度通勤乘客出行的主要影响因素。

（4）个体乘客出行目的地预测研究

既有的城市公共交通乘客出行目的地预测研究，主要基于乘客历史出行轨迹和乘客个性化需求两类数据展开。基于历史轨迹数据进行的目的地预测，往往综合考虑驾驶习惯、道路状况、出行时间、轨迹长度等外在因素，

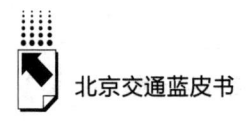

以提升目的地预测的精度。Simmons 等通过对司机驾驶习惯的认识，建立了一种隐马尔可夫模型，来精准预测驾驶员的行驶轨迹和出行目的地。许胜博根据成都市轨道交通 AFC 数据，分析研究个体乘客出行习惯优先级，并据此设计实现乘客出行目的地预测的精挖掘与粗挖掘模式。上述研究主要聚焦于通过旅客出行习惯和历史出行数据对个人或群体的出行目的地进行预测。

乘客出行目的地选择行为既有邻近地点间的连续性，也有个体在同一时间段内连续多日展现出的出行惯性。近年来，学者们开始将深度学习应用于个体乘客出行目的地预测研究。张国兴等提出了一种基于融合 SDZ-RNN 网络的出租车出行终到地位置推算方法（SRTDP），该方法在预测准确度和运算效率上均优于传统 RNN 预测方法。张军利用 SEO 算法对常规 BP 神经网络的预测模型参数进行改进，以避免在交通流预测中采用 BP 神经网络易引起的优化效率低、陷入局部极值等问题，从而提高短时交通流预测的准确性。

二 北京市郊铁路与城市轨道交通现状及问题

（一）北京市郊铁路运营现状

市郊铁路指在城市中心城区，将周边城镇组团及其城镇组团之间连接起来的通勤化、快速、大运量的轨道交通系统，为城市群提供公共交通服务，是构建一体化交通网的重要组成部分。市郊铁路以高速列车和普通列车为主，相较地铁覆盖的范围更广，涵盖北京市郊区以及邻近的城市区域。北京已初步形成四大枢纽系统：北京站、北京西站、北京南站和北京北站，辐射范围涉及大兴、房山、昌平、密云等城市副中心和新城。北京市郊铁路的发展有助于密切城市与周边地区的联系，并为未来的城市规划建设打下坚实基础。

作为多层级轨道交通系统中的重要组成部分，北京市郊铁路属于"区域性快线"，主要为中心城区、城市副中心与新城以及跨界城市群提供快捷的通勤连接和观光运输服务，充分利用既有及规划的铁路资源。目前，北京已开通运营了 4 条市郊铁路线路，运营总里程达 400km，拥有车站 24 座，处于全国领先水平。

（1）S1 线路，又称城市副中心线，线路全长 64km，始发站为良乡站，沿线依次设有北京、北京西、北京东、通州、乔庄东站。《2021 北京市交通发展年度报告》显示，2020 年副中心线年旅客发送量为 46.0 万人次，比 2019 年增长 15.6%，日均旅客发送量为 0.1 万人次。

（2）S2 线路，全长 108km，北京市域内 73km，设黄土店、南口、八达岭、延庆、康庄及沙城站。《2021 北京市交通发展年度报告》显示，受疫情和延庆站改造停运影响，2020 年 S2 线年旅客发送量为 22.0 万人次，比 2019 年减少 88.9%，日均旅客发送量为 0.06 万人次。

（3）S5 线路，即怀柔—密云线，全长 145km，始发站为北京北站，沿线依次设清河、昌平北、雁栖湖、怀柔北、黑山寺及古北口站。《2021 北京市交通发展年度报告》显示，S5 线 2020 年旅客发送量达 22.5 万人次，比 2019 年增长 164.7%，日均旅客发送量为 0.07 万人次。

（4）S6 线路，即通密线，线路全长 83km，主线始发站为白通州西站，沿线设顺义站、牛栏山站、怀柔站、密云北站；支线由怀柔站接轨，经雁栖湖站至怀柔北站。《2021 北京市交通发展年度报告》显示，2020 年 S6 线年旅客发送量为 5.4 万人次，日均旅客发送量为 0.03 万人次。

市郊铁路能够满足居民出行需求，并促进城市周边区域的发展。采用市郊铁路出行，不仅能显著减少交通拥堵，还具有时间和成本上的优势。因此，在城市规划和交通建设中，市郊铁路将继续扮演关键角色，成为连接城市与周边区域的重要交通枢纽。

（二）北京城市轨道交通运营现状

城市轨道交通包含地铁快线、地铁普线、机场专线等。截至 2023 年 2 月，北京的轨道交通系统共有 27 条运营线路，包括 22 条地铁线路、2 条现代有轨电车线路、2 条机场线和 1 条中低速磁悬浮公交线，构成一个覆盖北

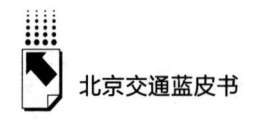

京市12个市辖区和河北省廊坊市广阳区，运营线路总长807km，拥有478座运营车站的轨道交通系统。

北京城市轨道的设施完备，建设质量高，服务质量优。所有线路均采用无人驾驶技术，配备有新型地铁车厢，车内设有空调、紫外线消毒灯、Wi-Fi等设施，全天24小时运营。每个站点都配备有电子屏幕，显示实时列车信息和公告。此外，车站内设有自动售票机和自动充值机，方便市民购买车票和充值公交卡。北京城市轨道构成了北京市交通体系的重要组成部分，也是北京市民出行的首选。直接提高了城市的交通效率，降低了雾霾等环境隐患和能源消耗，也改善了市民的出行体验。

在运营方面，地铁公司采取了一系列措施来保障乘客的安全，例如，在高峰期增加列车运营量、提高车辆运行速度等。同时，地铁公司积极开展志愿服务活动，为乘客提供热情周到的服务。以运营里程计算，截至2023年2月，北京地铁系统在全球范围内位居第二。自2014年至今，北京地铁的工作日日均客运量已突破1000万人次，其中，2019年7月12日的单日客运量更是达到1375.38万人次。2022年，年客运量已达22.62亿人次，日均客运量达619.71万人次。

（三）北京市郊铁路与城市轨道交通协同发展现状及问题

当前，北京城市轨道与市郊铁路融合发展程度较低，仅怀密线在清河站实现了地铁和安检系统的互信与融合，这是首次在地铁系统中实现了这种集成。2020年9月，怀密线在完成京通铁路电气化改造后引入北京北站，旅客可以在该车站实现与地铁13号线、京张高速铁路的直接换乘。

现阶段，北京市郊铁路与城市轨道运营还存在以下几方面问题。

1. 数字化程度较低

北京市郊铁路与城市轨道交通在数字化转型、智慧化发展层面进展缓慢，主要表现为：新兴信息技术在市郊铁路与城市轨道各阶段创新应用不足，未能充分发挥新技术在装备制造、工程建设、养护维修、运输组织、运营管理、融合发展等维度的支撑作用。

而《北京市域（郊）铁路功能布局规划（2020年—2035年）》提到，在未来规划线路达12条，总里程达874km；根据《北京市轨道交通线网规划（2020年—2035年）》，北京市轨道交通网络由38条线路组成，线网里程达1625km。届时北京市郊铁路网络、城市轨道网络将更加完善，构建多制式的轨道交通体系，实现多制式轨道交通协同融合和综合服务，对都市圈交通体系发展具有重要意义。

2. 枢纽接驳弱，运营服务缺乏协同共享

现阶段，北京市郊铁路运营客流较少，与轨道交通接驳水平较低。该现象出现的主要原因是北京中心城区与周边组团之间尚未形成完整的产业分工格局，导致通勤需求不大；此外，轨道交通网络级配不合理，市郊铁路供给不足也是重要因素。当前，全球城市轨道交通与市郊铁路平均运营里程比为1∶3，而我国平均运营里程比仅为1∶0.25。从运营数据来看，北京市郊铁路的客流规模与国外同等城市相比还存在较大差距。S1线、S2线、S5线3条市郊铁路线总长248km，在北京市轨道交通线网中所占比例为26%，但市郊铁路运量占北京市轨道交通运量的比重仅为0.06%；而伦敦市郊铁路的客运量是整体轨道交通客运量的70%左右，巴黎市郊铁路客运量每天可达200万人次。目前来看，北京市郊铁路的规模尚未达到巴黎、伦敦等国外发达城市的水平。

对出行者而言，除了在途时间外，到离车站接驳是否便捷、运营服务是否高效、与其他交通方式相比总出行时间是否较短等因素也决定了其选择何种交通方式。由于北京市郊铁路车站大多设置于城市非繁华区域，造成沿线车站交通接驳水平低下、站点交通衔接条件差、区域公共交通接驳设施不足、与城市轨道交通融合度低、客流汇集能力较差、运营管理数字化程度低下导致运营服务缺乏协同共享等问题，致使市郊铁路站点未能实现与中心城市的高效衔接，进而导致通勤时间过长，不能满足城市通勤快速化的需求，难以发挥运输主体作用。

3. 互联互通运营技术壁垒多

目前，北京市郊铁路在与城市轨道交通融合方面存在较为明显的短板，诸多系统无法满足互联互通的衔接需求，不利于发挥市郊铁路与城市轨道交

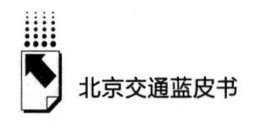

通融合带动都市圈发展的作用，具体表现在以下几个方面。一是换乘距离较长，主要枢纽不能实现不同轨道交通之间的互相换乘，无法形成线路融合；二是票证不统一，不能通过快捷支付方式对票价做一体结算，无法实现票制融合；三是安检次数多，市郊站点与城市轨道交通站点之间换乘效率低，无法形成站点融合；四是市郊铁路轨道系统在牵引电力供应、信号控制装置、车辆维修基地、调控中心的配置等方面仍有待完善，不能大规模实现城市轨道交通列车与市郊铁路之间互通；五是运营管理不协调，由于市郊铁路与轨道交通隶属于不同部门管理，在日常运营、数据交流、协同发展等方面存在严重壁垒。在轨道交通客流量日益增长的同时，市郊铁路却没有发挥其预设的主干作用，对通勤客流吸引力不足，运营效果不理想。

三 北京市郊铁路与城市轨道交通数字化运营研究

在市郊铁路与轨道交通融合发展的大背景下，借用大数据等分析技术进行数字化运营管理研究，有助于挖掘市郊铁路、轨道交通的乘客出行特征，更好地把握具有"市郊铁路+城市轨道"出行需求的乘客出行规律，为二者的融合发展奠定基础。

（一）轨道交通出行个体精细化特征挖掘

1. 临近站点聚合方法

在城市轨道交通与市郊铁路比较发达的地区，站点密度通常较高，同一地点的出行者有多条乘坐线路和多个出发站点选择，以站点作为空间分析单元分析空间分布存在的一定局限性。为此，将临近站点聚合形成"站组"，并将站组作为空间特征分析单元，在一定程度上避免了乘客惯常出行站点不唯一给空间分布特征挖掘造成的扰动。

DBSCAN（Density-Based Spatial Clustering of Applications with Noise）是一种基于密度的空间聚类算法。它把簇定义为密度相连点的极大集，且能在噪声数据库中识别任意形态的聚类（见图1）。相较其他聚类算法，其优势在于以下几个方面。一是不需要事先指定要形成的簇类的数量，二是能够发现任意形状的簇类，三是可以识别出噪声点。

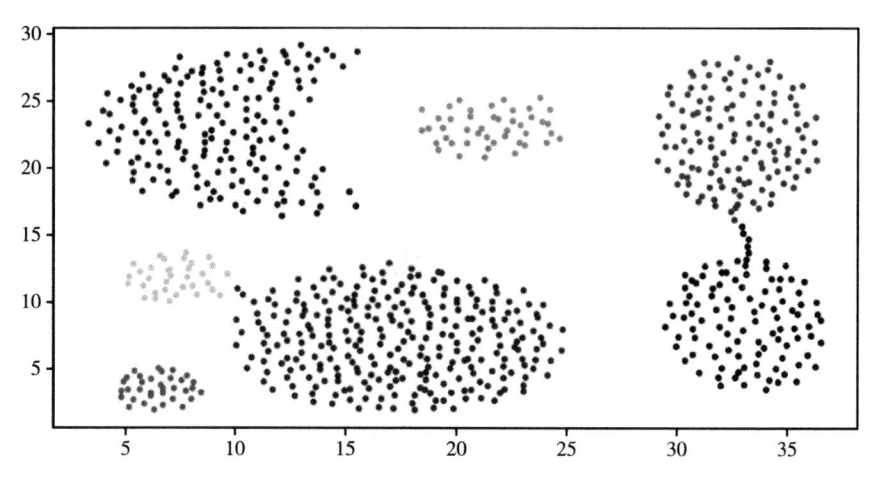

图 1　DBSCAN 能发现任意形状的空间聚类

资料来源：作者根据相关资料自制。

2. 出行链识别方法

一次出行可能由多次乘车行为组成，乘车的 OD 不能代表乘客真实的出行需求。若乘客一次乘车行为结束（发生市郊铁路或地铁出站交易）后一定时间内再次开始下一次乘车行为（发生市郊铁路或地铁进站交易），则认为发生了换乘，前后两次乘车同属于一次出行，共用一个行程编号。对于换乘时间的划分，不同的城市具有不同的时间阈值，常以 30 分钟为阈值。

3. 常乘客划分方法

市郊铁路与轨道交通常乘客指经常使用市郊铁路和轨道交通出行的乘客，有研究显示北京轨道交通常乘客比例在 33%~38%，但常乘客的出行次数占总出行次数的比例在 60% 以上。因此，提出常乘客概念，有助于面向常乘客进行用户需求与系统供给的全局优化，且常乘客的识别能够为市郊铁路与轨道交通出行乘客个体精细化特征挖掘方法奠定理论基础，有利于合理分配市郊铁路与轨道交通客流，提高整体运营效率。

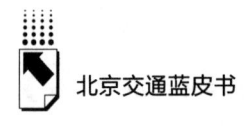

利用北京市郊铁路与轨道交通的客票信息和刷卡数据构建常乘客分类特征指标，基于 K-means 聚类算法划分常乘客群体，可以刻画不同出行强度的乘客群体（见图2），解决在常乘客划分中缺少明显的分布规律而造成的主观判断结果不准确的问题。

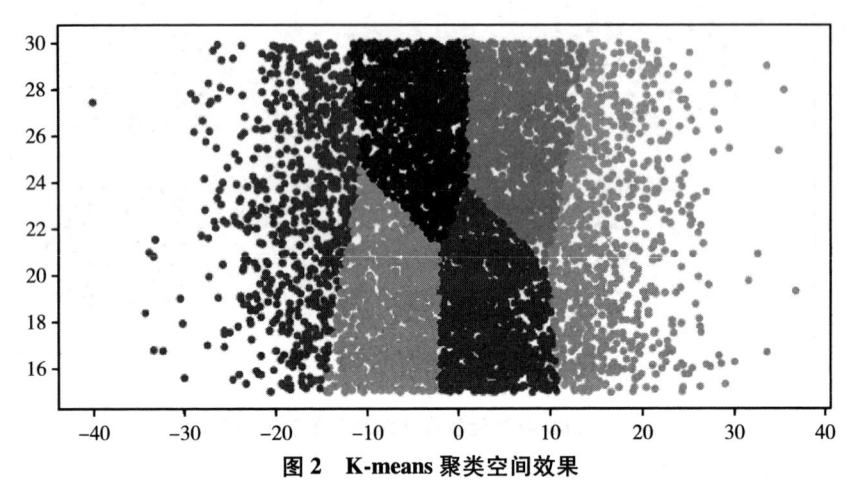

图 2　K-means 聚类空间效果

资料来源：作者根据相关资料自制。

4. 惯常出行方式提取

从较长一段时间的乘客市郊铁路与城市轨道交通出行行为中，提取乘客惯常出行方式，本质是按照日常出行方式对乘客进行聚类。影响乘客惯常出行方式的因素有3类，包括市郊铁路出行次数、城市轨道交通出行次数、联乘出行次数。

综合考虑各类聚类方法的适用性和复杂度，采用基于 K-means 算法的惯常出行方式提取方法。拟采用手肘法，基于 SSE 与 K 值之间的关系，确定最优簇个数 K，由不同类型的 SSE 组成一张二维平面折线图，其形状类似于一个手肘，肘部"拐点"即为最优簇个数。

（二）交通出行方式选择和客流转移影响因素分析

1. 居民出行方式选择影响因素

居民出行方式选择受自身属性、出行特征、出行方式以及多元出行信息属性影响。

(1) 自身属性

性别、年龄、收入、职业和家庭属性等是影响居民交通工具选择的重要因素。研究发现，女性更倾向于步行和公共交通，而男性多选择小汽车出行。年轻人倾向于轨道交通和小汽车，而老年人更倾向于公交车等公共交通工具。高收入人群通常采用私家车或出租车出行，中低收入人群更倾向于政府补贴的公共交通。职业也影响出行方式选择，脑力劳动者注重舒适性，商业从业者更注重便捷和准时性。家庭属性则体现了家庭成员的互相影响。以上因素共同决定了居民在不同情况下选择何种交通工具出行。

(2) 出行特征

出行距离、出行目的、出行费用和出行时间对居民如何选择交通工具有很大影响。不同出行目的导致不同的交通选择，例如，上下班和上下学更适合速度快、便捷性高的交通工具，休闲娱乐则更注重舒适性。出行距离也影响交通工具的选择，短距离适合步行和公交车，中长距离则适合轨道交通和私家车。出行时间和出行费用也会影响交通工具的选择，居民会根据出行时间安排和出行费用可承受范围来选择合适的交通工具。

(3) 出行方式

安全性、舒适性、快速性、经济性和环保性是影响居民交通工具选择的重要因素。居民会考虑不同交通工具的安全记录和性能，以及舒适度、出行时间、费用和环境因素。综合考量上述因素可帮助居民选择合适的交通工具。

(4) 多元出行信息属性

天气信息、延误时间信息、停车时间信息、停车费用信息和交通管制信息是影响居民交通选择的重要因素。天气状况影响居民是否选择步行或机动车出行，延误时间和拥堵情况会影响居民是否选择步行或公共交通出行，停车时间和费用会影响居民是否选择私家车出行，交通管制会对某些出行者的出行方式产生影响。

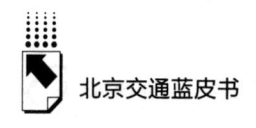

2. 市郊铁路与城市轨道交通客流转移影响因素

（1）个人因素分析

乘客类型（是否有通勤需求、是否为常乘客等）、公共交通出行强度与出行时耗、工作地和居住地的市郊铁路与城市轨道交通设施覆盖情况等，都会影响乘客的出行选择，诱发客流在不同交通方式间的转移。

（2）环境因素分析

市郊铁路和城市轨道交通线网调整、天气因素等外部环境因素也会影响市郊铁路与城市轨道交通客流转移。轨道线路开通会吸引周边居民采用公共交通方式出行；大雨天气对出行总量和出行方式有显著影响，恶劣天气下，城市轨道交通出行与市郊铁路出行的比例会提高。

（三）既有轨道线网下的市郊铁路线路融合布设技术研究

1. 既有轨道网络可达性与接驳需求研究

（1）轨道线网可达性

为研究北京市轨道交通线网的可达性，根据轨道站点服务半径，以及地铁站点800m步行覆盖范围，与全市人口密集区（工作或居住人口密度大于1万人/km^2的中心成片区域）进行对比，发现，北京市轨道线网的服务可达性与全市人口密集区形态高度一致。城市外围的人口密集区存在地铁覆盖盲区，市郊铁路需要重点保障。

（2）轨道线网接驳需求

为分析轨道线网接驳需求，以北京地铁10号线为例，利用共享单车骑行数据和地面公交IC卡数据分析轨道交通站点附近接驳客流最终目的地分布情况。

研究发现，轨道站点的共享单车接驳需求主要集中于站点周边，从整条线路来看，其目的地在线路沿线3km扩展区内均匀分布。在3km外的商圈、住宅等地区也有集中分布。存在5km以上的集中目的地应考虑规划布设地面公交线路接驳。

轨道站点接驳地面公交的目的地主要集中于轨道交通沿线的商圈和住宅

区，尤其是轨道交通不可达地区；此外，在昌平、顺义、通州、大兴、房山、石景山等区域的中心城区也有较为集中的分布。

2. 既有轨道网络运送能力和拥挤度研究

（1）轨道网络客流特征

截至2020年底，北京市地铁已开通运营线路24条，全长727km，包括428座运营车站和64座换乘站。当地铁里程在600km以下时，客流增速较快，超过600km后增速明显放缓，主要原因是新开通线路的客流效益不及之前的线路。未来线网的客流效益将取决于线路走向及服务品质是否满足城市空间结构调整下的乘客需求。2014年底的票改对客运量产生一定影响，致使部分线路客运量在2015年出现下降。不考虑线路延伸和票改因素，大部分线路客运量仍保持微弱增长的趋势。

①客流出行强度特征

北京市交通发展研究院的公开资料显示，2022年轨道交通共运送乘客22.63亿人次，占全市城市客运量的42.48%，将近一半的客流选择轨道交通出行。2号线、5号线、10号线是工作日日均客运强度较大的3条线路，客运强度分别达2.07万人次/km、2.16万人次/km、1.99万人次/km。

②客流时间特征

《2022年北京市交通发展年报》显示，北京市轨道交通客流从时间上呈现明显的双峰分布特征，工作日早高峰出现在7：00左右，晚高峰出现在17：00~18：00。客流出行时间存在明显的双峰现象。

③客流空间特征

依据北京市交通发展研究院的公开发表资料，城市轨道交通在早高峰时期进站量最大的前5个车站分别是沙河站、天通苑北站、天通苑站、宋家庄站、新宫站，主要集中在中心城区之外的大型居住区。而早高峰出站量最大的前5个车站分别是西二旗站、朝阳门站、国贸站、丰台科技园站、西直门站，主要集中在海淀区、朝阳区、丰台区等企业、学校云集的区域。

（2）断面客流

北京地铁早高峰客流最大的断面为各条放射线的进城方向，尤其是6号

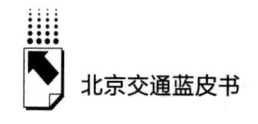

线、4号线—大兴线、13号线和1号线。

其中,6号线最拥挤断面出现在"十里堡—金台路",为6号线第一次与其他轨道线路（14号线）交汇分流之前的断面；4号线—大兴线最拥挤断面出现在"陶然亭—菜市口",为4号线—大兴线与7号线交汇之前的断面。虽然,此前4号线—大兴线与10号线、14号线已有交汇,但分流作用不显著,甚至有可能起到进一步的汇流作用。

（四）北京市郊铁路与城市轨道交通数字化运营发展建议

1. 优化逻辑架构,实现数字化资源共享

规划先行,优化逻辑框架,整合北京既有及规划的市郊铁路和轨道资源,构建市郊快轨网络,优化轨道交通网络,以实现资源的高效利用和共享。重视各层级网络功能的兼容,实现不同制式间信息、设备、人员共享,加强数字化运营管理。譬如,对北京市郊铁路的部分区段进行电力、系统方面的技术改造,实现城市轨道与相邻铁路之间的无缝衔接和直通运营；此外,在优化完善城市轨道线网时,也可以充分利用铁路资源,远郊地区则直接利用城际快轨服务弥补城市轨道线网覆盖的不足,减少城市轨道建设投资,实现资源的共享利用。

2. 升级智能运维,优化数字化设备管理

升级智能运维,深入推进大数据、物联网、人工智能、5G、区块链等新技术与市郊铁路、城市轨道交通行业融合。开发智能运维产品,完善相关技术标准,精准定位设备缺陷,推动维保管理从"传统、人工、低效"向"科技、智能、集约"转变。当前,北京城市轨道交通和市郊铁路检修维保工作多由各个专业部门独立进行,导致专业集成度、体系性、数据信息共享程度较低。为改善上述局面,需要有效结合管理手段、数字化与智能化技术,开展顶层设计及全局部署,促进轨道交通和市郊铁路的协同运维,同时需构建数字化驱动的故障应急协同系统以充分共享关联信息。为提升北京轨道交通和市郊铁路的设备运维质量,避免设备运营风险和潜在影响,构建以人工状态确认和设备状态监督为双重保障机制的系统闭环体系。通过智能化协同防护对设备进行有效监控，全面保护生产作业过程，提升检修作业的效率和质量。

3. 发展智慧客服，提升数字化服务水平

运服联合，发展智慧客服，实现运输管理模式一体化。结合数字化技术，构建"互联网+"服务网络，提供全方式、全环节、全覆盖的交通接驳信息服务，打造推送和查询系统，以及市郊铁路与城市轨道交通综合信息共同发布平台，实现无感支付、智能引导、智能预警、智能查询、智能客服等应用，全面提升运营服务水平。便捷出行，优化交通衔接及换乘体验，从出行方式、时间及过程等方面满足乘客出行需求。以北京西站为例，作为市郊铁路副中心线的主要换乘车站，北京西站具有换乘量大、换乘时间长的特点。目前，北京西站的地铁和市郊铁路站台均已建成并正式运营，不宜进行大范围的改造，因此可在客流高峰期，利用围栏等形式设计专门的换乘流线，供市域铁路系统与地铁的乘客换乘，并实施地铁与市域铁路系统的安检互认措施，缩短乘客换乘时间。

4. 精准客流预测，绘制乘客数字化画像

建立数字化客流运营管理平台，结合云计算、大数据等信息处理技术，进行客流实时分析及精准预测。在此基础上，结合关联分析、数据挖掘等技术，实时绘制乘客画像，为用户提供包含整个出行链条的个性化信息服务。北京市郊铁路沿线区域大多处于"城市背面"，站点周边开发强度较低，进而导致客流规模较小。相比于城市轨道交通，市郊铁路客流的粒度更为精细，可以深入挖掘市郊铁路乘客的出行数据，把握旅客出行需求，并以此为基础在空间尺度上对市郊铁路各层级的旅客需求进行精细化分析，从而确保分析结果在时间和空间上的准确性。此外，在市郊铁路与城市轨道交通融合发展的背景下，运营数据共享已成为必然趋势。未来，基于二者长期运营数据，借助大数据分析挖掘技术，采用乘客画像方法，精准捕提用户出行需求，优化运营组织，反哺市郊铁路与轨道交通协同发展。

5. 建立健全服务水平数字化评价体系

参照国内外城市实践经验，结合北京实际情况，构建主客观相结合的市

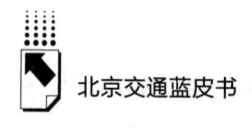

郊铁路与城市轨道服务水平评估指标体系。指标体系从乘客感受、设施评价、运营评价、服务评价4个方面对市郊铁路与城市轨道服务水平进行量化分析。

指标体系共包括19项指标，分为主观评估指标和客观评价指标两大类，其中主观评估指标有7项，客观评价指标有12项。主观评估指标指来源于满意度调查问卷，是由市郊铁路与城市轨道交通乘客主观感受直接决定的定性评估指标；而客观评价指标指基于运营数据和互联网大数据的，不受乘客主观影响的定量评价指标，具体可分为设施评价指标、运营评价指标和服务评价指标。

（1）主观评估指标

市郊铁路服务水平主观评估指标包括候车时间长度、换乘便捷度、服务态度、出行信息服务、乘车舒适度、候车环境、车内卫生环境7项。

候车时间长度：被调查的乘客所认为的市郊铁路与城市轨道候车时间长度。

换乘便捷度：被调查的乘客所认为的市郊铁路与城市轨道换乘便捷度。

服务态度：被调查的乘客所认为的市郊铁路与城市轨道服务态度。

出行信息服务：被调查的乘客所认为的市郊铁路与城市轨道出行信息服务水平。

乘车舒适度：被调查的乘客所认为的市郊铁路与城市轨道乘车舒适度。

候车环境：被调查的乘客所认为的市郊铁路与城市轨道候车环境水平。

车内卫生环境：被调查的乘客所认为的市郊铁路与城市轨道车内卫生环境水平。

（2）客观评价指标

服务水平客观评价指标，具体可分为设施评价指标、运营评价指标和服务评价指标三大类，分别反映市郊铁路与城市轨道交通设施服务水平、运营服务水平以及乘客满意度水平。

其中，设施评价指标包括市郊铁路与城市轨道站点位置、线路布设等，结合实际数据，以市郊铁路与城市轨道交通站点8分钟步行覆盖率、线路网密度、站点200米步行范围内接驳率3项指标来反映。

运营评价指标包括市郊铁路与城市轨道准点到站率、高峰平均运行速度2项指标。

服务评价指标包括市郊铁路与城市轨道平均候车时间、行程两端步行距离、行程换乘次数、行程出行耗时可靠性4项指标。

市郊铁路与城市轨道交通站点8分钟步行覆盖率：区域内所有站点周边8分钟（约500米）步行可达范围的覆盖面积与评价区域总面积的比值。

线路网密度：区域内有市郊铁路与城市轨道线路经过的道路中心线长度与评价区域总面积的比值。

站点200米步行范围内接驳率：区域内任意出站口200米步行距离内有市郊铁路站点的地铁站数量与评价区域内全部地铁站数量的比值。

市郊铁路准点与城市轨道准点到站率：区域内所有车次的准点到站次数占总到站次数的比例，其中对于"准点"的评价标准为到站间隔与发车间隔在"快2慢3"范围内。

市郊铁路与城市轨道平均候车时间：区域内，所有市郊铁路线路与城市轨道的平均候车时间（以平均到站间隔的一半来表征）。

行程两端步行距离：在"市郊铁路+轨道交通"的出行中，平均每次出行起始地至上车站、下车站至目的地的步行距离之和。

行程换乘次数：在"市郊铁路+轨道交通"的出行中，平均每次出行所需的乘车次数，反映二者融合的直达性。

行程出行耗时可靠性：评价区域内，不同日期同一时段相同OD间行程耗时的稳定性（以归一化均方根误差来表征）。

参考文献

程小云、张学宇、薛顺然：《基于多维属性的轨道交通出行行为分类方法》，《交通运输工程与信息学报》2020年第4期。

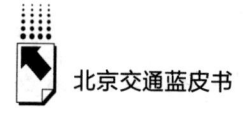

杜琦骏:《上海城市轨道交通广播系统和乘客信息系统规划研究》,《城市轨道交通研究》2021年第11期。

杜时勇:《基于大数据的城轨信号系统线网智能运维平台研究》,《都市快轨交通》2019年第3期。

李军:《城市轨道交通供电设备运维智能管控系统研究》,《都市快轨交通》2021年第1期。

李彦瑾、罗霞、刘悦:《基于Logistic回归模型的高铁客运市场细分》,《交通运输工程与信息学报》2018年第1期。

李智伟、杨锐:《北京市郊铁路规划建设优化策略研究》,《铁道运输与经济》2022年第7期。

梁泉、翁剑成、周伟:《公交通勤个体出行特征图谱构建及相似性判别》,《重庆交通大学学报》2020年第8期。

梁泉、翁剑成、周伟:《面向个体的分类型公交通勤行为影响因素研究》,《武汉理工大学学报》(交通科学与工程版)2019年第5期。

柳杨:《既有铁路在大城市轨道交通发展中的利用》,硕士学位论文,北京交通大学,2014。

龙瀛、张宇、崔承印:《利用公交刷卡数据分析北京职住关系和通勤出行》,《地理学报》2012年第67期。

马超群、王玉萍:《城市轨道交通客流特征与规律分析》,《铁道运输与经济》2015年第6期。

毛保华、张政、陈志杰:《城市轨道交通网络化运营组织技术研究评述》,《交通运输系统工程与信息》2017年第17期。

施聪:《城市轨道交通通信信号专业的智能运维系统》,《城市轨道交通研究》2020年第23期。

四兵锋、毛保华、刘智丽:《无缝换乘条件下城市轨道交通网络客流分配模型及算法》,《铁道学报》2007年第6期。

孙雷:《既有线改造的市郊铁路合理站间距及快慢车运输组织研究》,硕士学位论文,北京交通大学,2018。

汤莲花、徐行方:《快慢车模式下市郊乘客乘车路径选择行为研究》,《武汉理工大学学报》(交通科学与工程版)2018年第42期。

王玉萍:《城市轨道交通客流预测与分析方法》,博士学位论文,长安大学,2011。

徐行方、戴风、鲁海涛:《上海金山市郊铁路客流特征调查分析》,《城市轨道交通研究》2013年第16期。

徐行方:《发挥市郊铁路在客运体系中应有的作用》,《交通与港航》2014年第4期。

许胜博:《基于票务信息的城市轨道交通客流实时测算问题研究》,硕士学位论文,西南交通大学，2017。

杨安安、汪波、陈艳艳：《基于能力影响的城市轨道交通跨线列车开行方案研究》，《交通运输系统工程与信息》2017 年第 17 期。

杨珂：《都市圈多层次轨道交通系统规划研究》，博士学位论文，北京交通大学，2017。

袁奕涵：《轨道交通乘客信息系统的车站运营综合导乘应用研究》，《隧道与轨道交通》2021 年第 1 期。

张国兴等：《基于 SDZ-RNN 的出租车出行目的地预测方法》，《计算机工程与应用》2018 年第 54 期。

张继水：《基于出行意图发现的潜在高价值旅客挖掘研究》，硕士学位论文，中国民航大学，2018。

张军等：《社会情感算法优化神经网络的短时交通流预测》，《传感器与微系统》2017 年第 36 期。

张义鑫、张炳森：《轨道交通线网智能运维系统的设计方案思考》，《铁路通信信号工程技术》2020 年第 17 期。

张宇豪：《基于百度地图大数据的用户画像系统设计与实现》，硕士学位论文，华中科技大学，2017。

赵欣苗等：《市域快慢车越行组织下乘客选择行为研究》，《交通运输系统工程与信息》2016 年第 16 期。

赵欣苗、向爱兵、刘路：《快慢车运营组织下城市轨道交通车站通过能力研究》，《交通运输系统工程与信息》2017 年第 17 期。

甄小燕：《中国发展市郊铁路现存问题解析》，《城市交通》2014 年第 12 期。

朱亚迪：《大数据驱动的城市轨道交通需求时空分布分析及预测方法研究》，博士学位论文，北京交通大学，2019。

邹庆茹、赵鹏、姚向明：《基于售检票数据的城市轨道交通乘客分类》，《交通运输系统工程与信息》2018 年第 18 期。

《国家发展改革委关于培育发展现代化都市圈的指导意见》，中国政府网，2019 年 2 月 21 日，https：//www.gov.cn/xinwen/2019-02/21/content_ 5367465. htm。

《中国城市轨道交通智慧城轨发展纲要》，中国铁路工程建设网，2020 年 3 月 13 日，http：//www.cncrcc.com/showinfo-12-8968-0.html。

《新时代交通强国铁路先行规划纲要》，安徽发展和改革委员会网站，2020 年 8 月 20 日，https：//fzggw.ah.gov.cn/jgsz/jgcs/tjb/zcgh/143321781.html。

Assis W. O., Milani B. E. A., "Generation of Optimal Schedules for Metro Lines Using Model Predictive Control," *Automatica*, 2004.

Cheng L., Chen X., Yang S., "An Exploration of the Relationships between Socioeconomic, Land Use and Daily Trip Chain Pattern among Low-Income Residents," *Transportation Planning and*

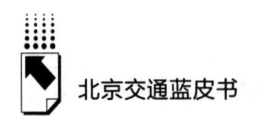

Technology, 2016.

Chen P. M., Kuo F. C., "An Information Retrieval System Based on a User Profile," *Journal of Systems and Software*, 2000.

European Union, "Innovative Solutions in Future Stations, Energy Metering & Power Supply", 2020.

European Union, "Shift2 Rail Annual Activity Report", 2020.

Gan Z., Yang M., Feng T., "Examining the Relationship between Built Environment and Metro Ridership at Station-to-station Level," *Transportation Research Part D Transport and Environment*, 2020.

Ghoneim N. S. A., Wirasinghe S. C., "Optimum Zone Structure During Peak Periods for Existing Urban Rail Lines," *Transportation Research Part B*, 1986.

González M. C., Hidalgo C. A., Barabási A., "Understanding Individual Human Mobility Patterns," *Nature*, 2008.

Hasan S., Schneider C. M., Ukkusuri S. V., "Spatiotemporal Patterns of Urban Human Mobility," *Journal of Statistical Physics*, 2013.

International Union of Railways, "Smart Stations in Smart Cities", 2017.

John F. D., "The Evolution of Suburban and Radial Rail Passenger Transportation in the United States," *Quarterly Review of Economics & Finance*, 1997.

Kuflik T., Shoval P., "Generation of User Profiles for Information Filtering-Research Agenda (Poster Session)," *International Acm Sigir Conference on Research & Development in Information Retrieval*, 2000.

Lemk, Bhaskara, Chunge, "Passenger Segmentation Using Smart Card Data," *IEEE Transactions on Intelligent Transportation Systems*.

LI H. et al., "Improving Rail Network Velocity: A Machine Learning Approach to Predictive Maintenance," *Transportation Research Part C*, 2014.

Long Y., Thill J., "Combining Smart Card Data and Household Travel Survey to Analyze Jobs-housing Relationships in Beijing," *Computers, Environment and Urban Systems*, 2015.

Nunez A. et al., "Acilitating Maintenance Decisions on the Dutch RailWays Using Big Data: The ABA Case Study," *IEEE Proceedings of the 2014 IEEE International Conference on Big Data*, 2014.

Pazzani M., Muramatsu J., Billsus D., "Syskil & Webert: Identifying Interesting Web Sites," *Thirteenth National Conference on Artificial Intelligence*, 1996.

Pochet, Juliette, "Automatic Train Supervision for a CBTC Suburban Railway Line Using Multiobjective Optimization," *International Conference on Intelligent Transportation Systems*, 2017.

Sakano R., Benjamin J., "A Structural Model of Mode-activity Choice: The Case of Commuter Rail in a Medium-size Metropolitan Area," *Transport Policy*, 2011.

Shrivastav. P., Dhingra, SL., "Development of Feeder Routes for Suburban Railway Stations Using Heuristic Approach," *Journal of Transportation Engineering*, 2001.

Simmons R. et al., "Learning to Predict Driver Route and Destination Intent," *Intelligent Transportation Systems Conference*, 2006.

Utsunomiya M., Attanucci J., Wilson N. H., "Potential Uses of Transit Smart Card Registration and Transaction Data to Improve Transit Planning," *Transportation Research Record Journal of the Transportation Research Board*, 2006.

Yang X. et al., "A Cooperative Scheduling Model for Timetable Optimization in Subway Systems," *IEEE Transactions on Intelligent Transportation Systems*, 2013.

Yin H. et al., "Urban Traffic Flow Prediction Using a Fuzzy-neural Approach," *Transportation Research Part C*, 2002.

B.7
北京减少小汽车依赖的对策研究

肖 翔*

摘 要： 近年来，我国城市居民出行模式发生深刻变化，城市规模快速扩张，交通私人化程度明显提升，尤其是北京市小汽车出行依赖严重，带来了严重的交通拥堵和环境污染问题。本报告以降低小汽车依赖为导向，首先对北京市小汽车出行现状和过度依赖小汽车出行的影响及原因进行了分析。在此基础上，借鉴国内外其他地区在治理城市交通拥堵方面的成功经验，以"堵"和"疏"两个方向为着力点，从减少居民汽车使用和发展多样绿色交通角度提出了一揽子政策方案，为缓解北京城市交通拥堵问题提供一定的参考。

关键词： 小汽车依赖　公共交通　出行行为

一　小汽车出行现状及原因分析

随着人民生产生活水平的提高，我国城市居民整体出行模式正在发生深刻变化。我国城市呈现规模快速扩张，机动化交通出行规模化、私人化的特点。即使相关部门已发布多个通知，严格控制小汽车增长，北京市汽车保有量仍呈现增长态势。北京市小汽车依赖程度居高不下，带来了严重的交通拥堵和环境污染问题，形势非常严峻，迫切需要研究减少小汽车依赖的相关对策。

---

* 肖翔，博士，北京交通大学经济管理学院教授、博士生导师，主要研究方向为财务管理、企业投融资分析、资产评估、公司治理等。

（一）北京市交通发展情况

本报告以2020年数据为例进行分析。面对突如其来的新冠肺炎疫情，交通行业受到了严重的冲击。北京市按照市委、市政府工作部署，统筹推进新冠肺炎疫情防控和交通运输保障，扎实做好"六稳"工作，全面落实"六保"任务，加快建设交通强国，奋力推进首都交通高质量发展，牢牢把握"以人为本"的发展思想，坚持"慢行优先、公交优先、绿色优先"三大理念，贯彻"优化供给、调控需求、强化治理"总基调。北京市交通事业经受住了前所未有的严峻考验，全年交通运行平稳有序，应急服务与保障能力进一步提升，较好地完成了全年主要目标任务。

总体来看，2020年北京市全年实现地区生产总值36102.6亿元，按常住人口计算，人均地区生产总值达164809元。机动车保有量达657.0万辆，新能源客车保有量为388897辆。

1. 人口与分布

2020年末全市常住人口为2189.0万人，较上年末减少1.1万人，全市常住人口连续4年下降。这在一定程度上缓解了交通出行的压力。

关于人口密度的变化，从各区数据来看，在人口总量调控和非首都功能疏解政策影响下，常住人口逐渐向外疏解。2020年，中心城区常住人口密度为11170人/公里^2，较上年降低4.6%；郊区常住人口密度为897人/公里^2，较上年提高4.8%。

2. 交通供给

2020年，北京市全年完成交通行业固定资产投资1215.9亿元，同比增加0.1%，其中，公共交通及相关配套占比最高，其次为各级公路、城市道路投资。从各级公路、城市道路投资结构来看，区县及其他道路投资占比最高（见图1）。

3. 出行需求

（1）出行总量

2020年，中心城区工作日出行总量为3619万人次，同比下降8.5%，慢行出行比例达到近5年新高，其中以自行车、小汽车、步行为代表的个体

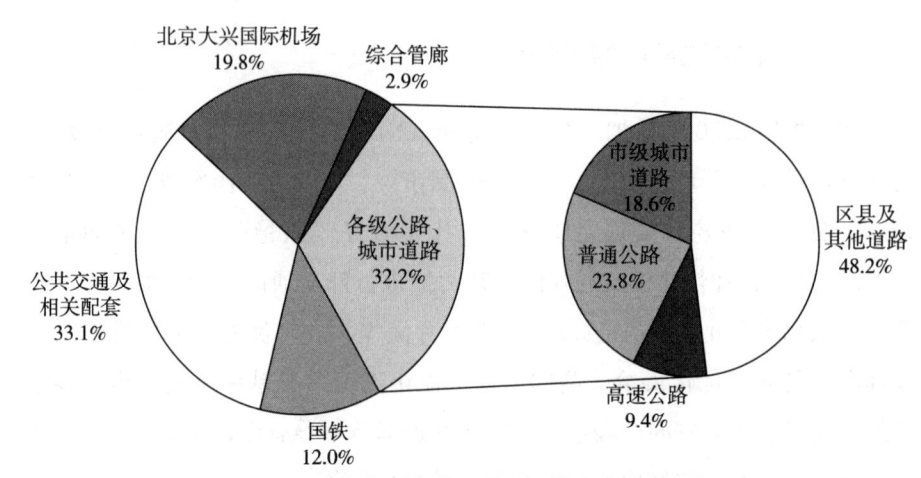

图1 2020年北京市交通行业固定资产投资结构

资料来源：北京市交通委员会。

化出行比例有所提高。2018~2020年北京市中心城区工作日不同交通方式出行量变化情况如图2所示。

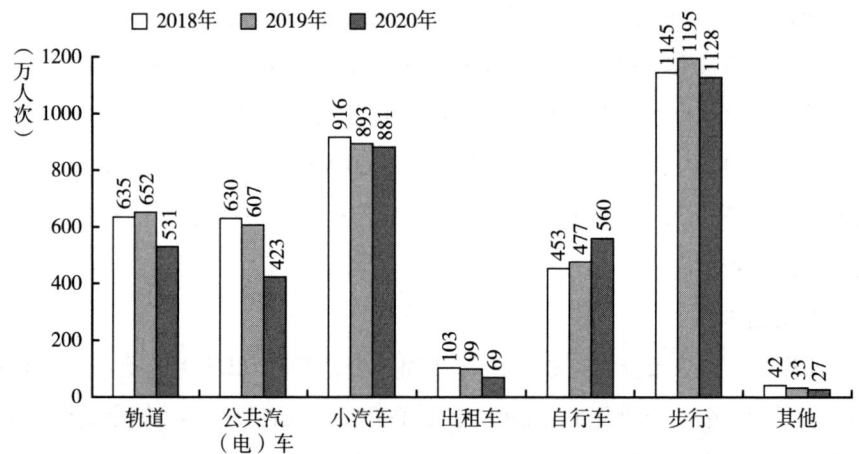

图2 2018~2020年北京市中心城区工作日不同交通方式出行量变化

资料来源：北京交通发展研究院。

（2）出行时间

2020年居民出行入户调查数据显示，北京市中心城区早高峰时段出行量不足全日出行总量的20%，较上年降低13.8%；晚高峰时段出行量占全日出行总量的26.7%，较上年增长5.7%（见图3和表1）。

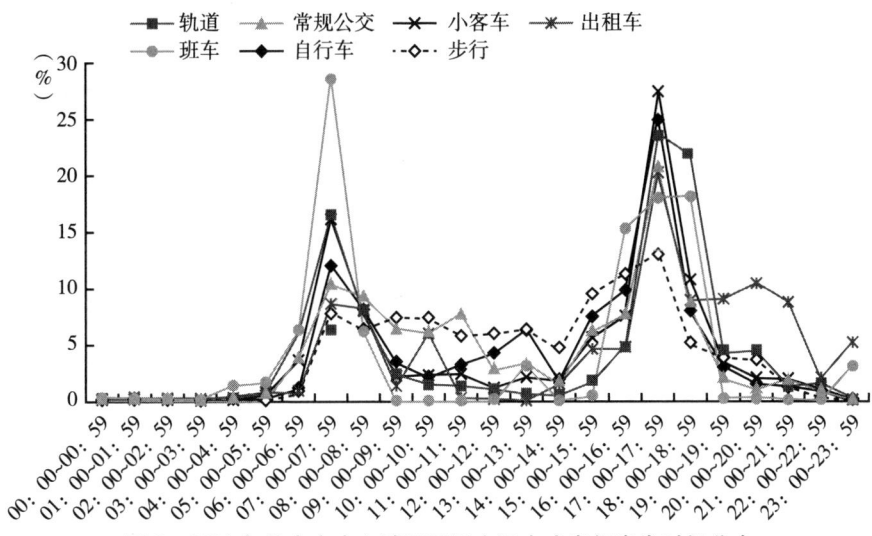

图3　2020年北京市中心城区不同交通方式出行出发时间分布

资料来源：北京交通发展研究院。

表1　2020年北京市分交通方式早晚高峰时段出行量占全天出行量的比例

单位：%

出行方式	早高峰(7:00~9:00)	晚高峰(17:00~19:00)
全方式出行	18.0	26.7
轨道	23.6	45.3
常规公交	19.6	28.6
小客车	23.5	38.0
出租车	15.1	28.8
班车	34.3	35.8
自行车	20.4	32.9
步行	14.3	18.1

资料来源：北京交通发展研究院。

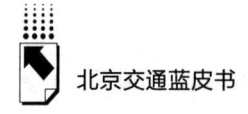

4. 机动车保有量

（1）小客车指标调控政策

2020年，北京市继续执行小客车指标调控政策，全年共开展小客车指标配置工作6期，全年累计配置小客车指标97501个。根据2020年第6期数据，个人和单位新能源小客车指标年度配额已用尽，已审核通过的有效申请编码需轮候配置。

（2）机动车保有量

自2011年小客车指标调控政策实施以来，北京市内机动车保有量增速总体呈下降趋势。其中，私人小微型客车增长速度保持稳定（见图4和图5）。

图4 2009~2020年北京市机动车、私人机动车及私人小微型客车保有量变化

资料来源：北京市公安局公安交通管理局。

（3）机动车车型构成

从北京市机动车车型构成来看，2020年全市机动车保有量（不含军车和拖拉机）中绝大部分为小客车。2020年全市分区域车型构成情况如图6所示。

5. 道路拥堵情况

（1）道路交通指数

2007~2020年，中心城区高峰时段道路交通指数整体呈下降趋势（见图7）。

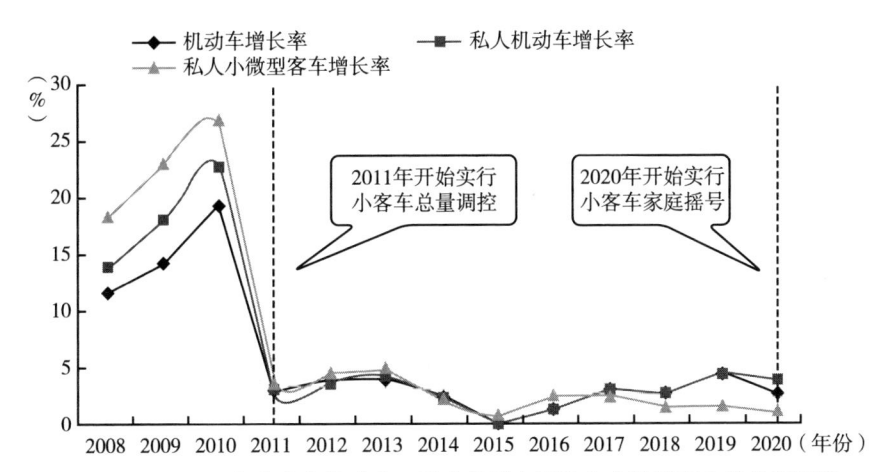

图 5　2008~2020 年北京市机动车、私人机动车及私人小微型客车增长率变化

资料来源：北京市公安局公安交通管理局。

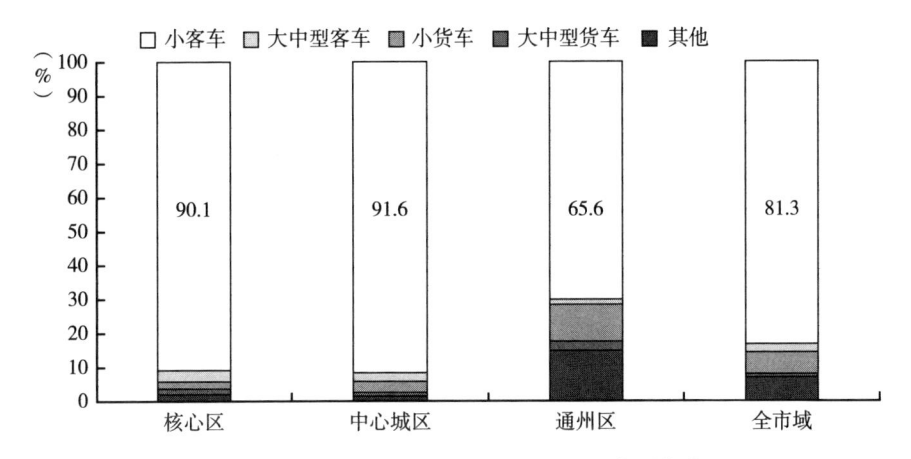

图 6　2020 年北京市机动车分区域登记车型构成

资料来源：北京市公安局公安交通管理局。

2020 年中心城区高峰时段道路交通指数为 5.07，较上年同期降低 7.48%，其中，早晚高峰年平均交通指数分别为 4.87、5.26。受新冠肺炎疫情影响，居民出行量减少，2020 年上半年道路拥堵性指数低于 2019 年同期，同时，在春节假期的双重影响下，2 月降至最低（见图 8）。

分环线道路交通指数呈现由核心区向外围逐渐降低的特征。2020 年，分

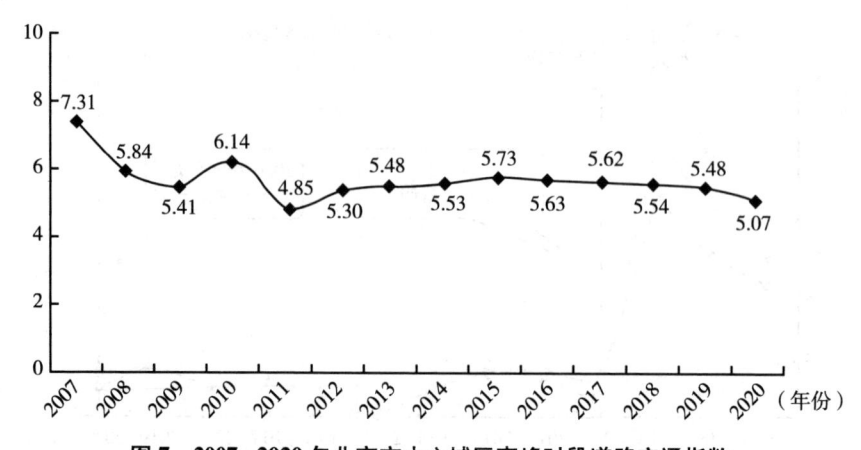

图7　2007~2020年北京市中心城区高峰时段道路交通指数

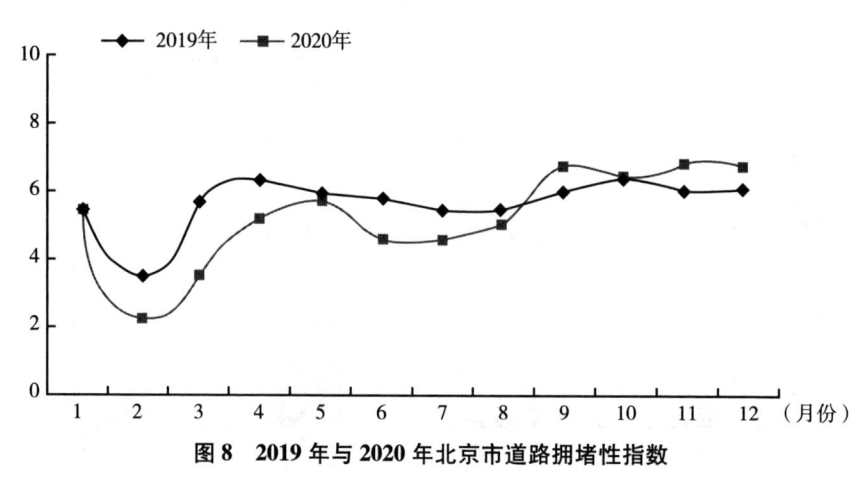

资料来源：北京交通发展研究院。

图8　2019年与2020年北京市道路拥堵性指数

资料来源：北京交通发展研究院。

环线区域高峰时段道路交通指数均有所下降，其中，降幅最大的是二环内区域，2020年道路交通指数为5.85，比上年（6.60）降低11.36%（见图9）。

2020年，城六区道路交通指数如图10所示。其中，西城区道路交通指数为6.06，处于"中度拥堵"，比上年下降8.87%；东城区、朝阳区、海淀区、丰台区、石景山区年道路交通指数分别为5.57、5.35、4.95、4.10、4.02，处于"轻度拥堵"。

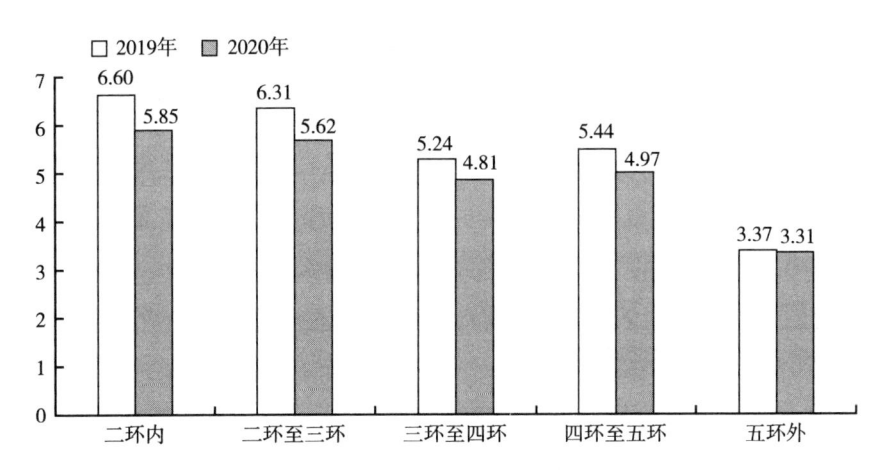

图 9　2019 年与 2020 年北京市分环线道路交通指数

资料来源：北京交通发展研究院。

（2）拥堵持续时间

2020 年，北京市拥堵持续时间如表 2 所示。其中，轻度拥堵、中度拥堵、严重拥堵持续时间分别比上年减少 65 分钟、减少 35 分钟、增加 10 分钟。

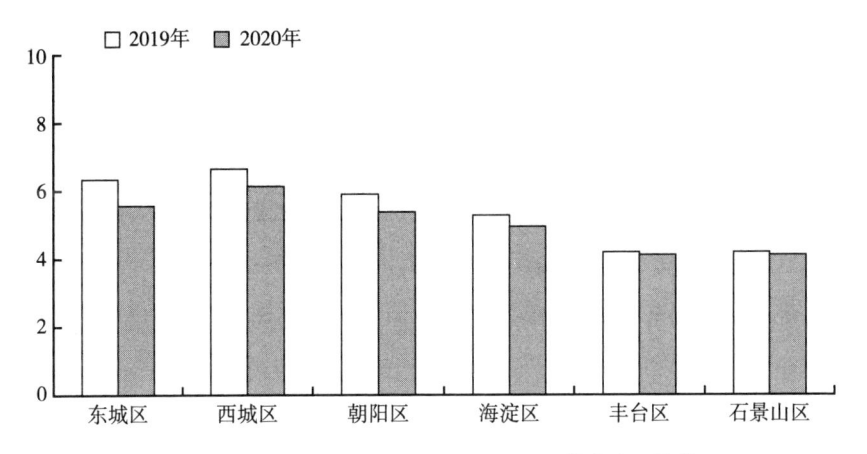

图 10　2019 年与 2020 年北京市城六区道路交通指数

资料来源：北京交通发展研究院。

表 2 2019~2020 年北京市拥堵持续时间

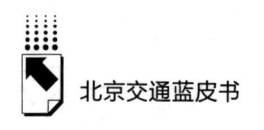

指标	2019 年	2020 年	2020 年较 2019 年变化
畅通	9 小时 40 分钟	12 小时 45 分钟	+185 分钟
基本畅通	8 小时 10 分钟	6 小时 35 分钟	-95 分钟
轻度拥堵	3 小时 10 分钟	2 小时 5 分钟	-65 分钟
中度拥堵	2 小时 40 分钟	2 小时 5 分钟	-35 分钟
严重拥堵	20 分钟	30 分钟	+10 分钟

资料来源：北京交通发展研究院。

（二）过度依赖小汽车出行的影响

1. 对个体层面的影响

（1）交通拥堵，出行时间成本增加

过于依赖小汽车最直接的后果就是造成城市交通堵塞，尤其是在中心城区以及早高峰和晚高峰时段，影响人们的正常工作和生活。这种额外附加的时间成本，会在一定程度上影响人们的出行决策。

（2）影响情绪，居民幸福指数降低

通勤时间过长会给通勤者的精神和生活带来一定程度的负面影响。通勤时间与通勤者的其他活动时间是相互制约的，因此长时间的通勤会影响其他活动时间的分配，从而影响生活质量。

2. 对社会层面的影响

（1）环境污染，能源浪费

过度使用小汽车出行会造成城市交通拥堵，降低城市机动车出行效率，在完成相同运载量的同时造成更多机动车滞停，废气排放量增加，造成严重的空气污染。

（2）负外部性强，管理成本高

交通拥堵及其带来的管理问题将造成巨大的社会损失。根据中国社会科学院数量经济与技术经济研究所的估算，北京市每年因此类事件给社会带来的损失高达 146 亿元。随着城市拥堵从一线城市逐渐扩散到二、三线城市，城市交通拥堵造成的损失将会越来越大。

（三）北京市小汽车依赖的主要原因

1. 小汽车拥有成本较低

小汽车使用会造成环境污染、交通拥堵、交通事故等，但目前市民的拥车成本仅限于购买、维护等内部成本，当前小汽车出行产生的环境污染、拥堵等外部成本由社会替其承担，而非小汽车使用者。路内停车费还不够高，违规停车代价也不大。

2. 购车的抽号和时限要求有待优化

北京燃油汽车摇号和新能源汽车排队没有地区分类。而且规定摇号或排队取得资格后，市民必须在1年内购车，使得部分没有意愿的购车者不得不进行购车。

3. 北京地大路远大院多，公共交通不如小汽车出行方便

北京市公共交通出行方式尽管有了较大改善，仍存在诸多不足，如公共交通需要等待，有些道路换乘不便，有时等待或步行时间较长。很多单位或机构是大院，共享单车等不能进院，特别是对于远距离的上班族而言，小汽车门对门出行，更及时方便。

4. 部分家庭拥有多辆小汽车

过去的政策较为宽松，有部分家庭拥有两辆甚至多辆小汽车。

5. 新冠肺炎疫情加剧市民对小汽车的依赖

疫情的发生使公共交通出行量骤降，市民选择公共交通出行的意愿明显降低。在疫情期间，市民更愿意选择受疫情影响小的私人汽车出行。

（四）结论

减少对小汽车的依赖，其着力点不应局限于对小汽车数量的限制，而应在于调节小汽车、公交、自行车等不同出行方式的占比。因此，本报告将从以下三个方面对北京市减少小汽车依赖的可行方案提出建议。

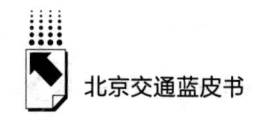

首先，从问题的源头实施对策，减少小汽车的持有量和使用量，如我国已实施的小汽车限购、限号、限行政策，停车费、环境维护费和拥堵费的增收等；其次，发挥其他市内交通工具的替代效应，结合北京市各区域地理特征和居民出行特点，通过完善公共交通领域的资源配置，减少人们对驾驶小汽车出行的需求；最后，综合多种出行方式与不同平台的力量，提出"绿色出行一体化"方案，力求有效降低北京市居民对小汽车出行的依赖程度。

二 "堵"：减少居民汽车使用

（一）国内外减少小汽车依赖的经验

1. 东京：有位停车，征收高额停车费，加大违章停车处罚力度

1962年日本颁布《车库法》，关键规定主要有3条：一是车主提供有车库的证明文件后方可上牌，二是车位必须距离车主住所2公里以内，三是设立"停车标志贴"制度。《车库法》的实施大幅减少了占路停车的情况，减少道路拥堵，成功建立了良好的交通秩序和公共空间秩序。

日本作为典型的汽车大国，其在市中心小汽车限用方面取得了显著成果，早在1962年就制定了《机动车停车场所之确保法实施法令》。为避免人们为节省停车费而违章停车，东京警视厅专门配备了民间监督员参与乱停车治理，并设置高额的违章停车罚金。

2. 伦敦：配合摄像机网络设施，进行城市交通拥堵收费

伦敦是目前世界上实施拥堵收费的最大城市，它实行的是单一费率。新冠肺炎疫情期间为防止公众聚集，伦敦已将拥堵费提高至每天15英镑。根据伦敦交通局调查，收费时段进入收费区的小汽车数量明显减少，城市交通拥堵问题得到了显著改善。

3. 上海：车牌竞价拍卖，控制拥车需求

上海自1994年开始对新增的汽车额度实行有底价的拍卖政策。根据现行的《上海市非营业性客车额度拍卖管理规定》，上海市推出"小客车上牌额度无底价竞购"。近年来，上海市连续推出车牌"警示价""新牌上新车"等政策，挤压投资水分。根据上海市车牌拍卖最新数据，2022年7月个人额度投放量为17194辆，参拍人数为171009人，整体中标率为10%，最低成交价为91700元，平均成交价为91786元。自上海市实行车牌拍卖政策后，汽车保有量得到十分有效的控制。

（二）降低小汽车拥有量

1. 优化结构，提高门槛，减少增量

按照2022年5月国务院发布的《国务院关于印发扎实稳住经济一揽子政策措施的通知》要求，及北京市交通实际情况，提出以下几点建议。

一是优化结构，进一步将小汽车的指标向电动汽车倾斜，向郊区倾斜，特别是郊区的无车家庭；对于出租车/网约车，进一步鼓励使用电动车。同时加快充电桩建设，保障电动车运行。

二是放宽购车时间限制，尽可能减少增量。据调查，2020年1月底北京市发布了摇号获得购车资格的居民取消1年内必须购买车辆的强制要求，2020年至2022年上半年，有近4万台购车指标没有被使用。因此，建议北京市燃油小汽车的限购时间由现在的1年变为2~3年。

三是对于摇号车辆，加收一定的摇号押金，这样，提高摇号门槛，使得意愿不强的人不能随意进行摇号，当然摇上车后押金退还。押金可用于改善公共交通。

2. "一人多车"有序退出

《北京市"十四五"时期交通发展建设规划》对调控小客车数量、降低其出行的强度提出了新的要求。优先向无车家庭配置小客车指标；加强机动车通行管理；加快推动小客车由购买管理向使用管理转变，综合施策、"以静制动"，推动"一人多车"有序退出。

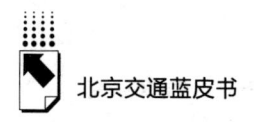

3."摇号购车"调控总量

自 2011 年开始,《北京市小客车数量调控暂行规定》确定,北京市民采用摇号的方式获取购买小客车的资格,此方法一直沿用至今。2021 年 12 月 29 日,北京市小客车指标调控管理办公室公布了 2022 年北京市指标配额情况,合计 10 万个。2022 年北京市摇号时间如表 3 所示。

表 3　2022 年北京市摇号时间

申请时间	每年 1 月 1 日至 3 月 8 日,8 月 1 日至 10 月 8 日集中申请
配置时间	新能源指标:5 月 26 日
	普通指标:6 月 26 日、12 月 26 日
注意事项	指标配额不得跨年度配置

资料来源:北京市交通委员会。

根据最新的《北京市小客车数量调控暂行规定》实施细则第五条:指标配额按年度确定,不得跨年度配置。2022 年北京市摇号指标配额情况见表 4。

表 4　2022 年北京市摇号指标配额情况

单位:个

	普通指标	新能源指标
个人指标额度	28600	19080
家庭指标额度		44520
单位指标额度	1200	3600
营运小客车指标额度	200	2800
合计额度	30000	70000

资料来源:北京市交通委员会。

(三)减少小汽车使用量

1.小汽车限行政策

2008 年 7 月 20 日至 8 月 27 日,为保障奥运会的交通顺畅,北京市开始试行机动车牌照尾号单双号限行政策。由于取得了良好效果，奥运会结束后，北京市开始将限行政策作为常规交通管理措施进行使用。

在单独实施小汽车限行政策的情况下，出行者往往会通过购买第二辆机动车的方式进行应对，为进一步保障政策效果，北京市自2011年1月开始实施小汽车总量调控，市民将通过摇号的方式获得购买机动车的资格。

2.完善停车政策

近年来，北京市在停车价格、停车收费模式两方面都有所优化，但仍存在一些需要注意的问题。

一是路侧停车收费过低或免费，价格杠杆难以发挥有效作用。目前，北京市路侧停车存在收费过低甚至免费的现象，导致停车需求大量外溢至路侧。

二是路侧路外停车收费标准制定不合理。相对于路外停车场而言，路侧停车位占用路内资源，土地价值更高，但目前北京市大量路侧停车位收费标准低于路外停车场，导致停车需求外溢至路侧，难以通过价格诱导影响停车人的停车决策。

三是停车收费标准制定较为笼统，精细化程度不高。随着城市交通进一步发展，经济发展水平、政策环境都发生了巨大的变化，加之电子收费系统上线后停车大数据收集的可行性明显提高，城市交通管理对停车收费标准制定提出了更加具体的要求。现有的北京市停车收费标准已无法适应当前城市管理的需要，需要增强停车收费政策的管理效能，不仅限于静态的阶梯收费标准，更期望能够建立根据车位数量、区域位置等因素设计的动态停车收费模型。因此，提出以下几点建议。

（1）停车费用的合理收取

利用停车收费价格政策可以改变人们的出行行为，提升公共交通利用水平，如设置居民选择小汽车出行和选择其他方式出行的价格平衡点、依据收入影响因素进行决策等。

（2）停车场的规划与完善

2021年5月7日，《关于推动城市停车设施发展的意见》出台，该文件指出我国城市停车设施仍存在供给能力短缺、治理水平不高、市场化进程滞

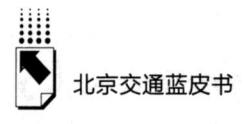

后等问题,第七条为加强停车换乘衔接,优化形成以公共交通为主的城市出行结构。北京市关于停车场建设的政策见表5。

表5 北京市关于停车场建设的政策

时间	政策	主要内容
2020年2月	《2020年北京市交通综合治理行动计划》	提出需要推进停车设施建设,制订实施停车专项规划3年行动计划,坚持市场化调节机制,因地制宜建设停车设施;做好"烂尾"停车设施整治工作;开展公共建筑停车设施有偿错时共享,城六区和通州区每个街道各完成两处公共建筑停车设施错时共享试点
2020年1月	《北京市机动车停车信息服务规范(试行)》	该规范要求各区停车管理部门按照全市统一的标准采集、传输所辖区域的各类停车场信息,并对技术路线、信息分类及内容、数据交换格式进行了规范
2019年12月	《北京市交通委员会关于加强道路停车费催缴及行政处罚工作的意见》	为落实《北京市机动车停车条例》第41条规定,意见明确了责任分工、缴费主体、继费期限、处罚标准、继缴处罚工作要求、信用管理等内容,自2020年1月1日开始实施
2019年11月	《关于推进本市停车设施有偿错时共享的指导意见》	意见明确,北京行政区域内公共建筑的停车设施在具备安全管理条件的情况下应对外开放,实行有偿错时共享,优先用于居住停车,居住小区的停车设施在满足本居住小区居民需要的情况下,可以向社会开放,自2019年11月1日开始实施
2019年8月	《北京市机动车停车设施信息报送及经营性停车设施备案管理办法(试行)》	依据《北京市机动车停车条例》及有关法律法规的内容制定的,将机动车停车设施分为道路停车泊位、公共停车场、专用停车场和"P+R"停车场,并要求经营性停车设施经营单位在开展经营活动前提交备案
2019年7月	《北京市交通委员会关于道路居住停车管理工作的意见(试行)》	白实线停车位以服务出行停车为主,白虚线停车位以服务居住停车为主,均应实行电子收费,纳入政府非税收入管理,收入全额上缴区级财政,在道路白虚线居住停车位,以及开放用于居住停车的白实线出行车位停放并享受居住停车价格的,均须经过道路停车居住认证,自2019年7月14日开始实施
2018年5月	《北京市机动车停车条例》	明确要分类供应,通过差别供给盘活资源,缓解停车难的问题,并传递了有偿使用、停车付费的理念,充分发挥城市管理的网格化作用

资料来源:前瞻产业研究院。

3. 加收交通拥堵费

新加坡是世界上第一个征收交通拥堵费的国家，作为一个国土面积不大的国家，新加坡没有多余的土地，难以通过基础建设缓解道路交通拥堵问题。1998年，新加坡开始使用公路电子收费系统，根据拥堵路段的拥堵情况以及平均车速实时进行计费。英国也借鉴了这一政策，但取得的效果远没有新加坡理想。2003年，伦敦开始正式征收拥堵费，前3年的确取得了不错的效果。但2007年，伦敦的交通拥堵程度又回到了征收拥堵费之前的水平。

就我国而言，早在2010年12月，北京市就出台了28条措施缓解交通拥堵问题，并首提"征收拥堵费"。2013年，《北京市2013~2017年清洁空气行动计划》发布后，几乎每年都会传出拥堵费相关的消息，然而迄今为止北京仍未出台一套完整的拥堵费征收方案。

4. 研究试点有位停车制度

与我国"配建停车设施为主，路外公共停车设施为辅，路内停车为补充"的规划思路不同，截至2021年，日本停车位数仅占汽车保有量的7%，只有2%属于社会公共停车位。绝大部分汽车日常停放在私人停车位，不属于公共停车位资源统计范围。

我国大城市目前普遍存在交通拥堵以及违法占道停车的问题。"有位购车"政策为交通治理提供了一个解决思路和管理方向。北京市早期也尝试了停车泊位证制度，但在实施过程中出现了非法代办、伪造停车泊位证等问题，严重影响了实施效果，以废止告终。同样日本在实行有位购车政策过程中也出现了车库飞行、虚假申报和伪造证明等问题。正是在"发现问题，解决问题"的过程中，《车库法》得以不断调整和修订。与摇号拍卖的限购政策、征收拥堵费的经济调控措施相同，有位购车政策也是城市交通需求管理的一种模式。我们可以从日本有位购车政策的实施中汲取经验启示。

（1）加强事前检查：确保停车泊位的真实性，有效防止虚假申报和伪造证明

第一，要求在办理停车泊位证时提交详细的材料，尤其应提供停车位具体位置、使用权归属等关键信息，提高证明文件伪造的难度。要求停车场经

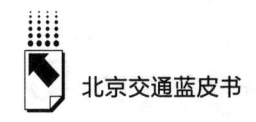

营者提供承诺性强的证明，以避免其超容量开具停车许可的情况出现。

第二，应真正落实执法机关的核查责任。发放停车泊位证前，相关执法机关须确保停车位真实存在，且对应唯一的使用人。在申请量比较大难以兼顾核验的情况下，可委托给第三方机构进行现场勘查。

第三，规范停车泊位证明的申报流程。在审批过程中实现政府部门的互相监督，防止不法人员利用流程漏洞代办停车泊位证明，开具虚假证明文件等；此外，在技术层面，可建立备案停车场信息共享平台。及时更新政府机关备案的、授权开具停车泊位证明的停车场信息，公开各个停车场空余泊位数以及月租等收费情况，方便车主了解住处附近可利用的停车场，便于办理停车泊位证，从源头上避免因附近停车场未纳入备案范围无法办理而伪造证明的现象发生。

（2）强化事中监督：张贴停车泊位标志，对未申报车辆实施通行限制

第一，建立停车泊位标志制度。制定统一的停车泊位标志，要求车辆在车身规定位置张贴能明确反映停车泊位信息的标志，便于交警核实。

第二，禁止未申报停车泊位证的机动车上路行驶，确保政策实施的公信力和公平性，保障政策的实施效果。

（3）完善事后监管：加大相关违法行为的处罚力度

对相关违法行为设立罚则，加大处罚力度，严格执法。针对违法代办停车泊位证明，开具虚假证明文件，以及针对涂改、伪造、骗取机动车牌证的行为设置严厉的现金惩罚措施，并给予相应的扣分处罚。

5. 研究试点收取环境维护费

当前，"碳达峰、碳中和"成为中国现代化建设的核心议题。目前，北京市面临车辆达线的问题，可向立法部门申请研究加收燃油汽车环境维护费。具体可考虑以下做法。

第一，在拥堵区域收费，如每周一至周五的7：00~20：00，在拥堵的金融区和商业娱乐区等地进行试点，法定节假日除外。

第二，按照行驶里程进行收费，如规定每月行驶里程标准，对超额部分收费。

第三，课税对象为普通燃油小汽车，新能源汽车、计程车、警车、消防车、救护车等无须收费。

第四，收费专门用于公共交通发展以及道路基础设施建设。

（四）结论

堵不如疏，居民购买小汽车的意愿和需求是必然存在的，一味地增加购车和行车成本，会在一定程度上损害居民的生活质量和居住幸福感，这与城市"以人为本"的目标相悖。企图从源头控制小汽车的数量并非易事，长期来看，减少对小汽车的依赖关键在于公共交通的发展与崛起。

三 "疏"：发展多样绿色交通

本节将从公交车、自行车、地铁这几种交通工具入手，深刻发掘其在公共出行中起到的作用，以减少居民对小汽车的依赖。

（一）公交车

1.北京市公交车基本情况介绍

北京市公共交通服务坚持"以人为本"的交通发展理念，努力构建城市现代化综合交通系统。截至2020年底，北京市城区公共汽（电）车线路总数增至1207条；运营线路长达28418公里，同比增长2.8%（见表6）。

表6 2013~2020年北京市城区公共汽（电）车基本情况

指标	单位	2013年	2014年	2015年	2016年	2017年	2018年	2019年	2020年
线路条数	条	813	877	876	876	886	888	1158	1207
线路长度	公里	19688	20249	20186	19818	19290	19245	27632	28418
运营车辆	辆	23592	23667	23287	22688	25624	24076	23010	23948
公交专用道	车道公里	365.6	394.8	740.7	851	907	952	952	1005

资料来源：北京市交通委员会。

近年来，为应对客运市场变化，满足乘客多元化出行需求，北京市不断发展多样化公交服务。截至2020年底，共开行定制公交、快速直达专线等多样化服务线路495条，其中定制公交278条，较上年增加88条；快速直达专线217条，较上年减少1条（见图11）。

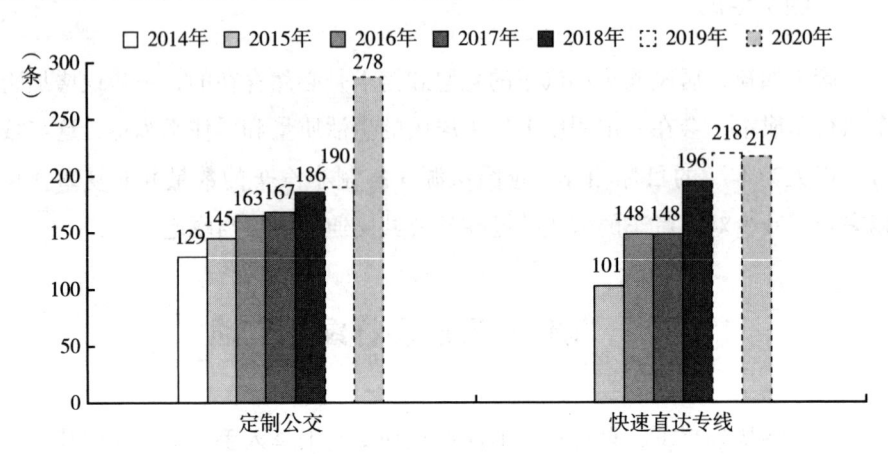

图11　2014~2020年北京市公共汽（电）车多样化服务运营线路变化

资料来源：北京市交通委员会。

2020年，公共汽（电）车客运场站总数为697个，较上年减少6个。其中，保养场12个，枢纽站10个，中心站21个，首末站654个（见表7）。

表7　2013~2020年北京市城区公共汽（电）车客运场站情况

单位：个

公共汽(电)车客运场站	2013年	2014年	2015年	2016年	2017年	2018年	2019年	2020年
合计	624	641	672	632	685	693	703	697
保养场	15	15	17	13	12	13	13	12
枢纽站	8	8	8	8	8	8	10	10
中心站	21	21	21	21	27	27	27	21
首末站	580	597	626	590	638	645	653	654
其中:永久性	146	146	152	154	161	163	166	166
临时性	434	451	474	436	477	482	487	488

资料来源：北京市交通委员会。

2. 公交出行现存问题

（1）北京市公交专用道利用的主要问题

①相关法规制度滞后

《北京市实施〈中华人民共和国道路交通安全法〉办法》明确规定，在规定的时间内只准公共汽车、电车通行，其他车辆不得进入该车道行驶。这意味着，北京市公交专用道即便闲置时也不允许如客车、校车等乘坐人数较多的机动车辆行驶。

北京市绝大部分公交专用道是早晚高峰期专用，有少量甚至24小时专用，这些专用道在工作日和周末时间实施无差别化管理，居民周末和节假日出行以休闲和私务为主，更倾向于选择社会车辆出行，此外，地下路段开通和运行轨道交通也会影响地上公交客流，导致部分公交专用道经常连续几公里空旷无车，其他车道却拥堵不堪，专用道资源的利用效率不高，资源配置有待优化。

②公交专用道存在断点，无法凸显优势

截至2022年，北京市公交专用道里程已达1005公里，专用车道能够减轻道路拥挤给乘客造成的不便，跑出通勤"加速度"，但仍存在两个痛点。一是公交专用道"长"却不"连"，多路段都存在断点问题。拥有公交专用道的路段之间夹杂未有专用道的路段，社会车辆的并线挪移很大程度上影响了公交车速，极大地降低了专用道的运行效率。二是专用道开启时间不一致。如长安街的专用道启用时间为6：00~20：00，而部分环线仅在7：00~9：00、17：00~19：00的高峰时段开启，有的社会车辆驾驶员会因担心误入专用道而选择使用普通车道，降低了普通车辆在非开启时段使用专用道的频率，难以发挥专用道分时开启的功效，容易造成交通拥堵，降低道路通行效率。此外，专用道在路口、桥区匝道等交叉口也存在行驶不畅的问题，导致专用道使用效果进一步打折扣。

专用道规划部门不统一。北京市交通委和公交运营主体只能提出专用道规划需求，需要公安交管部门负责审批并进行执法管理，而道路设计单位和道路产权方需要在各管理部门和属地政府都认可的情况下，组织施划。因此，公安交管部门既是执法者，又是审批者，可能存在执法管理成本最小化

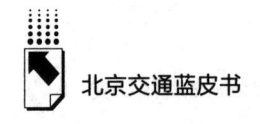

的动机，降低了专用道规划的效率和速度。

（2）北京市公交运营存在的主要问题

①高峰期公共交通拥挤，非高峰期空载率较高

在早晚高峰期以外的时间段内，乘客较少，目前北京市公交对高峰和平峰间隔发车时间做了分类调度，但没有依托大数据进行精准分析，不可避免地造成资源浪费。

2021年，公共汽（电）车出行比例为11.5%，远低于小汽车出行率。交通线路设计不合理和拥堵带来的预期不稳定，进一步降低了公共交通使用率。

②上下车重复扫码降低乘车效率

北京市公交线路较长，按里程分段收费的经营模式使乘客必须上下车两次扫码刷卡。二维码的刷新依赖网络质量，在乘车高峰期，如果出现信号不佳的情况，等待间隙容易造成拥堵，降低公交车的运营效率。

（3）北京市公交设施及服务存在的主要问题

①公交运营高度依赖财政补贴

2012年北京公共交通公用事业的补贴为170亿元，而2013年为178亿元，多年来北京市政府对公共交通持续补贴，且补贴资金来源单一，过分依靠市政府财政，持续增加财政部门的压力。北京市全面调整票制票价方案。此方案中，公交车起步价为2元，10公里后，每5公里涨价1元。公交卡或扫码可以享受5折优惠，学生卡刷卡可以享受2.5折优惠。其价格虽然相较于早年的"1元起步票价"有所提升，但对比其他的一线城市，收费水平仍处于低位，对财政补贴的高度依赖会降低公交运营的市场化水平，或阻碍公共交通行业健康发展。

②场站建设滞后，临时场站难以满足新能源车需求

公交场站建设速度滞后于用地开发建设速度，2019年，超80%的公交场站（公交首末站）仍为临时设立。事实上，很多临时场站根本没有独立用地空间，而是在道路空间内开辟出一部分空地停放公交车，与公交地面交通"以场（站）定线"模式相冲突，很大程度上影响了道路交通秩序和公

交整体运营、临时调配效率。近年来，北京市交通领域坚持绿色优先方针，构建绿色出行体系，新增、更新大量新能源车。随着新能源车线的全面布局，2021年北京新增充电桩1000余个。然而，园区距离远、充电桩无法设立在临时场站，对新能源公交车充电和电池的更换造成很大不便，这也给公交场站的空间布局提出了更为急迫的要求。

3.国内外地面交通的经验借鉴

合理调整公共交通价格，采用多元化票制，优化补贴政策。美国纽约针对单程线路推出了多样化的票制。在纽约市内，花5美元左右可以购买到一张日票，月票售价在70美元左右。自2021年3月起，英国伦敦公共交通开始执行新的票价制度，从价格、区域、时段三个层面进行了调整。

4.公交出行解决方案

政府在规划、建设等顶层设计上下功夫，并在资金、法律、管理等角度提供政策保障，为提高公共交通使用率、扶持公共交通发展提供便利条件。

（1）公交专用车道管理建议

①高速路和快速路设置公交专用道的法规亟须更新

目前，城市公共汽（电）车最高运行时速超过70公里，因此，北京市交通部门需要向国家市场监督管理总局申请改变规定。

②优化北京市公交专用车道管理办法，提高道路管理水平和效率

由于法规的制定主体和运营管理的主体不匹配，公安部门制定以车为本的法规，交通部门倾向坚持以人为本，制度的顶层设计存在优化空间，需要两个部门密切合作，优化北京市公交专用车道管理办法，比如把"公交专用道"更名为"专用道"，更改准入条件，研究非工作日、非高峰期允许使用专用道的车辆类型，如3人以上合乘车辆、校车等，提升公交专用车道利用效率。跟进执法监管，利用红外感应仪器、路边固定和移动摄像头、交警随机抽查等方式监测车辆合乘人数，保障公交专用道使用合规性。亦可参考定制公交的做法，采用预约使用公交专用道等方式，实现灵活管理。

③科学灵活运用公交优先道，取消周末及节假日限行规定

保留原有公交专用道，将"公交+合乘"的试点专用道明确为公交优先

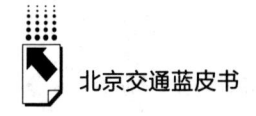

道，针对高峰期公交专用道同样拥挤、非高峰期公交专用道无人问津的情况，在公交专用道利用效率高的路段（中心城区）增添一条公交优先道，将公交专用道利用效率低的路段（近郊区）更改为公交优先道。公交专用道使用时间应按照客流量和公交车流量科学设置，相连道路上的公交专用道使用时间尽量保持一致。除个别特殊路段以外，建议取消周末和节假日大部分公交专用道出行限制，周末和节假日全天允许社会车辆驶入公交专用道。建议通过智能手段，根据不同情况（如节假日、交通管制、交通事故等）灵活调整专用道的使用方式和时间，如可根据客流情况适当延长或缩短使用时间。

④接续专用道断点，保障和提升网络连续性

建议由主管公安与交通的副市长共同牵头，市公安局公安交通管理局、交通委、公交公司及相关部门协同论证公交专用道功能完善提升计划，制定分阶段的公交专用道发展方案。结合公交线网规划来织补、缝合已施划的专用道断点。例如，在已有公交专用道的交叉口和尚未设置公交专用道的客运通道交叉口，设置公交专用道，并通过划线、信号优化等方式赋予公共交通优先通行权。相关配套设备应充分考虑大数据、物联网、人工智能、低碳等新技术的发展趋势。此外，只要达到客流需求标准的道路均可设置公交专用道，突破公交专用道选线对道路等级、道路方向等的限制，给予公交优先通行权，保障公交专用道连续成网，真正提升公交吸引力，缓解地面拥堵问题。

（2）公交运营管理建议

①加快新技术应用，推进区域智能调度

公交企业可考虑未来新兴城市交通模式的发展趋势，依据大数据、物联网、人工智能等新技术，精准实行车辆区域调度，有效避免"有时一辆车不来，有时一连来几辆"的问题。

②持续推进定制公交

定制公交是一种满足创新型需求的公共交通系统，具有线路灵活和直达无换乘的特点。同时，定制公交可以实现与私家车出行的替换和对接，可有效减少城市交通拥堵问题和能源消耗，提升郊区公交车道利用率，提高交通安全水平。

③动态调整发车间隔时间，灵活调整车辆支付方式

非高峰期空载率较高的情况造成了严重的资源浪费，可以依托大数据进行分析，分别制定高峰期/非高峰期公交运行表，添加停车按钮，非高峰期可采用乘客示意停车的方式，吸引更多乘客选择公共交通出行。

（3）公交设施及服务管理建议

①调整补贴方式，缓解财政负担

将公交投资建设与运营分离，政府交出运营权，仅在贷款、利息等资金运用层面为对应的公交企业提供补贴；通过PPP等方式引入北京市公交企业等社会资本，分流政府财政压力。

②完善公交场站建设和公交线网设置，保障"以场（站）定线"模式顺利实施

公交地面交通与地下轨道交通同样重要。要充分发挥地面公交的优势和作用，优先布置公交设施，加快推进永久场站建设，提高公共交通车辆进场率，提升公交运营质量，提升公交出行吸引力。

5. 定制公交

定制公交也是优化公交出行方案的重要举措。根据需求由系统智能规划车辆行驶路线，满足乘客区域内短距离出行需求。

（1）巡游定制公交

北京公交集团针对回天地区乘客出行需求，结合居民的出行建议，累计优化调整60余条公交线路，开通定制公交30余条，惠及20多个小区约2万居民。

这一举措一方面优化了地区公共出行环境；另一方面与慢行出行系统形成互补，通过为市民提供全天候的服务，给出行带来新选择。

（2）智慧公交调度新平台

除了线路设置方面的情况，充分利用大数据平台互联互通，形成智慧公交调度新平台，实现客流、车流耦合，实现要素资源与乘客需求的精准

匹配。

其中，478路跨线联运专78路取得的效果最好。478路是从回龙观东部地区开往中心城区的一条线路，专78路是就近接驳地铁的微循环线路。由于专78路线路较短，周转快，高峰客运量较为集中，478路早高峰跨线支援专78路，运行专78路3圈后返回本线路正常运营，缩短了专78路早高峰间隔，取得良好效果。

（3）两大区域中心统筹管理

目前，公交集团已完成天通苑和回龙观的区域化调度改革工作，整体的运营组织效率得到进一步提升。公交集团将对天通苑区域调度中心与回龙观区域调度中心进行统筹管理。

（二）自行车

20世纪90年代中后期，随着汽车工业的兴起，私家车出行的浪潮席卷而来，自行车逐渐淡出舞台。但城市交通机动化带来的环境问题、交通拥堵等诸多现实难题，使自行车重回大众视野，并且兼具了运动健身和娱乐等多元化角色。

近年来，北京市采取了一系列措施改善骑行环境、鼓励自行车出行。互联网租赁自行车作为一种新型共享式交通工具，逐渐成为居民解决出行"前后1公里"问题的重要选择。接下来本报告将基于北京市样本数据，探究自行车出行的问题并提出优化方案。

1.北京市共享单车出行特征

2021年10月9日北京交通发展研究院公布的数据显示，全市骑行覆盖范围广至六环，集中分布于五环内。同时，五环外有多个区域骑行活动活跃，如上地软件园、回天地区、房山区城区等。

在时间方面，7:00~9:00和17:00~20:00是工作日骑行的高峰时段，而节假日与工作日的24小时骑行量分布有明显差异，节假日骑行无明显高峰（见图12）。

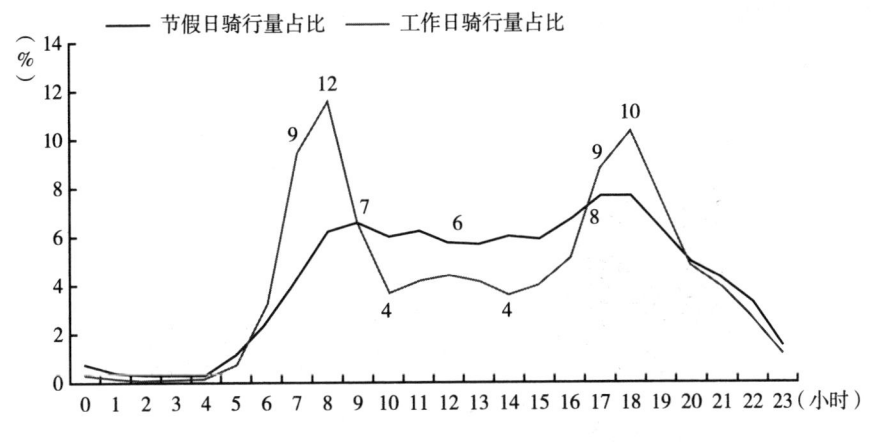

图 12　北京市典型工作日与节假日 24 小时骑行量占比

资料来源：北京交通发展研究院。

2. 北京市第一条自行车专用路

相比国内，国外许多城市如哥本哈根、伦敦等都建有专门的车道供自行车使用。在倡导绿色出行的大背景下，国内也开始引入这类自行车道。接下来以北京市首条自行车专用路为例，分析自行车专用路对周围交通压力的缓解效果。

在工作日的高峰时期，回龙观至上地软件园之间会产生大量的通勤客流，而其交通出行存在一些问题。

一是道路交通堵，区域间出行受京藏、京新高速阻隔严重，衔接道路严重拥堵，早高峰两地之间小汽车出行耗时为 40~50 分钟。

二是地面公交慢，地面公交线路绕行、停靠站点多，同时受道路交通拥堵的影响，早高峰两地之间的出行耗时为 70~80 分钟。

三是轨道交通挤，区域内霍营站、回龙观站、龙泽站、西二旗站均为常态限流车站，地铁 13 号线龙泽至西二旗段满载率超 110%。

因此，为缓解交通拥堵、缩短通勤时间、保障自行车骑行安全，北京市修建了首条自行车专用路，用以连接回龙观和上地软件园。全线封闭管理，共设 10 处出入口（含起点和终点），全天 24 小时开放，设潮汐车道、服务

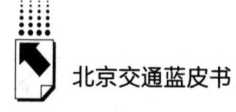

区和夜间照明等配套设施，并在入口坡道上设置自行车助力装置（见图13和图14）。

图13 潮汐车道

资料来源：北京交通发展研究院。

图14 助力装置

资料来源：北京交通发展研究院。

3. 自行车专用路使用效果分析

2019年5月31日，回龙观至上地软件园自行车专用路开通后，一度成为热议不断的网红"打卡地"。开通之初，日均骑行量高达1.9万人次（见图15）。

通过5种交通方式出行调研结果可以看出，回龙观至上地软件园自行车专用路建成后，早高峰自行车出行用时最短（为45分钟），且成本最低（见表8）。

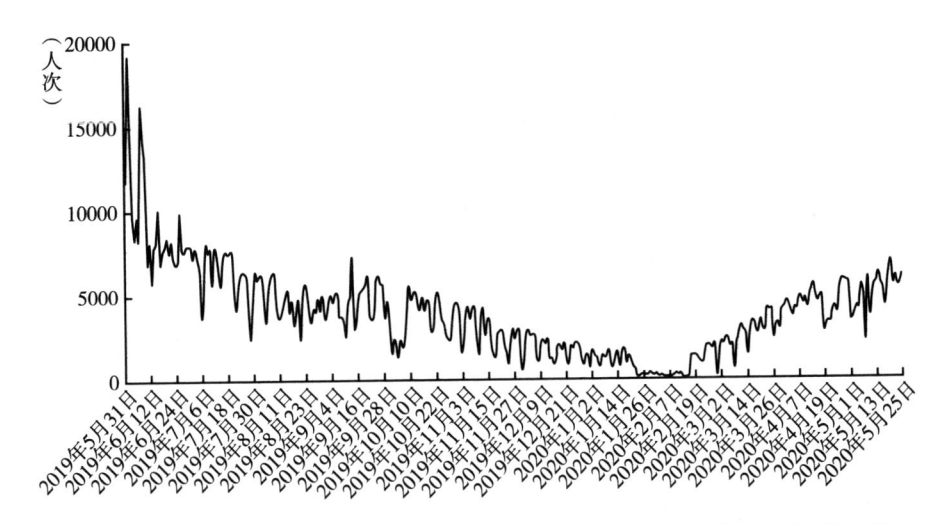

图15　2019年5月31日至2020年5月25日北京市自行车专用路断面骑行量统计

资料来源：北京交通发展研究院。

表8　北京市5种出行方式对比

指标	地铁	公交	小汽车	出租车	自行车
全程出行距离（公里）	8	9	10	10	8
出行总时耗（分钟）	45	90	50	66	45
接驳时间（分钟）	20	31	/	/	/
出行费用（元）	4	2	6.5	58	0

资料来源：北京交通发展研究院。

综上所示，回龙观至上地软件园自行车专用路主要发挥了通勤功能，极大地提升了两地的通勤效率，有效推动该区域公共交通出行的蓬勃发展。

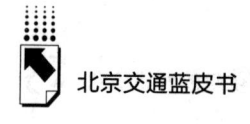

4. 问题及建议

（1）管理效率低

当前，在自行车专用路的运行中，出现了许多违规行为，比如逆行、超速、在道路上随意停车、带小孩进入等。现有的管理模式以人工劝导为主，全线共投入180人左右，每天三班倒。这种管理模式消耗较多的人力资本，并不可长期持续。

针对性建议：要想从长远角度解决在维护、管理、运营等方面出现的问题，应该从法规层面上对自行车违章管理规定和罚款条例进行完善，对违反各类禁止行为的惩罚措施进行明确，利用法规的效力来维持骑行秩序。

借鉴国际案例：德国自行车高速路建设后推出了一套严格的自行车骑行管理制度。在道路交通法规中，明确对自行车和骑行者提出严格要求，并有相应的处罚措施。比如，自行车必须具备正常的行驶设施，如刹车器、前后车灯、车铃。若出现前后灯失灵或有灯具未使用的情况，查到一次最高处罚为35欧元。骑行者必须遵守靠右行驶的规则，违规或反向行驶将被处以20~35欧元的罚款。

（2）配套设施不完善

回龙观至上地软件园的自行车专用路尽管在设计之初已经设置了许多人性化设施，如助力装置、潮汐车道和照明设施等，但由北京交通发展研究院发起的调查问卷结果显示，自行车专用路仍有许多地方可进一步提升改造，如尚未设置自动贩卖机等配套设施。

针对性建议：政府应加强对自行车道路的服务，可以借鉴丹麦哥本哈根的国际经验出台配套政策。配套政策措施方面，丹麦哥本哈根市技术与环境署专门成立了自行车交通规划与管理处，负责自行车交通的规划、建设和日常管理工作；自行车停车设施均设置在较为便利的位置；法律规定出租车必须配备自行车架，自行车在任何时候都可以带上城际火车，在非高峰时期可以带上地铁，各个单位必须配备淋浴间以方便骑行自行车的通勤者在到达单位后淋浴等。

（3）自行车道路占用问题较为严重

目前，大城市中心城区的自行车通道大多设于路侧的非机动车道，然而，路侧机动车的停放和借道行驶等行为相当普遍，严重影响了自行车道的畅通。当机动车临时停放在非机动车道的硬隔离入口或出口时，直接阻塞了自行车的通行路线。另外，在狭窄街道上，借道行驶的机动车会对自行车的正常行驶造成严重阻碍。此外，在机动车道与非机动车道之间没有设置硬隔离的路段上，路侧公交车站与路侧非机动车道之间的冲突现象也比较常见。

针对性建议：在道路交通中，应加大对机动车违法停车的执法力度，鼓励机动车在十字路口让行非机动车，提高非机动车的通行效率。只有骑自行车变得安全又便捷，才会有更多人选择骑车出行。

清晰的路权保障是鼓励骑行者和确保骑行者安全骑行的重要因素。要想使用自行车通勤，采用"桥"的形式从空中穿过高速和铁路区域是一种比较理想的解决方式，同时，还能让骑行者以最快的速度穿过这片区域。但一般条件下，当路面条件不属于上述的特定条件时，采取地面形式通行往往优于"自行车桥"的形式。地面自行车道可以避免类似上下桥时产生的地势高低差异，让市民可以随意停留、转弯去往不同的地方，也可以让人们更好地融入城市生活。此外，需要寻找多途径的形式保障自行车的行驶路权。以具有"骑行城市"之称的丹麦哥本哈根市为例，其保障自行车路权的形式有以下几种。

第一，城市道路两侧，与机动车并排，通过高差隔离的自行车道。

第二，沿着绿地公园，设置的与机动车完全隔离的步行和自行车道。

第三，自行车专用桥，与机动车道路完全隔离，可以大大缩短两地之间的直线距离。

第四，自行车快速路，该道路主要服务从城郊至市区长途通勤者。在城区，其往往与既有自行车道路重合，因此为确保骑行者在该区域能够快速安全地到达目的地，常常需采取强制措施。

（4）交叉口通行问题

在交叉路口，机动车和自行车在此共用路权，在直行绿灯亮起的时候，需要直行的自行车与道路上的右转车辆将发生行驶方向上的冲突，可能会提高交通事故的发生概率。

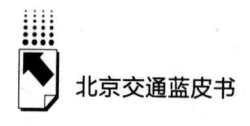

针对性建议：设置让行区域，实施物理隔离，有效分离冲突车辆。

荷兰式的交叉口设计经验值得我们学习。转弯导流岛是实现荷兰式交叉口有效运行的关键，在交叉路口形成物理隔离，实现右转、直行自行车与机动车辆的有效分离，从而有效地解决汽车转向过程中，由于内车轮差异而侵占自行车道的难题。转弯导流岛能够在交叉口明确机动车让行空间，减少转弯机动车与直行自行车视觉盲区，更好地保障直行自行车的骑行安全。同时，在转弯导流岛与机非隔离带之间的开口处设置了前置于机动车的直行自行车等候区，保障直行自行车在路口的优先通行权。建议借鉴荷兰兼顾各种交通参与者利益的设计理念，充分考虑交叉口的各个方向、各类交通参与者的行驶特点，结合北京市特征，选取慢行友好度低、使用量较高的典型交叉口，开展试点改造。

针对性建议：在交叉路口启用感应式信号灯，方便骑行者顺畅通过交叉口。

荷兰式的交叉口采用了大量的感应式信号灯，当骑行者接近交叉口时，交叉口信号灯会通过感应线圈感应交叉口各方向的机动车流量和自行车流量。当机动车流量较小时，信号灯会提前变绿，让骑行者顺畅通过交叉口。如图16所示，骑行者即将驶过交叉口前50米处的线圈，此时本方向自行车道为红灯。如果信号灯控制器感应到一名骑行者正在接近路口，并同时侦测到交叉方向的机动车流已经净空，则交叉方向的机动车道会变为红灯，本方向自行车道变为绿灯，以便让骑行者不需停车即可通过路口。当骑行者接近路口时，看到红灯在短短几秒后迅速变绿，会感受到信号灯是为我服务的。这种人性化的措施也会激励骑行者。

（三）地铁

1. 北京市地铁发展概况

解决北京市小汽车依赖问题的关键在于积极推动公共交通体系的发展，为居民创造高效、便利的公共交通环境。城市轨道交通是北京市公共交通系统的重要组成部分，截至2021年，北京市全年城市客运总量达

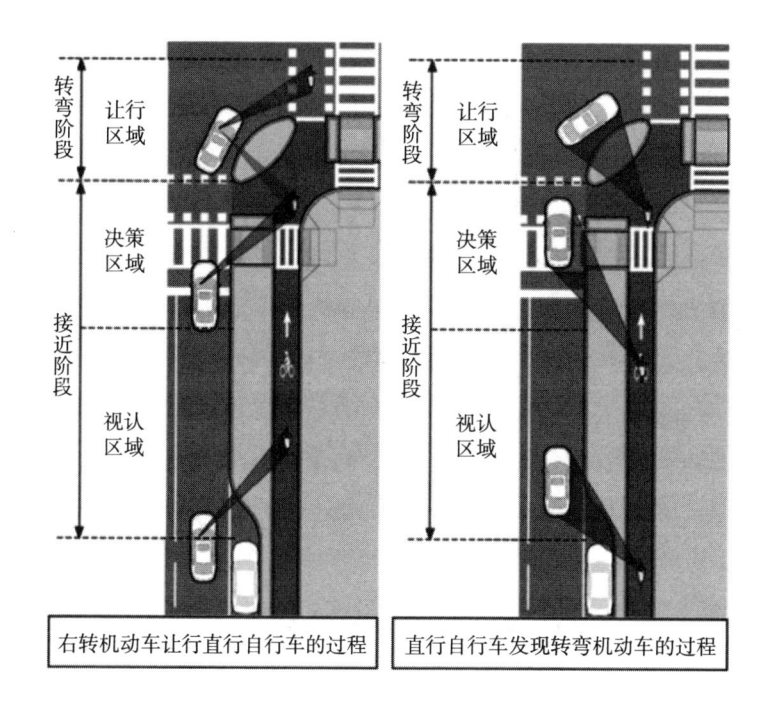

图 16　荷兰式的交叉口转弯导流岛设计

资料来源：北京交通发展研究院。

67.85亿人次，随着复工复产的逐步推进，其中轨道交通占比最高，达45.1%（见图17）。2021年轨道交通年客运量达30.67亿人次，较2020年提高33.7%（见图18）。

近年来，北京市不断改建既有线路，对已有线路进行优化，对未建成线路不断"织补、加密"，加快完善轨道交通网络。在投资拉动下，轨道交通实现规模化发展，线路从2001年的2条增加至2021年的27条，运营里程从54公里增至783公里。2010年轨道交通线路增至14条，运营里程达336公里，较2001年增加282公里；2020年轨道交通线路达24条，运营里程达727公里，轨道交通网络化运营水平得到进一步提升，有效推动了市民选择公共交通，实现"绿色出行"（见表9和图19）。

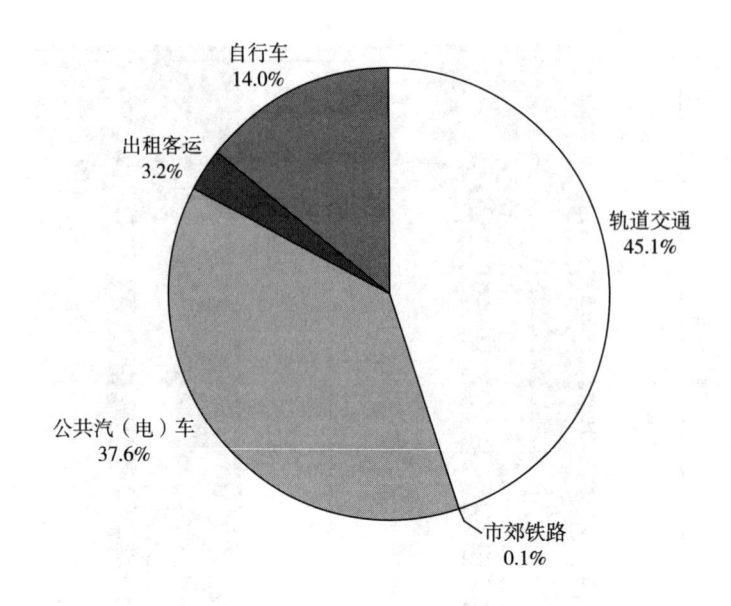

图 17　2021 年北京市公共交通系统分布

资料来源：北京交通发展年报。

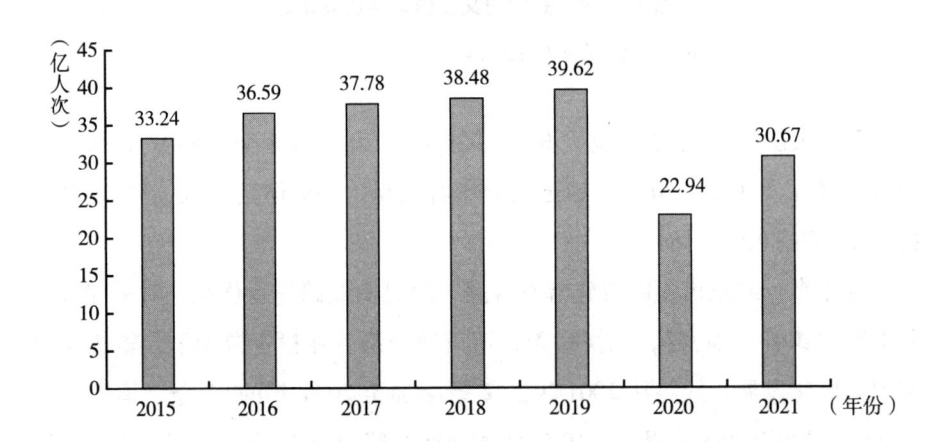

图 18　2015~2021 年北京市轨道交通年客运量变化

资料来源：北京交通发展年报。

北京减少小汽车依赖的对策研究

表9 2014~2021年北京市轨道交通运营线路情况

指标	单位	2014年	2015年	2016年	2017年	2018年	2019年	2020年	2021年
运营线路条数	条	18	18	19	22	22	23	24	27
运营线路长度	公里	527	554	574	608	637	699	727	783
车站数	个	318	334	345	370	391	405	428	459

资料来源：北京交通发展年报。

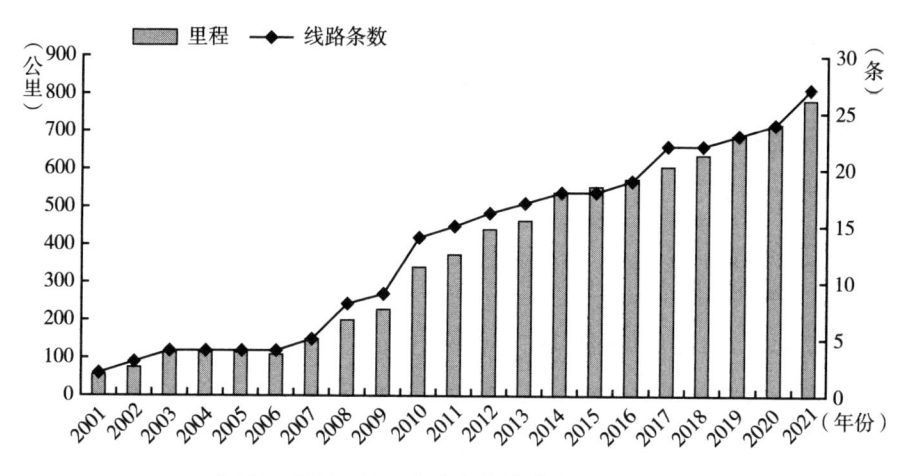

图19 2001~2021年北京市轨道交通里程变化

资料来源：北京交通发展年报。

轨道交通依然是城市客运的主力，2021年轨道交通运行呈现早高峰进出站量集中的特征，居民集中出行特征明显。

在2021年轨道交通工作日早高峰进站量最大的前10个站中，北部地区回天居住区范围内的地铁站占多数。其中，天通苑北站早高峰进站量最大，占全天进站量的53.38%。2021年工作日早高峰出站量最大的前10个站包括国贸站、丰台科技园站、西直门站、金台夕照站等，主要集中在金融街、国贸地区的地铁站。其中，早高峰出站量最大的站点为西二旗站，出站人流量达2.83万人次，占全天出站量的37.68%。

尽管北京地铁运营线路长达783公里，但是北京地铁对出行需求的满足程度尚待提升，北京与采取TOD发展模式的东京相比，北京30公里圈层轨

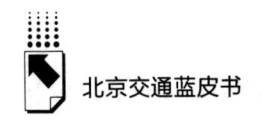

道站覆盖人口规模仅为东京的59%。轨道交通实际服务人口仅约370万人，轨道出行占比还有很大的提升空间。

2. 现有问题和建议

（1）北京地铁外围车站功能欠缺，导致城市的职住分离现象未得到有效缓解

北京市的职住分离现象严重，平均每天长达47分钟的单程通勤时间已成为北京"打工人"内心的痛楚。但由于北京地铁TOD发展不充分，未有效引导城市就业转移，北京的通勤族仍需忍受较长的通勤距离。例如，回龙观站周边的居住用地面积占比高达85%，其他功能不足。该区域早高峰大量的居住人群需要进入中心城区工作，因此进城方向的地铁线路极其拥堵。

13号线西段车站周边用地功能混合度低，早高峰进城方向客流量远高于出城方向，具有明显的潮汐性。

针对性建议：轨道交通与城市融合发展已成为共识，充分发挥地铁车站高可达性的优势，提升车站周边的土地利用密度和用地功能的复合度；考虑精细化的土地开发空间梯度规律，离站点越近开发强度越高，科学设置商业、公共配套、办公、住宅等土地开发功能和容积率，实现交通基础设施与开发规模的供需平衡；调整轨道沿线功能布局，实现沿轨道线路的职住平衡，沿着轨道交通线间隔设置居住中心和就业中心，形成"珠链式"空间组织模式。

（2）北京地铁车站对地下空间的利用率较低，车站出入口与周边建筑连通性不高

地铁构建了地下"超大城市"，但北京市地下空间以交通通行为主，资源并没有得到有效开发利用。东京是世界上地下街道最多的城市，依托庞大的轨道交通资源，探索出了地下空间的综合利用模式。

北京地铁无论是出入口数量还是出入口的连通性，都处于较低的水平。76.2%的车站出入口在4个以内，87.6%的车站出入口未与周边建筑物相连（见图20）。较少的出入口和较低的连通性，会造成大量的行人活动需要在

地面上完成，因此交叉口处的步行者和机动车常常处于拥挤状态，降低了空间的安全性和舒适感，也将影响地铁站周边的开发。

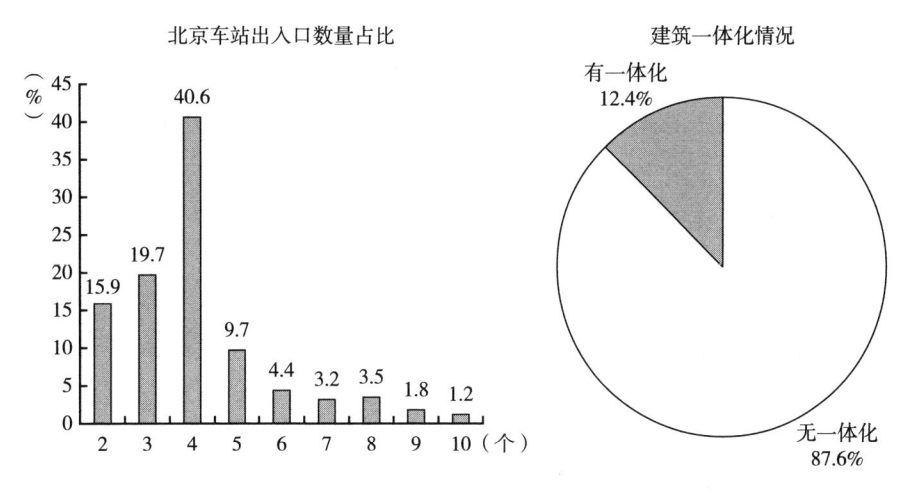

图20 北京地铁车站出入口和建筑有无一体化分布情况

资料来源：北京交通发展年报。

针对性建议：当前，北京市已提出了新的空间开发利用方向，即以城市重点功能区为节点，开拓地下空间资源。正在进行的城市更新，是一次宝贵的土地再利用机会，结合轨道交通已有的地下资源，实现地上地下空间立体互动。一是完善城市功能，通过开发地下空间功能，如交通、商贸等，完善地面城市功能体系，提升地面城市空间质量；二是提升土地效益，建设高品质地下商业空间，弥补地面建设的空间限制，提升土地开发效益，形成社会、经济综合效益；三是为乘客提供多元服务，沿轨道交通满足乘客出行、购物、休闲、商务等活动需求。

（3）北京城市轨道多为普线，线网快线层级不完善，难以支撑都市圈1小时通勤目标

外围多点新城与中心城的连接线均为普线地铁，速度在35~40公里/小时，速度慢，满载率高，换乘压力大，服务水平低；六环内轨道交通平均出行时耗约为75分钟，比小汽车慢30分钟，并不具备速度上的

竞争优势。

针对性建议：在京津冀协同发展、首都功能疏解、城市空间结构优化的背景下，人们的出行范围将继续扩大，需要高效率的轨道交通系统作为支撑和引领，优化轨道交通网络功能层次和结构是必要的、迫切的。面向更大范围城市发展框架，构建快速的城市轨道交通，以提升中、长距离的出行效率。持续优化地面公交线网和慢行交通服务，促进公交、步行、自行车与轨道交通衔接融合，形成轨道、公交、慢行一张网，提升轨道接驳水平。

（四）绿色出行一体化

1. 外部信息系统的支持

（1）碳减排奖励

建议北京市交通部门将居民出行与碳交易平台进行对接，对绿色出行的居民按照一定规则进行绿色交通车票的兑换。通过将绿色出行纳入碳交易形成闭环，设置资金奖励机制，如地铁票、优惠券等，让公众了解碳交易、热衷碳交易、选择碳交易。

（2）智慧技术赋能，通行更安全更高效

当前，北京市积极响应国家碳中和目标，推动城市交通由传统的小汽车出行向公交、轨道交通、步行和自行车等绿色出行模式转变，这是实现"零碳"转型的重要手段。尽管我国部分城市的绿色交通建设已取得了一定的进步，但是其发展面临许多瓶颈。要想实现这一目标，必须借助数字化手段，对交通服务模式进行升级与创新，以提高出行体验为中心，提高绿色出行的比重与频率。

近年来，北京市公共交通产业发展迅速，运营效率有所提升。北京绿色出行综合服务平台（北京MaaS）于2019年11月正式启动，为用户提供出行规划、实时公交信息、公交地铁拥堵信息和未来出行时间信息，降低出行成本，提高出行效率。

2. 绿色出行方式的结合

（1）公共绿色出行接驳存在的问题

目前，城市公交系统中的换乘行走距离较远、设施空间预留不足、环境品质较差等问题亟待解决。

①公共交通方式之间匹配程度有待提升

目前，轨道交通与普通公交已成为我国城市公交的两大主体，但在轨道与公交站点位置关系以及外部公交线路衔接等方面仍存在一些不足。其中，以轨道站点为主的城市轨道交通系统，存在部分站点的外部公交线路能力与换乘需求不匹配的问题。与此同时，不同方向的公交衔接网络还未形成，且缺少连续性、适用性较强的步行空间。以北京二环安定门地铁站为例，其站点位置在北二环以外，与安定门大道相交，其出入口只设在道路北侧。然而，北二环是城市的快速路，搭乘路以南的公共汽车必须步行横跨北二环主桥的环岛，缺乏较为安全的衔接，如图21所示。

（a）北侧轨道站点出口　　（b）南向横跨主路环岛

图21　安定门接驳示意

资料来源：《公共绿色出行交通接驳价值作用及规划指引》。

②公共交通站点与周围用地衔接不紧密

轨道交通是城市公交的重要载体，但其与周围土地"融为一体"的整体设计思想尚未得到完全贯彻，造成交通供给和土地需求间的"物理空间鸿沟"。以已经完工的六里桥站为例，它是多条轨道线的交接点，具有很好的公共交通服务功能。但因其位于京港澳高速南侧，且道路北面为大型住宅区，造成了车站与周围土地功能衔接不畅，影响了其衔接环境质量。从六里桥站的建设历程来看，在地铁规划中，向北开出地下通道的想法已成形。但在最后的施工过程中，北面的地下通道被拆除，造成了便利性的缺失，也削弱了该车站作为公共绿色出行选择的吸引力。

③公共交通接驳设施配置不足

目前，我国城市间的接驳和衔接设施还存在一些问题，如部分公共汽车停靠站数目有限，接驳线路较少；出租车泊位比较稀少，经常被占用，而且大多数站点没有考虑设置临时停车及候车区；我国城市公共自行车停车场规模与实际需求不匹配。自行车乱停乱放，影响人行道以及机动车道的正常使用。另外，自行车停车场进出通道不顺畅、安全等问题亟须解决，且配套服务不够完善（见图22）。

（a）共享单车随意停放　　　　　（b）出租车占用自行车道

图22　站点配置不足问题示意

资料来源：《公共绿色出行交通接驳价值作用及规划指引》。

（2）微循环公交接驳优化

微循环公交隶属于城市公交系统，承担普通公交支线的乘客运输任务，主要用于满足短途公交的出行需求，对城市公共交通覆盖区域起到环外补充作用。微循环公交为市民解决了"最后一公里"的交通难题。

当前，微循环公共交通在我国各大、中型城市得到了较快的发展，如北京、上海、深圳、青岛等地。随着微循环公交的发展，它的角色定位也越来越清晰，大致可以分为以下两个方面。

第一，对常规公交线网进行补充，在大型社区内布置公共交通网络，以满足社区内外的交通需要。此类微循环公交通常与学校、医院、商场和地铁站点等人流聚集点相连。

第二，主要对接地铁，实现地铁站点客流的快速分流。此类微循环公交主要面向通勤客流，线路与城市轨道交通站点、产业园区和大型办公用地、商业购物中心、居民区等衔接。

微循环公交和共享自行车存在业务交叉、功能相近等特点，两者之间存在一定的竞争性，但近年来，伴随共享单车服务水平的提高和优化，微循环公交在竞争中逐渐落入下风，究其原因，主要在于微循环公交的线路灵活性并未得到充分发挥。微循环公交多数是依靠传统的公共汽车停靠站设置的，造成了乘车人员的步行路程过远；有些线路为达到较高的通达率，绕行系数很大，乘客停留时间较长；另外，在规划线路时，没有考虑共享单车对微循环公交出行方式的影响，没有对微循环公交的客流量进行精准预测，造成微循环公交的线路和运营调度不当，造成了大量的资源浪费。考虑共享单车影响下优化微循环公交线路，能够使微循环公交与共享单车发挥出各自的优势，为城市居民提供更多的短途出行选择。

（3）地面公交与轨道融合发展

优化城市公共交通体系，强化地面公交与轨道交通的"两网融合"，促进地面公交提质、增效，提高城市公共交通总体服务水平和竞争力。

第一，功能互补融合。针对不同出行目标的乘客群体，将形成轨道交通主要服务中长距离出行群体、地面公共交通重点服务中短途出行群体的互补型公共交通发展方式。减少推出公交长线路，增加公交与轨道交通接驳的微循环线路，通过发挥各自优势，减少资源浪费。

第二，线网互补融合。强调地面公交重点服务轨道交通空白区域，在加密轨道低密区的公交线网的同时，减少重复线路，扩大覆盖范围。

第三，站点互补融合。核心目标是构建无缝衔接的轨道与公交换乘接驳设施体系，让市民出了轨道车站直接就有公交车坐。因此，既要保证地铁出入口处有公交接驳停靠站，又要尽量缩短两者之间的换乘距离。通过公交移增站等方式力争在地铁出入口设置30米以内的公交站点比例达到45%以上，尽力缩短地铁站点间的换乘距离。

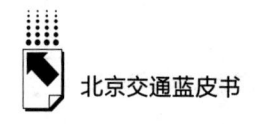

第四，运营互补融合。近年来，北京正致力于打造国际消费中心城市，促进夜经济发展，而夜间交通对城市商业街区的高质量发展起着举足轻重的作用。《2022年北京市交通综合治理行动计划》提出，将针对地铁首末站、火车站等重点区域，结合客流需求做好夜间地面公交运力投放，通过延长运营时间、设置摆站车等方式，实现地面公交与轨道交通的衔接补充。

四 研究结论

本报告通过分析研究，得出以下几点减少北京市对小汽车依赖的对策。

第一，降低小汽车拥有量和减少小汽车使用量。可以通过限制小汽车的购买和提高小汽车的使用成本从源头上减少小汽车出行。

第二，公共交通转移。优化改善地面公交、轨道交通、共享单车、自行车等公共交通出行方式，进一步促进绿色交通发展，鼓励人们更多选择绿色出行方式，缓解小汽车出行带来的交通压力。

第三，绿色出行一体化。通过步行、自行车、普通公交、微循环公交与轨道交通等多种交通方式的接驳，加上外部信息系统的支持，通过科技加持、智慧赋能，大幅提升公共交通行业通行效率。

参考文献

《2021年北京交通发展年度报告》，北京交通发展研究院网站，https：//www.bjtrc.org.cn/List/index/cid/7.html。

刘治彦、岳晓燕、赵睿：《我国城市交通拥堵成因与治理对策》，《城市发展研究》2011年第11期。

卢琳：《北京市中心城区交通疏堵新思路》，《市政技术》2019年第1期。

权忠光、肖翔：《促进地铁运营供需平衡》，《北京观察》2022年第5期。

沈悦、李伟、孙海瑞：《日本是如何根治乱停车的？——日本有位购车制度的立法背景和实施过程》，《北京规划建设》2018 年第 1 期。

苏跃江等：《城市道路交通运行指数的对比和思考》，《城市交通》2019 年第 2 期。

田金玲等：《上海市典型就业区的通勤特征分析与模式总结：张江、金桥和陆家嘴的案例比较》，《地理研究》2017 年第 1 期。

王卉彤、刘传明：《中国 100 个城市交通拥堵的空间格局研究基于高德交通拥堵大数据的分析》，《山东财经大学学报》2020 年第 1 期。

王丽艳、任珠慧、朱丹：《发达城市交通拥堵水平测度及影响因素研究——以天津市为例》，《城市观察》2018 年第 3 期。

王晓全等：《考虑交通小区相关性的小汽车拥有行为研究》，《交通运输系统工程与信息》2019 年第 4 期。

韦敬楠：《我国城市交通拥堵程度及影响因素分析——基于道路交通供需平衡的视角》，《辽宁工业大学学报》（社会科学版）2023 年第 2 期。

许园园、塔娜、李响：《基于地铁刷卡数据的城市通勤与就业中心吸引范围研究》，《人文地理》2017 年第 3 期。

尹来盛、张明丽：《我国超大城市交通拥堵及其治理对策研究——以广州市为例》，《城市观察》2017 年第 2 期。

B.8
北京电动三、四轮车治理对策研究

杨小宝*

摘　要： 电动三、四轮车给人们日常出行带来便利的同时，存在超标生产销售、电池起火、交通违规和事故频发等诸多问题和隐患。本报告通过对相关的法律法规和各省份管理政策的梳理，以及对北京市电动三、四轮车多角度的现状分析，提出当前电动三、四轮车治理存在的主要问题。进一步分析得出，电动三、四轮车的治理要明晰电动三、四轮车的机动车定位，梳理完善相关标准规范，进而针对合规车辆、超标违规车辆等不同类型车辆，以及用于邮政寄递、园林绿化等经营活动的用户和用于老年人代步、接送孩子等非经营活动的用户的不同用户群体进行分类治理，分别提出系统完善的综合治理措施，有效规范和引导电动三、四轮车的健康发展。

关键词： 电动三、四轮车　分类治理　北京市

一　引言

电动三、四轮车由于速度不快、稳定性较好，且有着载人或载物的功能，具有精准的消费人群。我国的电动三、四轮车保有量已分别突破了7000万辆和1000万辆。但是，目前的道路系统设计中并没有低速三、四轮

---

* 杨小宝，博士，北京交通大学系统科学学院教授、博士生导师，主要研究方向为综合交通复杂系统的建模与管控、交通数据挖掘与建模、交通行为与安全等。

车的通行通道，它们常穿梭于机动车道和非机动车道之间，严重扰乱交通秩序，并且存在超标生产销售、乱停乱放、违规充电、违章行驶、事故频发等诸多问题和隐患。

当前，电动三、四轮车治理研究集中在以下几个方面：总体上分析电动车的发展现状、问题与对策（赵福全等，2017；Fishman and Cherry，2016；孟俊焕等，2019），例如，部分学者分析电动三轮车存在的标准缺陷、管理缺陷和安全问题，并从使用和企业管理等角度提出了优化建议（万雨秀等，2022）；法律法规制度方面，分析电动自行车的生产销售标准、停放充电和道路实施规范（严晓燕，2021），以及电动三、四轮车运营的社会根源，寻找解决电动三、四轮车违规运营、完善法律法规的方法（郭一帆，2016；郭剑平，2019）；交通安全及其管理对策方面，分析电动自行车违规行为和交通事故的现状与原因，提出了加强牌证管理、加大违法惩罚力度等对策（尤扬，2017；姚鑫，2017；马社强等，2019）。

近年来，随着电动三、四轮车保有量的不断增加，电动三、四轮车带来的各种问题和隐患已引起相关部门的密切关注，政府部门正在积极开展相关治理方面的实际工作。例如，2020 年 12 月底以来，北京市公安局联合相关部门针对违规电动三、四轮车开展集中整治专项行动，截至 2021 年 7 月，处罚电动三、四轮车交通违法 17.3 万起，查扣车辆 1982 辆。为此，2021 年 7 月 12 日，北京市多部门联合发布《关于加强违规电动三四轮车管理的通告》，规定 2024 年 1 月 1 日起，违规电动三、四轮车上路行驶或停放的，执法部门将依法查处。

由此可知，电动三、四轮车给人们日常出行带来便利的同时，存在超标生产销售、电池起火、交通违规和事故频发等诸多问题和隐患。究其成因主要是生产销售市场混乱、交通违法乱象多，以及缺乏完善的管理制度等。这些问题已引起相关部门的密切关注，然而，违规车辆如何退出市场、合规生产销售的车辆是否应该全面禁止或放开管理等问题仍有待深入研究。电动三、四轮车在生产、销售和使用过程中存在的问题仍急需重视，应提出系统完善的综合治理措施，消除其安全隐患，有效规范和引导电动三、四轮车的健康发展。

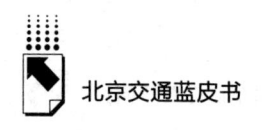

二 电动三、四轮车管理的法律法规梳理

(一) 电动三、四轮车车辆属性的界定

长期以来,电动三、四轮车尤其是电动三轮车从法律法规及管理政策上的界定都比较模糊。近年来,随着具体的政策条文的出台,其界定逐渐清晰。本节将从国内法律法规和技术标准的角度,进一步界定电动三、四轮车的性质。此外,还将深入研究电动三、四轮车在运营管理、车辆制造、市场销售等方面的法律法规,从而为电动三、四轮车的规范管理提供法律依据。

目前,《道路交通管理机动车类型》(GA 802-2019)为电动三轮车的认定提供了全面的参考,而《纯电动乘用车 技术条件》(征求意见稿)则为电动四轮车的界定提供了明确的依据(见表1)。因此,目前可以明确地将所有电动三、四轮车都视为机动车。

表1 关于电动三、四轮车车辆属性界定的法律法规或条例的梳理

法律法规或条例	电动三、四轮车车辆属性的有关界定
《中华人民共和国道路交通安全法》及《中华人民共和国道路交通安全法实施条例》(以下简称《实施条例》)	一百一十九条,将车辆划分为机动车、非机动车两类;2017年修订的《实施条例》第四十六条将"电瓶车"纳入机动车类别进行管理,但它的定义并不清楚,该条例中的"电瓶车"定义不够明确,没有清晰阐述"电瓶车"是否包括电动三轮车
《道路交通管理机动车类型》(GA 802-2019)	第4节列举了机动车的种类,其中摩托车术语中提到了电力驱动类型摩托车,电机额定功率总和大于4kW的摩托车为普通摩托车,电机额定功率总和小于或等于4kW的摩托车为轻便摩托车,由此可认定电动三轮车属于机动车中的摩托车类,电动四轮车属于机动车中的微型载客汽车
《北京市实施〈中华人民共和国道路交通安全法〉办法》	此办法的第一百一十条明确指出,由动力装置驱动的三轮车、四轮车在北京市日常管理中将被作为机动车进行处置
《纯电动乘用车 技术条件》(征求意见稿)	第3.2节中将四轮低速电动车命名为"微型低速纯电动乘用车",并在第4节中规定了微型低速纯电动乘用车的相关技术条件,例如座位数在4座及以下、最高车速小于70km/h等

资料来源:根据公开资料整理。

（二）电动三、四轮车的登记及牌照规定

按照上节对电动三、四轮车在法律法规及政策条文层面的界定，电动三、四轮车均属于机动车，因此需按照机动车的相关登记及牌照规定进行管理。

公安部于 2021 年 12 月 17 日公布了新修订的《机动车登记规定》。《机动车登记规定》中说明了机动车登记、机动车牌证、校车标牌核发等的要求和规定。其中，机动车登记包括注册登记、变更登记、转让登记、抵押登记及注销登记。

同日，公安部公布了新修订的《机动车驾驶证申领和使用规定》。《机动车驾驶证申领和使用规定》中详细说明了机动车驾驶证申请，机动车驾驶人考试，发证、换证、补证，机动车驾驶人管理等事务的要求和规定。《机动车驾驶证申领和使用规定》第十一条中写明机动车驾驶人准予驾驶的车型顺序依次为：大型客车（A1）、重型牵引挂车（A2）、城市公交车（A3）、中型客车（B1）、大型货车（B2）、小型汽车（C1）、小型自动挡汽车（C2）、低速载货汽车（C3）、三轮汽车（C4）、残疾人专用小型自动挡载客汽车（C5）、轻型牵引挂车（C6）、普通三轮摩托车（D）、普通二轮摩托车（E）、轻便摩托车（F）、轮式专用机械车（M）、无轨电车（N）和有轨电车（P）。

因此，按照《机动车登记规定》，电动三、四轮车应该严格执行注册等登记流程。按照《机动车驾驶证申领和使用规定》，驾驶电动三轮车应当依法取得 D 或以上准驾车型的驾驶证，驾驶电动四轮车应当依法取得 C 或以上准驾车型的驾驶证。

（三）电动三、四轮车事故处理的规定及保险制度

前文根据现行法律法规及政策条文对电动三、四轮车的界定进行了详细说明，认为目前电动三、四轮车应作为机动车处理，因此应参照机动车有关规定进行事故责任认定和损害赔付。

针对电动三轮车的保险体系，中国保险行业协会于 2022 年 4 月 28 日依

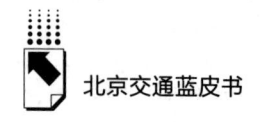

据《机动车运行安全技术条件》（GB 7258-2017）等规定制定并发布了电动摩托车及三轮车的保险标准——《电动摩托车承保实务（试行）》。中国保险行业协会根据不同类型的电动摩托车和其风险情况，将其分为三档，根据功率和最高设计车速的不同进行分类。这三档分别是：

（1）功率不大于 4kW 且最高设计车速不大于 50km/h；

（2）功率大于 4kW、小于等于 8kW 或最高设计车速大于 50km/h；

（3）功率 8kW 以上及电动三轮摩托车。

因此，基于上述标准，驾驶人需要为电动三轮车购买相应等级的机动车交通事故责任强制保险（以下简称"交强险"），以确保在发生事故时能够进行理赔，减少纠纷。

在电动四轮车的保险制度方面，其不在前文提到的《电动摩托车承保实务（试行）》覆盖范围内。电动四轮车应按照现行的《机动车交通事故责任强制保险条例》的规定购买交强险。

（四）电动三、四轮车生产与销售环节的法律及政策规定

北京市市场监督管理局自 2020 年 12 月起，开始专项整治违规制售的电动三轮车和四轮车，并加大对此类违法行为的查处力度。针对线下实体门店，严厉打击销售违规电动三、四轮车的违法行为，从销售、库存、运输等环节进行严查深挖。同时，与公安部门加强协作，对于公安部门在运输、销售等领域发现的非法电动三、四轮车销售行为，依法予以查处。针对线上电商平台，该局就北京市网络销售违规电动三、四轮车的问题，多次对阿里巴巴、拼多多、京东等电商平台进行了约谈，约束平台商户不得与北京市购买者开展线上下单和交易活动。

2021 年 7 月 12 日，北京市多部门联合发布《关于加强违规电动三四轮车管理的通告》。该通告中特别指出，从该日起，任何单位和个人不得再新增违规电动三、四轮车，之前购买的不合规电动三、四轮车给予过渡期至 2023 年 12 月 31 日。在此之后，不合规的电动三、四轮车将被禁止在道路、广场、停车场等公众区域行驶或停放。

三 国内主要城市电动三、四轮车的治理政策梳理

通过对全国各个省份的电动三、四轮车治理政策的梳理，本报告大致可以将治理过程划分为两个部分：电动车管理条例和快递典型行业的规范管理政策。

（一）电动三、四轮车管理政策梳理

近年来，电动三、四轮车因售价低廉、操作便捷等因素，已逐步成为居民的重要交通工具之一，在一定程度上满足了居民出行和日常所需。但是部分电动三、四轮车在未办理相关登记、购买保险，驾驶员未考取相关驾驶资质的情况下上路行驶，导致违法行为和交通事故比重持续上升，安全隐患十分突出。因此，加强电动三、四轮车管理迫在眉睫。目前，全国各地已经制定了多项管理条例，多针对两轮电动自行车的相关事项进行规范，但在生产、销售和管理等方面，大多数省份仍缺乏清晰明确的管理办法。少部分省（区）包括黑龙江省、山东省、山西省、陕西省、河南省和内蒙古自治区等，目前已相继根据各自的实际情况制定了电动车管理条例（见表2）。

表2 部分省（区）及其所辖市电动车管理条例梳理

省(区)及其所辖市	实施时间	条例名称	条例分类	条例细节
黑龙江省	2023年5月1日起	《黑龙江省电动车管理条例》	生产销售	生产电动车需要符合强制性国家标准；销售电动车需要建立并执行进货检查验收制度
			安全培训	开展电动车道路交通安全、消防安全等方面法律法规的宣传教育
			监管机制	快递、外卖企业落实安全生产责任,建立健全行业管理规范
			车辆保险	第三者责任保险、驾驶人员意外伤害保险等

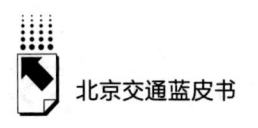

续表

省(区)及其所辖市	实施时间	条例名称	条例分类	条例细节
山东省	2018年12月17日起	《山东省人民政府办公厅关于加强低速电动车管理工作的实施意见》	生产销售	依据生产销售相关法律法规,严禁生产销售未取得强制性产品认证的低速电动车
			安全执法	分步骤划定禁、限行区域,严查闯禁行、无牌无证等违法行为
			监管机制	建立长效监督机制,加强对生产企业的监督管理,督促企业依规生产销售车辆产品
			车辆处置	鼓励低速电动车生产企业加大研发投入,申请国家新能源汽车生产资质
			过渡期	三年过渡期,通过置换、回购、报废等方式淘汰低速电动车
山西省大同市	2022年8月12日起	《大同市电动车管理条例》	生产销售	按照国家标准组织生产电动车,加强标准管理和质量管理
			登记管理	实行登记管理制度,登记号牌、行驶证的式样由市公安机关交通管理部门规定并监制
			通行管理	应在非机动车道行驶,若无非机动车道应靠右侧行驶
			车辆处置	提供电动车废旧电池更换、回收服务
			车辆保险	第三者责任保险、人身伤害保险和财产损失保险
陕西省汉中市	2023年3月1日起	《汉中市电动车管理条例》	生产销售	生产或销售需要符合强制性国家标准,销售应建立实名制销售台账
			登记管理	依法实行登记管理制度,需要按照规定的标准、程序和期限办理登记
			监管机制	违反道路交通安全法律法规、道路通行规定,按照同类型机动车违法规定予以处罚
			车辆处置	采用以旧换新、折价回购等方式回收废旧电动车和不符合强制性国家标准的电动车

续表

省(区)及其所辖市	实施时间	条例名称	条例分类	条例细节
陕西省汉中市	2023年3月1日起	《汉中市电动车管理条例》	过渡期	三年限期退出过渡制度,过渡期满后不得上道路行驶,过渡期内实行登记备案管理
			车辆保险	第三者责任险、人身意外伤害险等相关保险
河南省漯河市	2023年3月22日起	《漯河市电动车通行管理条例(草案)》	登记管理	经由公安机关交通管理部门进行登记,获得号牌或者临时通行标志
			通行管理	应在非机动车道行驶,若无非机动车道应靠右侧行驶
			车辆保险	第三者责任险、驾驶人人身意外伤害险等
内蒙古自治区赤峰市	2023年8月1日起	《赤峰市电动车管理条例》	生产销售	销售应履行进货查验义务,建立进货台账和销售台账
			登记管理	实行登记制度,经公安机关交通管理部门登记,获得号牌
			充电停放	大中型公共建筑、公共场所和建设单位,应建设电动车公共停放设施
			车辆保险	第三者责任险、驾乘人员人身意外伤害险和车辆盗抢险等

资料来源:根据公开资料整理。

目前,电动三、四轮车行业已经正式进入规范化发展的新时期。基于各省份电动三、四轮车的管理条例,国内很多地区加快低速电动车标准制定,进一步健全低速电动车的生产和销售、车辆登记、保险路权、牌照和驾照管理、售后服务等具体管理措施,进一步保障驾乘人员的出行安全,严禁生产、销售不在工信部目录的产品。全国各地都根据各自的环境态势发布有效的管理措施,行业的监管力度越来越大。

在生产和销售方面,查处无强制性产品认证(以下简称"CCC认证")证书生产、超出CCC认证范围生产、没有生产资质及不满足产品一致性要求的电动三、四轮车企业。依法查处非法生产、改装、拼装、组装、销售不符合国家标准的电动三、四轮车企业和店铺。严禁商户为电动三、四轮车改装或加装车篷。国家加强行业的监督管理，生产企业、销售市场的整顿，从源头保障了电动三、四轮车的生产符合强制性国家标准，积极推动了行业的健康发展。针对超标车过渡期，据不完全统计，目前山东、陕西、湖北、天津、广西、河南等地，均发布超标电动三、四轮车过渡期。超标电动三、四轮车上路行驶不扣不罚，允许继续使用2~3年。结合实际来看，这避免了直接淘汰造成的电动车资源浪费，同时为车主出行提供更多便利。在车辆保险方面，各省份引导电动车所有人购买第三者责任险、驾驶人人身意外伤害险等险种。

（二）快递企业电动三、四轮车管理政策梳理

为深入贯彻落实《快递暂行条例》和《国务院关于促进快递业发展的若干意见》，加强和规范全国快递电动三、四轮车管理，助力文明城市创建。多个省份的邮政管理局会同市公安局、市邮政管理局和市交通运输局等部门，按照有关政策对快递专用电动三、四轮车的行驶时速、装载质量、编号、标识等做出规定。本报告采用文本挖掘的方法，获取广东省、青海省、吉林省、浙江省和山东省等几个典型城市的快递电动三、四轮车政策，并对其进行梳理与分析。

1. 广东省快递企业电动三轮车管理

（1）生产销售和车辆保险方面

根据邮政快递电动三轮车规范管理政策，中山市和韶关市在购买保险、标识管理、备案管理方面实现统一。云浮市基于《云浮市邮政快递配送三轮车管理暂行规定》，对配送车辆在形象、标识、编码和备案管理以及购买保险方面实现统一。

（2）驾驶技能培训和监管机制方面

中山市按照"统一规范、放管结合、行业自治"的原则，对全市邮政快递专用电动三轮车实行"包容审慎、合规增量、退出存量、平安过渡"的管理办法，建立源头治理、路面管控的管理模式。[①]

---

① 《中山市快递电动三轮车通行规范管理实施方案》。

（3）过渡期方面

韶关市对寄递企业设置一年过渡期，企业可以采用置换、回购、报废等方式逐步淘汰旧电动三轮车，并要求新增购买的专用电动三轮车必须为符合国家标准的指定车型，根据实际情况确定年度市区专用电动三轮车配额增长比例。①

2. 青海省快递企业电动三轮车管理

（1）生产销售、车辆保险和驾驶技能培训方面

西宁市出台了《关于规范快递电动三轮车通行管理的通知》，在车辆标准、车辆编号、专用标识、备案、办理保险和培训教育方面实现"六个统一"，严格按国家标准规范制定电动三轮车管理使用办法。

（2）监管机制方面

邮政管理、公安交警、交通运输、城市管理等部门按照职责分工依法对全市快递电动三轮车进行动态监管，制定快递专用标识年度换发制度，对存在违规行为的快递电动三轮车辆实行退出机制。

（3）过渡期方面

自2020年10月1日起，不在工信部目录，无整车出厂生产合格证明、车辆购置发票的电动三轮车一律淘汰更新。驾驶人在驾驶快递电动三轮车前，要集中接受交警、运管、城市管理和行业部门的知识培训教育。

3. 吉林省快递企业电动三轮车管理

（1）生产销售和车辆保险方面

吉林市根据《关于吉林市邮政快递专用电动三轮车规范管理实施意见》，明确了邮政、快递专用电动三轮车的"四个统一"管理方式。该意见要求同一品牌企业在使用和新购置专用电动三轮车时，都必须在车型、外观和购买交通意外保险与第三者责任险等方面实现统一，并由吉林市局组织进行审核、登记和备案。

---

① 《深圳市关于特殊行业电动三轮车过渡期管理方案》《韶关市邮政快递专用电动三轮车规范管理实施办法（试行）》。

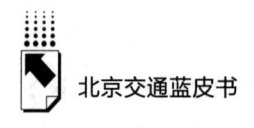

（2）监管机制和驾驶技能培训方面

对邮政、快递电动三轮车规范管理提出了"三加强一建立"要求：一是加强驾驶员管理，二是加强车辆管理，三是加强教育培训，四是建立联席制度。

4.浙江省快递企业电动三轮车管理

（1）生产销售和车辆保险方面

根据浙江省出台的《浙江省快递业促进条例》，快递专用电动三轮车需要在外观标识、号牌管理、购买保险、车辆规格、佩戴头盔和平台管理方面按照"六个统一"要求，实现规范化上路。

（2）监管机制方面

浙江省基于快递的定义、用地保障、快递末端服务、快递专用电动三轮车通行、快递进村、数字快递、绿色快递、从业人员合法权益保障等内容，规范了快递专用电动三轮车的监管机制。

5.山东省快递企业电动三轮车管理

（1）生产销售、车辆保险和驾驶技能培训方面

青岛市根据《关于进一步规范全市快递专用电动三轮车通行管理的通知》，加强对快递电动三轮车的总量调控，明确新增快递电动三轮车必须符合工信部目录要求、到车管所正式挂牌、购全保险、驾驶员经过培训持有驾照，才能上路通行。

（2）监管机制方面

持续完善快递电动三轮车安全行驶保障机制。压实品牌企业市级总部车辆交通安全主体责任，定期开展车辆检查，强化驾驶员培训，细化惩戒措施。

（3）过渡期方面

基于山东省下发的《山东省人民政府办公厅关于加强低速电动车管理工作的实施意见》，根据实际情况制定在用车辆处置办法，明确设置三年过渡期。

6.国内快递企业电动三、四轮车管理的经验与启示

电动三、四轮车，作为快递企业的主要交通工具，因经济环保、承载能力强、机动性强的特点备受青睐。然而，与之相伴而来的是一系列常见的违

法行为，包括快递员准驾车型不符合工信部目录要求、不遵守交通规则、闯红灯、非法搭载乘客、乱停乱放等。一些快递员在追求"快"递服务的过程中，可能忽视了交通法规，交通法治观念不强、安全意识不强。这导致驾驶员在道路上行驶时表现得相当"任性"，不按规定行驶，甚至不顾自身和他人的安全，给道路带来潜在危险。因此，有必要制定优质可行的快递企业电动三轮车的管理制度，全面取缔载货电动四轮车。这有助于推动快递行业的"最后一公里"配送服务质量的提升，使快递包裹"微循环"更加高效。

（1）在生产销售、车辆保险和驾驶技能培训方面，明确统一管理制度

在总结部分省（区、市）及其城市快递企业电动三轮车的统一管理制度的基础上，明确了北京快递企业电动三轮车的统一管理制度（见表3）。目前，在术语和定义、产品型号、技术要求、基本要求、试验方法、检验规则、标志、产品合格证以及使用说明书和质量承诺方面，快递专用电动三轮车尚未在整个行业内形成共同的标准，不同地区根据各自的实际情况进行了一些适当的调整，这导致了相关标准在全国范围内存在不一致。参考部分省（区、市）及其城市快递企业电动三、四轮车的统一管理制度，北京载货快递电动三轮车实现了"八个统一"的规范管理，即在车辆编码、车辆车型、外观标识、安装定位、车辆年审、人员培训、佩戴头盔、意外保险方面实现了统一，并且全面取缔载货电动四轮车，其需求可转化为新能源汽车或快递专用电动三轮车。

表3 部分省（区、市）及其城市快递企业电动三轮车的统一管理制度

省（区、市）及其城市		统一规范管理
广东省深圳市	八个统一	统一安全制度、统一车辆标准、统一车身外观、统一购置保险、统一信用管理、统一佩戴头盔、统一服装样式、统一车辆备案号牌
广东省中山市	三个统一	统一购买保险、统一标识管理、统一备案管理
广东省韶关市	三个统一	统一购买保险、统一标识管理、统一备案管理
广东省云浮市	四个统一	统一形象、统一标识、统一编码和备案管理、统一配送车辆购买保险
青海省西宁市	六个统一	统一车辆标准、统一车辆编号、统一专用标识、统一进行备案、统一办理保险、统一培训教育

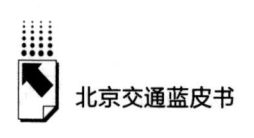

续表

省（区、市）及其城市	统一规范管理	
吉林省吉林市	四个统一	统一标识管理、统一购买交通意外保险、统一规范管理、统一车型管理
浙江省金华市	六个统一	统一外观标识、统一号牌管理、统一购买保险、统一车辆规格、统一佩戴头盔、统一平台管理
山东省青岛市	七个统一	统一外观、统一编号、统一标识、统一保险、统一定位、统一证照、统一记分
湖北省黄石市	五个统一	统一车辆标准、统一外观标识、统一编号管理、统一登记备案、统一投保
黑龙江省黑河市	四个统一	统一标识、统一编号、统一颜色、统一车辆
福建省莆田市	五个统一	统一车型、统一外观、统一挂牌、统一保险、统一信息化
福建省泉州市	五个统一	统一车型、统一颜色、统一标识、统一编号及上牌、统一信息化监管
贵州省	六个统一	统一登记、编码，统一颜色和标识，为车辆及驾驶人统一购买交通意外保险、责任险
新疆博州	四个统一	统一车型、统一外观标识、统一编号、统一购买保险
江苏省灌南县	六个统一	统一适用车型、统一车辆标识、统一车身编号、统一购买保险、统一驾驶资质、统一规范管理
北京市	八个统一	统一外观标识、统一车辆编码、统一意外保险、统一车辆车型、统一安装定位、统一车辆年审、统一人员培训、统一佩戴头盔

资料来源：根据公开资料整理。

(2) 在使用管理方面，明确以快递企业为主的责任主体

在责任主体方面，快递企业应明确安全生产的责任主体，确保责任不可推卸。在管理体系方面，应建立健全安全管理体系，包括规章制度、安全流程、紧急应对计划等。在培训方面，提供全员的安全培训，内容应包括交通规则、危险防范、事故应对等。在考核和奖惩制度方面，建立考核机制，定期检查安全管理情况，并制定奖励和惩罚措施。在宣传教育方面，通过各种宣传教育活动，提高从业人员对交通安全的认识和重视程度。在监测和反馈机制方面，建立安全监测和事故报告机制，确保对事故和不安全行为的及时反馈和处理。上述举措可以帮助北京快递企业建立健全安全管理体系，确保

交通安全和合法合规运营。

（3）在过渡期方面，制定超标违规车辆处置办法

根据国家和北京市的电动三、四轮车相关管理规定，明确超标违规车辆整改期限，要求在2024年1月1日过渡期结束后完成整改，不合规的车辆将不得合法上路行驶。因此，需要积极推动快递企业在过渡期内制订配送车辆更换计划，鼓励逐步淘汰非标车辆，采用符合国家标准的电动三轮车、新能源微型货车等车辆，并通过置换、回购、报废等方式，有效处置超标违规车辆。同时提供相关政策支持和财政补贴，降低企业的置换成本，并实施回购政策。

四 北京市电动三、四轮车多维度现状分析

随着城市交通需求的不断增长，电动三、四轮车作为一种便捷的交通工具，在一定程度上缓解了交通压力。然而，由于安全隐患、环保等问题，北京市将限制违规、无号牌电动三、四轮车的使用。为此，本报告对北京市电动三、四轮车的现状进行分析具有重要意义和必要性。具体的现状分析包括以下三个部分。

（一）电动三、四轮车当前面临的挑战

北京市电动三、四轮车的售卖、运行、管理与监督是一个十分复杂，且需要考虑很多现实因素的难题。因此，本报告研判了北京市电动三、四轮车涉及的三方（电动三、四轮车的商家、用户以及监管机构）面临的主要挑战。

1. 商家面临的挑战

商家是北京市电动三、四轮车市场的销售主体，他们所面临的主要挑战包括以下几个方面。北京市电动三、四轮车销售量下降：北京市限制违规、无号牌三轮车上路，使消费者的购买需求减少，进而导致电动三、四轮车的销售量下降。这会给商家的营销和销售带来困难，商家需要面对更严格的监管，其经营风险有所增加。市场竞争加剧：随着市场需求减少，电动三、四轮车销售商数量相对减少，商家之间的竞争更加激烈。商家需要加强市场营

销和品牌推广，才能提高产品的竞争力和市场占有率。

2. 用户面临的挑战

电动三、四轮车的用户群体主要包括快递员、老年人和送货商贩等。他们分别面临的主要挑战如下。

(1) 快递员面临的挑战

交通安全问题：快递员需要在繁忙的城市道路上行驶，行驶安全成为一个重要问题。一些电动三、四轮车的制造商为了节省成本，可能会忽略交通安全，这会增加快递员的行驶风险，并严重影响正常交通秩序，产生交通安全隐患。价格问题：快递员通常属于固定收入人群，购买电动三、四轮车的成本可能会给快递企业或快递员带来较重的经济负担。停放问题：快递员在送货的过程中，存在在道路上或道路旁边乱停乱放，影响其他车辆正常行驶的现象。

(2) 老年人面临的挑战

安全问题：老年人的身体机能普遍较弱，可能会出现视力和听力下降等问题，驾驶电动三、四轮车的安全风险较大。此外，一些老年人由于缺乏电动三、四轮车的驾驶经验，也可能出现安全问题。充电停放问题：老年人的充电需求可能较多，如果缺乏充电设施或合理的停放区域，容易产生入室充电的安全问题和车辆乱停乱放的违规行为。价格问题：老年人通常属于固定收入人群，购买电动三、四轮车的成本可能会使其经济负担较重。

(3) 送货商贩面临的挑战

道路监管严格问题：在北京市，违规和无号牌电动三、四轮车将被禁止上路，因此送货商贩使用违规电动三、四轮车时可能会面临被罚款、扣车等道路管理问题。交通安全问题：送货商贩通常在高峰期进行送货，容易产生道路拥堵、交通事故等，而电动三、四轮车在道路行驶时可能会存在一些安全隐患，如制动效果不佳、车速慢等。

3. 监管机构面临的挑战

监管机构是电动三、四轮车所涉及主体面临挑战最大的一方，当前面临的主要挑战如下。

执法难度较大：在北京市，电动三、四轮车被禁止上路，但是在实际情况下，还存在一些违法行驶的电动三、四轮车。由于电动三、四轮车数量众多，而且常常行驶在繁忙的城市道路上，交警在执法过程中的难度很大。罚款难度较大：电动三、四轮车多是小商贩和快递员等在使用，虽然罚款金额相对较高，但很难对其产生有效的威慑作用。安全风险增加：电动三、四轮车在行驶时存在一些安全隐患，如车速慢、制动效果不佳等，一旦发生事故，不仅会对行车人员造成伤害，也会影响道路安全。司机素质参差不齐：电动三、四轮车司机素质参差不齐，有的存在违章行为，如闯红灯、违反交通规定等，这些行为不仅会影响其他车辆的行车安全，也会影响交通管理。

（二）深度访谈调研分析

针对北京市电动三、四轮车的部分问题，本报告通过对重点人群和相关专家的深度访谈调研进行分析。具体访谈问题及访谈结果分析如下。

（1）北京市有哪些关于电动三、四轮车的政策和法规？这些政策和法规的目的是什么？是否执行得有效？

访谈结果分析：北京市关于电动三、四轮车的主要政策和法规包括《实施条例》《北京市实施〈中华人民共和国道路交通安全法〉办法》《机动车登记规定》等。这些政策和法规的主要目的是确保电动三、四轮车在道路上安全行驶，降低交通事故发生率，保护行人和车辆的安全，维护交通秩序。根据相关部门的监管，这些政策和法规在一定程度上执行得比较有效。

（2）政策和法规对电动三、四轮车行业和消费者产生了什么影响？有哪些不足之处？如何改进？

访谈结果分析：政策和法规对电动三、四轮车行业和消费者产生了一些影响。对于行业来说，政策和法规的实施推动了行业的规范化和标准化，使得产品质量和服务水平得到了提高。同时，政策和法规限制了行业的发展，增加了企业的成本和负担。对于消费者来说，政策和法规保障了消费者的合法权益，提高和增强了消费者的购买信心和安全感。但是，政策和法规的制定与实施还存在一些不足之处，如执行力度不够、监管不足

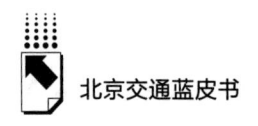

等。因此，需要进一步加大监管力度，完善政策和法规的实施细则，提高监管和执行效率。

（3）在北京市，谁会购买电动三四轮车？他们的购买动机是什么？是否存在一些购买决策的关键因素？

访谈结果分析：在北京市，一些特定的人群会购买电动三、四轮车，包括快递员、送货商贩和老年人等。这些人购买电动三、四轮车的主要动机是满足他们的职业和生活需求。对于快递员和送货商贩而言，他们需要在城市中频繁地进行短途配送，使用电动三、四轮车可以大大提高效率，并降低运营成本。同时，政府对燃油车的限制促使他们转向使用电动三、四轮车。对于老年人而言，电动三、四轮车可以帮助他们更加便捷地出行，尤其是对于一些身体不便的老年人而言，电动三、四轮车可以让他们主动地进行家庭和社交活动，提高生活质量。

（4）电动三、四轮车的生产和使用是否存在一些社会责任问题？

访谈结果分析：能源消耗方面，电动三、四轮车的充电需要消耗电力，如果使用的是煤炭等化石燃料，就会产生二氧化碳等温室气体，进而产生环境问题，因此，生产厂家和用户应当积极采取节能环保措施，如使用可再生能源等；车辆报废处理方面，电动三、四轮车的废弃物处理是一个需要关注的问题，废旧电池、轮胎和座椅等零部件对环境的影响较大，应该采取合适的处置方式，如回收利用或安全处置等；安全方面，电动三、四轮车使用过程中存在一定的安全隐患，如电路短路、电池过热、车辆侧翻等。因此，生产厂家应该严格按照相关标准进行设计制造，用户应该遵守交通规则，合理使用电动三、四轮车。

（三）电动三、四轮车现状分析总结

电动三、四轮车作为城市运输行业的一个组成部分，在北京市扮演着不可忽视的角色。然而，当前电动三、四轮车行业面临着多重困境，需要政府和行业相关方面共同努力，以推动行业的健康发展。基于前述分析，本报告从以下三个方面总结了当下北京市电动三、四轮车运行现状。

1. 电动三、四轮车商家现状总结

（1）非法销售与监管压力

鉴于政策限制，部分电动三、四轮车商家可能转向非法销售，形成"地下市场"。这种行为不仅违反法规，还可能增加市场的安全隐患。面对严格的政策监管，这些商家承受着较大的经营风险。一旦被查处，将面临罚款、没收违法所得等处罚，甚至可能导致经营资格的取消。

（2）行业竞争与利润空间压缩

随着电动三、四轮车市场的收缩，商家之间的竞争愈加激烈。为了争夺有限的市场份额，商家可能会降低价格，从而影响利润空间。此外，商家还需要面临其他交通工具的竞争，如电动自行车、共享单车等。这些替代交通工具的普及可能会进一步挤压电动三、四轮车的市场份额。

2. 电动三、四轮车用户现状总结

北京市对于电动三、四轮车的管理政策较为严格，违规、无号牌电动三、四轮车上路受限，用户面临诸多困境。在多方访谈中，用户普遍反映，电动三、四轮车面临停车、上路受限等问题，导致使用效率降低，影响生活和工作。其中，主要涉及三类人群，分别是老年人、快递员和送货商贩等。

老年人是电动三、四轮车主要的使用群体，部分老年人依靠电动三轮车代步，有必要提出有效的疏导措施来满足老年人代步的出行需求。

快递员是电动三、四轮车的"重度"使用者，特别是那些在快节奏和高要求的电子商务行业工作的快递员，面临的挑战也是巨大的。随着网上购物和送货上门的日益普及，快递员的工作量也大大增加，这导致工伤和事故的增加。快递员面临竞争加剧、工作时间长、期限紧等问题。许多快递员还面临获得公平薪酬和工作条件的困难，以及社会保障福利不足的问题。

送货商贩在电动三、四轮车行业中面临诸多困难，如停车受限、不被信任等，这些小贩没有较强的经济能力转用更昂贵的交通方式，他们受到的影响较大。直接全面禁止电动三、四轮车，会产生部分批发商和个体业主无法正常经营等社会问题，进而激化车辆使用者与管理者的社会矛盾，这些问题会直接或间接地制约电动三、四轮车行业的健康发展。

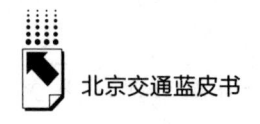

3. 政府监管部门现状总结

（1）政策执行与实际需求之间的矛盾

政府监管部门需要加大执法力度，查处非法销售使用电动三、四轮车的行为。政府监管部门需要在禁止使用违规电动三、四轮车的同时，积极推广其他合规、环保的交通工具，如公共交通"适老化"服务、电动自行车、共享单车等。政府监管部门需要平衡各方利益，合理满足市民的出行需求。

（2）执法难度与资源投入的问题

电动三、四轮车的非法销售使用行为在一定程度上已经形成了"地下市场"，这使得政府监管部门在执法过程中面临较大的困难。为了有效查处非法销售和使用电动三、四轮车的行为，政府监管部门需要投入大量人力、物力和财力。然而，监管部门的资源有限，如何有效地执行违规电动三、四轮车的禁令政策，是一个亟待解决的问题。为了应对北京电动三、四轮车限制带来的挑战，监管机构和政府当局应考虑实施一系列措施。这些措施应侧重于满足不同受影响群体的具体需求，同时要促进实现道路安全和环境目标。

（3）政策制定与执行的协调性问题

在电动三、四轮车领域，政策制定与执行往往涉及多个部门，如交通、公安、环保等。这就要求各个部门之间需要保持高度的协调，形成合力。然而，在实际工作中，部门之间的协调并不顺利，可能会出现信息不对称、工作重叠等问题。这些问题可能会影响政策的执行效果，使得电动三、四轮车的监管变得困难。

（4）替代交通工具的推广与普及

政府监管部门在积极推广其他合规、环保的交通工具的过程中可能会遇到各种困难，如市民对新交通工具的接受程度不高、基础设施建设不完善、投资成本较高等。政府监管部门需要通过多渠道进行宣传，提高市民对合规、环保交通工具的认知度，并在基础设施建设、政策扶持等方面提供支持，以促进替代交通工具的推广与普及。这一过程中，政府监管部门需要与企业、市民等各方沟通协调，以确保替代交通工具的顺利推广。

五 北京市电动三、四轮车治理的主要问题分析

根据前述相关法律法规和管理政策的梳理，以及多角度的现状研究，本报告将当前的主要问题总结为如下几点。

（一）大量超标无牌车辆导致监管困难

早在1998年美国交通安全管理局就把低速三、四轮电动车定义为"低速车辆"，驾驶时需要持有小汽车驾驶证；日本政府规定电动三、四轮车驾驶者必须持有驾照或接受必要的培训。2018年9月28日修订的《北京市实施〈中华人民共和国道路交通安全法〉办法》明确指出，由电机驱动的三轮车、四轮车在日常管理中将被作为机动车进行处置。2021年，我国工信部在新版国标《纯电动乘用车 技术条件》（征求意见稿）中将电动三、四轮车命名为"微型低速纯电动乘用车"。虽然新版国标规定电动三、四轮车属于机动车，但目前北京市对其道路交通管理大多依赖于交警的现场执法，监管成本较高。究其原因主要是当前电动三、四轮车违规生产销售和无牌照等问题突出，导致其登记和使用管理困难，难于按正常机动车来监管。

（二）转换为新能源汽车的替换方案将引发诸多新问题

电动三、四轮车具有低成本、便捷等优势，是快递员送货、老年人代步等的主选交通方式，直接使用新能源汽车的替代方案将引发一系列新的问题。目前，电动三、四轮车成本在几千元，而新能源汽车的价格大多在5万元以上，直接强制替代会显著增加个人或企业的购买成本。同时，在北京市政府当前的"牌照摇号"政策下，这些车辆的牌照获取也是问题，牌照限制将导致其大部分出行需求被抑制；若几百万辆电动三、四轮车直接转换成新能源汽车，将会加重城市交通拥堵和停车位不足等问题。因此，新能源汽车的替代方案并不能从根本上摆脱当前电动三、四轮车的治理困境。

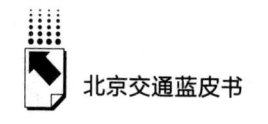

（三）"一刀切"的全面禁止方案可能引发部分社会问题

当前，电动三、四轮车是快递送货、生鲜产品批发和个体经营业主的主要运输工具，已成为城市居民日常生活的一部分。"一刀切"的全面禁止方案，会产生快递送取困难、部分批发商和个体业主无法正常经营等社会问题。同时，电动三、四轮车已成为老年人代步的一种主要工具，车辆保有量大，全面禁止后超标车辆如何处置？有必要制定老年代步车的回收置换方案，并为老年人的出行需求找到适宜的替代方式，平衡有序地引导超标电动三、四轮车退出市场。

（四）缺乏针对不同用户群体的差异化治理措施

电动三、四轮车的用户群体主要包括快递员、送货商贩、老年人等。快递员、送货商贩等从事经营活动的电动三、四轮车，直接用新能源汽车替代将显著增加车辆购买成本，并产生车辆号牌发放和城市交通拥堵等诸多新问题，同时当前难以找到有效的替代交通方式。然而，用于老年人代步、接送孩子等非经营活动的私人电动三、四轮车，大多可通过公共交通或慢行交通进行替代。因此，不同用户群体的出行目的和问题根源各有差异，笼统的治理措施会降低其针对性和实施效果。

虽然，近年来政府发布了《快递暂行条例》《国务院关于促进快递业发展的若干意见》等政策法规，北京市顺丰和邮政等部分快递企业也制定了各自的电动三、四轮车管理规定，但不同企业的车辆规格和外观标识等各有差异，缺乏统一的规范。总体而言，当前仍缺乏系统完善的针对各个行业或不同用户群体的电动三、四轮车综合治理措施。

（五）私人电动三、四轮车安全隐患多，且缺少有效疏导

电动三、四轮车由于简单易学、成本较低、驾驶方便等因素受到不少中老年人的青睐，常被用于老年人代步、接送孩子等个人出行活动。当前，私人电动三、四轮车的驾驶人大多是无牌照违规上路行驶，没有经过正规的驾

驶技能和交通安全知识培训，在路上不按规定车道行驶、逆向行驶、闯红灯等违章现象较为普遍，严重扰乱正常秩序，容易引发交通事故。同时，部分电动三、四轮车是未经工信部许可生产的超标违规车辆，存在较大的安全隐患，驾驶此类车辆会严重威胁驾乘人员的生命安全。

此外，《北京市2021年国民经济和社会发展统计公报》显示，截至2021年末，北京市60周岁及以上常住人口441.6万人，占20.2%；65周岁及以上常住人口311.6万人，占14.2%。当前，电动三、四轮车的监管较多强调对违章行为和超标车辆的"治"，然而，人口老龄化趋势下老年人的出行需求总量日益增加，缺少对老年人代步出行需求的有效疏导。

（六）欠缺针对超标违规车辆的有序退出机制

过渡期后，大量超标电动三、四轮车将如何处置，北京市目前仍没有给出相应的回收处置方案，这可能导致许多不合规车辆上路行驶或废弃车辆乱停乱放等。同时，街道、社区等公共场所缺少针对过渡期政策、车辆置换回收方案等的宣传引导，部分电动三、四轮车使用者对相关政策规定和时间节点仍缺乏了解，将会加大超标车辆的治理困难，甚至激化使用者与管理者的社会矛盾。

六 北京市电动三、四轮车治理的措施建议

电动三、四轮车的治理，首先要明晰电动三、四轮车的机动车定位，梳理完善相关标准规范，进而针对不同类型车辆（合规车辆、超标违规车辆）和不同用户群体（用于邮政寄递、园林绿化等经营活动的用户和用于老年人代步、接送孩子等非经营活动的用户）进行分类治理。

（一）明晰电动三、四轮车的机动车定位，完善标准规范

2021年，工信部新版国标《纯电动乘用车 技术条件》（征求意见稿）中将电动三、四轮车命名为"微型低速纯电动乘用车"。本报告对相关法律法规和国家标准进行了梳理，并结合了电动三、四轮车的特点，提出其在生产

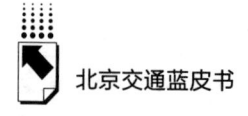

销售、号牌登记、驾驶证申领、通行路权、车辆保险等方面需要遵循如下标准规范。

第一，生产销售方面，禁止生产和销售超标违规的电动三、四轮车。2024年1月1日起，违规电动三、四轮车严禁上路行驶，禁止停放在公共场所。

第二，号牌登记方面，参照《机动车登记规定》和2022年最新修订的《实施条例》，需要遵守机动车车辆登记、审查及号牌管理的相关规定。

第三，驾驶证申领方面，参照机动车驾照申领流程，要求电动三、四轮车驾驶人考取与准驾车型对应的驾驶证，建议低速三轮电动车驾驶员必须持有机动车驾驶证D或以上准驾车型的驾驶证，低速四轮电动车驾驶员必须持有机动车驾驶证C或以上准驾车型的驾驶证。

第四，通行路权方面，参照《实施条例》，上道路行驶的电动三、四轮车需要遵守机动车通行的法律法规和规章制度。同时，根据其低速运行的特点，禁止进入高速公路、城市快速路或者其他封闭的机动车专用道行驶。

第五，车辆保险方面，参照《电动摩托车承保实务（试行）》《交强险承保实务规程（2020试行版）》，要求电动三、四轮车必须购买相应级别的交强险。

（二）落实用于经营活动的电动三、四轮车的企业主体责任

针对用于邮政寄递、商贩送货、园林绿化等经营活动的电动三、四轮车，根据《关于加强违规电动三四轮车管理的通告》，加快推进主管部门制定各行业的电动三、四轮车使用管理办法。在对各省份电动车管理条例进行梳理总结的基础上，提出落实用于经营活动的电动三、四轮车的企业主体责任，并从车辆登记、使用和智能化管理、交通执法等方面完善企业主体责任的监管机制。

第一，车辆登记方面，参照《机动车登记规定》，用于经营活动的电动三、四轮车均由其使用单位（包括快递公司、小微企业、个体商户、园林绿化和环卫企业等）进行限量登记，由其相应的行业主管部门加强统一的

车辆登记管理。

第二，车辆使用方面，落实充电停放的企业管理责任，规范充电停放行为，减少电池起火和乱停乱放等隐患。同时，完善车辆购置税、交强险和停车收费标准，通过经济手段适度增加车辆持有成本，抑制不合理需求，严控车辆总量。

第三，智能化管理方面，为用于经营活动的电动三、四轮车安装内置芯片的"智慧车牌"，配合路面感知设备获取车辆定位和实时运行轨迹，对超速、逆行等违法行为进行动态监管，提升监管效能。

第四，交通执法方面，公安机关交通管理部门依据《实施条例》，针对车辆违章，根据其号牌对登记企业进行处罚，督促企业加强安全教育，提升治理效率。

此外，针对仅在工厂厂区、旅游景区、游乐场所等特定区域使用的电动三、四轮车，参照《中华人民共和国特种设备安全法》和《特种设备注册登记与使用管理规则》制定场（厂）内专用机动车辆的管理规定，强调特种设备生产、经营、使用单位的安全主体责任，相关单位实行车辆定人定责制度，驾驶员须严格按照安全标准作业，禁止在限定区域外的道路行驶。

（三）提升公共交通"适老化"服务，引导老年人代步需求

针对用于老年人代步和接送孩子等非经营活动的私人电动三、四轮车，逐步取缔无备案号牌和违规生产销售的车辆，制定人性化的需求疏导措施，将私人电动三、四轮车非刚性、可替代的出行需求引导至其他交通方式。

第一，提升公共交通系统的"适老化"出行服务，将老年人代步的出行需求重点引导至公共交通和慢行交通方式上。交通运输管理部门可在城市公共汽电车、城市轨道交通、出租汽车和网约车等领域推行"适老化"交通出行服务，主要措施包括完善出租车电话召车服务、优化网约车"一键叫车"功能、在老年人出行需求多的社区和活动场所增设定制公交服务线路等。同时，针对老年人的市内短距离出行，引导其多采用（人力或电动）

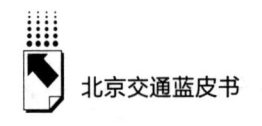

自行车和步行等慢行交通方式,替代原有的电动三、四轮车。

第二,除残疾人机动轮椅车属于非机动车之外,过渡期后私人电动三四轮车需要遵循机动车的管理规定。私人电动三、四轮车在生产销售、号牌登记、驾驶证申领、通行路权等方面必须按照国家和北京市机动车管理的相关规定执行。

第三,完善中小学学生的校车运营管理制度,明确校车的公共交通定位,有效减少电动三、四轮车接送孩子的出行需求。

第四,公安机关交通管理部门严格进行路面执法,引导不合规的私人电动三、四轮车逐步退出市场。加大对超标生产销售、无备案号牌等不合规电动三、四轮车交通事故和安全隐患的宣传,大力整治闯红灯、逆行、乱停乱放,以及过渡期后无备案号牌上路、准驾车型不符、不按规定车道行驶等各类违章行为。

(四)制定超标车辆回收处置方案,引导其平稳退出

公安机关交通管理部门制定淘汰超标电动三、四轮车回收处置工作方案,通过车辆置换、折价回收、拆解报废等途径,分步实施,引导超标车辆在过渡期结束前有序退出或置换为合法车辆。

首先,尽快制定超标车辆的回收处置方案,多渠道开展回收处置的宣传与动员工作。针对超标车辆的相关政策、车辆回收置换方式、重要时间节点等各个方面开展深入的宣传动员。同时,组织街道和社区工作人员,摸清存量底数,通过社区海报、电视、报纸、小程序、抖音等多种形式积极开展宣传动员工作。

其次,积极开展车辆的回收与置换,相关工作需要在2023年12月31日之前完成。合理设置淘汰车辆和废旧电池的回收网点,组织协调车辆使用者、车辆销售企业、经销商等,通过回购、置换、报废等方式,有效处置超标违规车辆和报废电池。同时,督促快递物流企业、生鲜批发商等,落实企业主体责任,引导其采购符合工信部生产销售规范的电动车车型。

最后，过渡期后，严格组织对违规车辆的拆解报废。针对执法查扣的超标电动三、四轮车进行定期的报废拆解处理。

参考文献

赵福全、赵世佳、刘宗巍：《中国低速电动车产业的现状、问题与未来发展策略》，《汽车工程学报》2017 年第 5 期。

Fishman, E., Cherry, C., "E-bikes in the Mainstream: Reviewing a Decade of Research," *Transport Reviews*, 2016.

孟俊焕、王卫东、史振萍：《四轮低速电动车产业发展对策研究》，《新西部》2019 年第 33 期。

万雨秀等：《末端配送快递电动三轮车发展现状与优化建议》，《物流工程与管理》2022 年第 5 期。

严晓燕：《对我国电动自行车的现行行政法律规制的研究》，《法制博览》2021 年第 33 期。

郭一帆：《关于电动三轮、四轮车立法的建议》，《长沙大学学报》2016 年第 30 期。

郭剑平：《桂林市电动四轮车的立法规制研究》，《社会科学家》2019 年第 12 期。

尤扬：《临沂市城区电动三轮车规范管理研究》，硕士学位论文，山东大学，2017。

姚鑫：《我国城市电动自行车的交通安全管理分析》，《电动自行车》2017 年第 6 期。

马社强、吕志远、刘东：《北京市电动自行车交通安全管理对策》，《中国人民公安大学学报》（自然科学版）2019 年第 2 期。

Abstract

In 2022, Beijing achieved fruitful results in smart transportation construction, green transportation, integration of transportation modes, digital operation management, and comprehensive transportation management. The high-quality development of transportation provides strong support for the modernization, intelligence, and green development of cities. With the continuous construction of the city and the gradual completion of the structure of the Capital Circle, a large number of trips in the city and region have posed certain challenges to the development of Beijing's transportation. For example, the rapid development of infrastructure networks such as rail transit and roads has resulted in insufficient comprehensive connectivity between different networks, resulting in problems such as different connecting capacities, imbalanced matching, and insufficient coordination and sharing of multiple transportation modes and schedules. We should focus on intelligence and networking, and organically integrate people, vehicles, and roads through the application of intelligent transportation systems and information technology to create a digital operation and management system for urban transportation.

This report is divided into three parts: the first part is the general report, the second part is the sub report, and the third part is the special report. The general report first analyzes the transportation development situation of Beijing in 2022, and summarizes and prospects it from the perspectives of external transportation, green transportation, safe transportation, technological transportation, cultural transportation, and tourism transportation. The sub report focuses on sub areas such as suburban railway operation and management, commuter transportation development, and intelligent transportation transformation. In terms of operation and management of suburban railways, by analyzing domestic and foreign development cases, the development goals of multi-level rail transit integration of

Abstract

Beijing suburban railways under the "four network integration" and the development path of integrated suburban railway operation services and intelligent operation data are summarized and proposed. In terms of commuting transportation, based on the existing commuting characteristics and current commuting problems in Beijing, the feasibility and inevitability of increasing the 45 minute commuting ratio in Beijing were studied, and two strategies were proposed to break the separation of residence and work from the demand side and optimize transportation services from the supply side. In terms of intelligent transportation transformation, taking typical intelligent transportation cases at home and abroad as reference, the ideas, methods, and approaches of intelligent transportation empowering Beijing's transportation transformation were studied. On the basis of the ideas proposed in the general report and sub reports, the special report conducted more specific and targeted case analysis and research. Firstly, by analyzing the current situation and regulatory framework of the platform economy in the transportation field of Beijing, targeted suggestions for improving the regulatory measures of the platform economy were proposed. The second is to study the current situation of suburban railways and urban rail transit in Beijing, as well as the integrated layout technology of suburban railway lines under the existing rail line network, and formulate feasible strategic development suggestions for digital operation. Thirdly, targeted development suggestions are proposed for Beijing to reduce dependence on small cars, focusing on two directions: "blocking" and "dredging". The fourth is to explore the current situation of classified governance of electric tricycles in Beijing, and propose different governance measures for different types of vehicles and user groups.

This report summarizes the important achievements in Beijing's transportation development in recent years, sorts out the transportation construction situation from relevant sub fields, analyzes the current challenges, looks forward to future development trends, and proposes targeted countermeasures and specific implementation plans, in order to provide reference for the theory and practice of Beijing's transportation development and provide reference for the transportation development of other cities in China.

Keywords: Integration of Transportation Modes; Urban Commuting; Green Transportation; Intelligent Transportation; High-quality Development

Contents

Ⅰ General Report

B.1 Research Report on Beijing's Traffic Development in 2022
Ma Lu / 001

Abstract: In response to the 'Outline for the Construction of a Strong Transportation Country' released by the Communist Party of China Central Committee and the State Council, as well as the implementation of the Beijing Urban Master Plan (2016 – 2035), the Beijing transportation industry has conducted an analysis and study of the transportation development in Beijing this year, which is of reference significance for future work. This report summarises and analyzes Beijing's transportation development in 2022 from the perspectives of external transport, green transport, safe transport, scientific and technological transport, humanistic transport and tourism transport, etc. The relevant data show that Beijing's transport has been running smoothly and orderly this year, which strongly promoted the dissolution of Beijing's non-capital functions and supported the synergistic development of Beijing-Tianjin-Hebei region. The Beijing traffic ushered in the key year of the "14th Five-Year Plan", successfully completing the transportation support work for the 20th National Congress, Winter Olympics, Winter Paralympics, and Service Trade Fair, and achieving various work goals throughout the year.

Keywords: Urban Transportation; Transportation Development; Transportation Policy

Contents

II Sub-reports

B.2 2022 Beijing Suburban Railway Operation and Management Development Research Report

Yao Enjian, Guo Xuemeng and Wang Chao / 021

Abstract: In recent years, with the rapid development of new urbanization and the expansion of the radius of the capital metropolitan area, the synergistic development and operation of suburban railroads and urban rail transit have provided strong support for the relocation of non-capital functions and the construction of a modern capital metropolitan area. This report analyzes the operation and management development cases of suburban railroads at home and abroad, summarizes their development experience, and analyzes the problems of backward operation system, numerous operation and management barriers, independent and single operation organization, and fragmentation of operation services, etc., in the light of the details of Beijing's suburban railroads' planning and the current situation of its operation system. On this basis, the report summarizes and proposes the development objectives of the integrated operation of multi-level rail transit for Beijing suburban railroads under the "four-network integration". Finally, this report analyzes the characteristics of modern operation and management of Beijing suburban railroads, puts forward the development path of integration of operation services and intelligent operation data of suburban railroads, and puts forward suggestions for improvement of Beijing suburban railroads in the near future, medium and long term operation and management plans.

Keywords: Beijing Suburban Railroad; "Four-network Integration"; Modern Operation Management

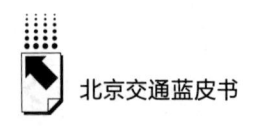

B.3 Research Report on the Development of Commuter

Transportation in Beijing in 2022　　　　*Song Rui* / 052

Abstract: In order to solve the problem of commuting difficulty in Beijing, through the analysis of social statistics and questionnaire survey, the characteristics of commuting in Beijing are summarized, and it is found that the crux of the commuting problem is the extreme commuting demand caused by the separation of work and housing and the insufficient service capacity of the transportation system. In view of these two types of key commuting problems, specific countermeasures are proposed from the two directions of 'cracking the separation of work and housing' and 'optimizing transportation services'. On the demand side of commuters, it puts forward short-term guiding the selection of residential-employment locations, long-term adjustment of the residential-industrial land pattern and promoting the layout of urban multi-center construction, while considering the establishment of an affordable housing supply system and the improvement of the housing leasing management service platform under government supervision. On the supply side of transportation, from four aspects: highlighting the core position of rail transit in commuter transportation, improving the supplementary role of public transport in service commuting, improving the slow travel system, and reducing private travel, the improvement strategy of optimizing traffic services is proposed.

Keywords: Commuting Problems; Commuting Characteristics; Separation of Work and Housing; Transportation Services

B.4 Research Report on the Development Strategy of Intelligent

Transportation Transformation in Beijing in 2022

Zhang Wensong / 109

Abstract: As a mega-city in China, Beijing is an important growth pole for the region and the country. The transformation and development of intelligent transportation in Beijing is even an important part of building a strong transportation country. The report takes Beijing transportation as the research object, constructs an index system with Beijing transportation characteristics according to the DPSIR model, and explores the key factors affecting the development of intelligent transportation in Beijing using the TOPSIS method. The report puts forward specific transformation ideas from four aspects: thinking transformation, model innovation, mechanism reform and platform construction. In terms of technological innovation, scientific decision-making, and collaborative governance, it proposes the way of wisdom empowering the transformation of Beijing transportation. Finally, it proposes the ways of transformation of Beijing transportation in terms of management system, application scenarios and governance system.

Keywords: Smart Transportation; DPSIR Model; TOPSIS Method; Beijing

Ⅲ Special Topics

B.5 Research on the Economic Supervision Measures of Beijing Transportation Platform in 2022 *Zheng Xiang / 137*

Abstract: The current development of platform economy in the transportation field poses new challenges to the existing regulatory system. The fundamental reason for regulatory needs is the platform's public nature, "quasi government" functions, and the conflict of public nature and capital private interest. The construction of the economic supervision system for transportation platforms in Beijing lags behind the needs of practical development. Local governments lack the ability to supervise nationwide platforms, and there are insufficient coordination mechanisms for regulatory work. The lack of data sharing mechanisms affects regulatory efficiency. Therefore, it is necessary to innovate the collaborative management and prevention platform enterprises mobilizing traffic resources in a disorderly manner, enhance digital traffic supervision capabilities to respond to the challenges posed by the aggregation platform to the regulatory system, and deeply integrate the application of modern technology to promote intelligent law enforcement.

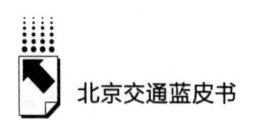

Keywords: Transportation Platform; Platform Economy Supervision; Beijing

B.6 Research on Digital Operation of Beijing Suburban Railway and Urban Rail Transit in 2022 *Wu Yizheng* / 168

Abstract: Given the development trend of deep integration of new generation information technology and transportation industry, it has become urgently necessary to explore the digital transformation path for suburban railroad and urban rail transit system, in order to achieve intelligent operation in the transportation sector. However, the current rail transit and suburban railroad still have drawbacks such as low digitalization and lagging synergies, is not able to play a backbone role in promoting the integration and convergence of rail transit network, driving the development of the metropolitan area transportation system.

This study presents the digital operations methodology of suburban railroads and urban rail transit, explores the individual refinement characteristics of rail transit trips, analyzes the influencing factors of passenger travel mode option and passenger flow transfer, and further explores the rail network layout technology. It puts forward the proposals for the digital operation development of suburban railroad and urban rail, which help to accelerate the construction of urban rapid transit system and to offer theoretical support for enhancing the level of rail transit service and travel efficiency.

Keywords: Suburban Railroad; Urban Rail Transit; Digital Operation; Passenger Flow Characteristics

Contents

B.7 Research on Strategies for Reducing Car Dependence in
Beijing　　　　　　　　　　　　　　　　　*Xiao Xiang* / 196

Abstract: In recent years, the travel patterns of urban residents in China have undergone profound and drastic changes, with rapid urban expansion and a significant increase in the degree of privatization of transportation. Especially in Beijing, the dependence on small car travel is severe, which has brought serious traffic congestion and environmental pollution problems. This article focuses on reducing car dependence and first analyzes the current situation of car travel in Beijing, as well as the impact and reasons for excessive reliance on car travel. On this basis, drawing on the successful experience of domestic and foreign first mover regions in managing urban traffic congestion, a package of policy plans has been proposed from the perspectives of reducing residents' car use and developing diverse green transportation, with the focus on "congestion" and "sparsity", providing a certain reference for alleviating the problem of urban traffic congestion in Beijing.

Keywords: Car Dependence; Public Transport; Travel Behavior

B.8 Suggestions on Measures for Classifying and Managing
Electric Three or Four Wheel Vehicles in Beijing
　　　　　　　　　　　　　　　　　Yang Xiaobao / 238

Abstract: Electric three-wheeled and four-wheeled vehicles have brought convenience to people's daily transportation. However, they also face various issues and hidden dangers, such as non-standard production and sales, battery fires, traffic violations, and frequent accidents. This report examines relevant laws and regulations, as well as management policies in various provinces and cities, and conducts a multi-faceted analysis of the current situation of electric three-wheeled and four-wheeled vehicles in Beijing. It identifies the main problems in the current governance. Furthermore, the analysis suggests that the key to regulating electric three and four-wheeled vehicles lies in clearly defining them as part of the category of motor vehicles and refining relevant standards and regulations. To address different types of vehicles, such as compliant vehicles and non-compliant vehicles, as well as distinct user groups, including vehicles used for postal delivery, landscaping by sanitation workers, vehicles used by parents to transport children to school and back home, and utilized as a convenient mode of transportation for elderly individuals, it is essential to implement classification governance. This involves proposing appropriate comprehensive governance measures for each category to guide the healthy development of electric three and four-wheeled vehicles.

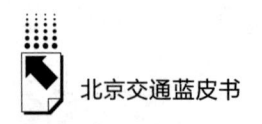

Keywords: Electric Three-wheeled and Four-wheeled Vehicles; Classification Governance; Beijing

权威报告·连续出版·独家资源

皮书数据库
ANNUAL REPORT(YEARBOOK) DATABASE

分析解读当下中国发展变迁的高端智库平台

所获荣誉

- 2020年，入选全国新闻出版深度融合发展创新案例
- 2019年，入选国家新闻出版署数字出版精品遴选推荐计划
- 2016年，入选"十三五"国家重点电子出版物出版规划骨干工程
- 2013年，荣获"中国出版政府奖·网络出版物奖"提名奖
- 连续多年荣获中国数字出版博览会"数字出版·优秀品牌"奖

皮书数据库　　"社科数托邦"微信公众号

成为用户

登录网址www.pishu.com.cn访问皮书数据库网站或下载皮书数据库APP，通过手机号码验证或邮箱验证即可成为皮书数据库用户。

用户福利

- 已注册用户购书后可免费获赠100元皮书数据库充值卡。刮开充值卡涂层获取充值密码，登录并进入"会员中心"—"在线充值"—"充值卡充值"，充值成功即可购买和查看数据库内容。
- 用户福利最终解释权归社会科学文献出版社所有。

数据库服务热线：400-008-6695
数据库服务QQ：2475522410
数据库服务邮箱：database@ssap.cn
图书销售热线：010-59367070/7028
图书服务QQ：1265056568
图书服务邮箱：duzhe@ssap.cn

社会科学文献出版社　皮书系列
SOCIAL SCIENCES ACADEMIC PRESS (CHINA)
卡号：539184776769
密码：

S 基本子库
SUB DATABASE

中国社会发展数据库（下设 12 个专题子库）

紧扣人口、政治、外交、法律、教育、医疗卫生、资源环境等 12 个社会发展领域的前沿和热点，全面整合专业著作、智库报告、学术资讯、调研数据等类型资源，帮助用户追踪中国社会发展动态、研究社会发展战略与政策、了解社会热点问题、分析社会发展趋势。

中国经济发展数据库（下设 12 专题子库）

内容涵盖宏观经济、产业经济、工业经济、农业经济、财政金融、房地产经济、城市经济、商业贸易等 12 个重点经济领域，为把握经济运行态势、洞察经济发展规律、研判经济发展趋势、进行经济调控决策提供参考和依据。

中国行业发展数据库（下设 17 个专题子库）

以中国国民经济行业分类为依据，覆盖金融业、旅游业、交通运输业、能源矿产业、制造业等 100 多个行业，跟踪分析国民经济相关行业市场运行状况和政策导向，汇集行业发展前沿资讯，为投资、从业及各种经济决策提供理论支撑和实践指导。

中国区域发展数据库（下设 4 个专题子库）

对中国特定区域内的经济、社会、文化等领域现状与发展情况进行深度分析和预测，涉及省级行政区、城市群、城市、农村等不同维度，研究层级至县及县以下行政区，为学者研究地方经济社会宏观态势、经验模式、发展案例提供支撑，为地方政府决策提供参考。

中国文化传媒数据库（下设 18 个专题子库）

内容覆盖文化产业、新闻传播、电影娱乐、文学艺术、群众文化、图书情报等 18 个重点研究领域，聚焦文化传媒领域发展前沿、热点话题、行业实践，服务用户的教学科研、文化投资、企业规划等需要。

世界经济与国际关系数据库（下设 6 个专题子库）

整合世界经济、国际政治、世界文化与科技、全球性问题、国际组织与国际法、区域研究 6 大领域研究成果，对世界经济形势、国际形势进行连续性深度分析，对年度热点问题进行专题解读，为研判全球发展趋势提供事实和数据支持。

法律声明

"皮书系列"（含蓝皮书、绿皮书、黄皮书）之品牌由社会科学文献出版社最早使用并持续至今，现已被中国图书行业所熟知。"皮书系列"的相关商标已在国家商标管理部门商标局注册，包括但不限于LOGO（ ）、皮书、Pishu、经济蓝皮书、社会蓝皮书等。"皮书系列"图书的注册商标专用权及封面设计、版式设计的著作权均为社会科学文献出版社所有。未经社会科学文献出版社书面授权许可，任何使用与"皮书系列"图书注册商标、封面设计、版式设计相同或者近似的文字、图形或其组合的行为均系侵权行为。

经作者授权，本书的专有出版权及信息网络传播权等为社会科学文献出版社享有。未经社会科学文献出版社书面授权许可，任何就本书内容的复制、发行或以数字形式进行网络传播的行为均系侵权行为。

社会科学文献出版社将通过法律途径追究上述侵权行为的法律责任，维护自身合法权益。

欢迎社会各界人士对侵犯社会科学文献出版社上述权利的侵权行为进行举报。电话：010-59367121，电子邮箱：fawubu@ssap.cn。

社会科学文献出版社